中山大学社会科学调查中心

主 任 蔡 禾

执行主任 梁玉成

"中国劳动力动态调查"项目资助：中山大学三期"985"

中国劳动力
动态调查：
2013年报告

REPORT ON CHINA LABOR-FORCE
DYNAMIC SURVEY (2013)

梁 宏

社会科学文献出版社
SOCIAL SCIENCES ACADEMIC PRESS (CHINA)

"中国劳动力动态调查"项目执行团队（按姓氏笔划排名）：

才国伟、万向东、王进、叶林、连玉君、吴少龙、周欣悦、赵新元、梁玉成、梁宏、蒋廉雄、韩露、蔡禾、潘俊豪

"中国劳动力动态调查"海（境）外学术顾问委员会：

主任委员： 郝令昕（美国霍布金斯大学社会学系教授）

委员（按姓氏笔划排名）： 刘远立（美国哈佛大学公共卫生学院教授）、边燕杰（美国明尼苏达大学社会学系教授）、吴晓刚（香港科技大学社会科学部教授）、周雪光（美国斯坦福大学社会学系教授）、周敏（美国加州大学社会学和亚裔研究学系教授）、唐文方（美国爱荷华大学政治学系教授）、谢宇（美国密西根大学社会学系教授）、谭康荣（香港中文大学社会学系教授）

"中国劳动力动态调查"校内学术顾问（按姓氏笔划排名）：

马俊（行政管理）、王宁（社会学）、王军（经济学）、丘海雄（社会学）、李伟民（社会心理学）、李若建（人口学）、李新春（工商管理）、何高潮（政治学）、凌莉（公共卫生）、黄葳（教育学）

中国劳动力动态调查"调查合作机构（按名称笔划排名）：

山西医科大学人文社会科学学院、广西师范大学社会工作系、天津理工大学文法学院社会工作系、云南民族大学社会学系、中山大学社会学与人类学学院、中国青年政治学院社会工作学院、内蒙古大学民族学与社会学学院社会学系、长春工业大学人文学院、西北大学社会工作系、西北师范大学社会学系、成都理工大学文法学院、华中科技大学社会学系、华东师范大学社会发展学院、华北电力大学人文社会科学学院法政系（保定）、江西财经大学人文学院社会学系、安徽农业大学人文学院社会学系、沈阳工程学院政法系、青海师范大学社会工作系、郑州轻工业学院社会工作系、南京理工大学社会学系、贵州民族学院社会工作系、重庆工商大学社会与公共管理学院、济南大学法学院社会工作系、浙江工商大学社会工作系、黑龙江工程学院社科部、集美大学政法学院、湖南农业大学人文学院、新疆师范大学社会工作系

前　言*

《中国劳动力动态调查：2013年报告》（以下简称《报告》）是基于中山大学社会科学调查中心完成的2012年"中山大学社会科学特色数据库——中国劳动力动态调查"（China Labor-force Dynamic Survey，以下简称CLDS）全国数据的第一份报告。《报告》的目标在于对CLDS所收集的劳动力数据进行描述性分析，为政府、企业界、社会及学界提供针对中国劳动力现状的可靠信息。为了让读者对《报告》和"中国劳动力动态调查"有更为清晰和准确的了解，下文将对CLDS的目的、设计、执行、数据等方面进行简要的介绍。

一　调查目的

当代社会科学发展的一个重要特征是数学与计算技术的运用日益普遍，社会科学研究通过数量化、模型化、计算机模拟化，在研究范式上发生了根本变化，社会科学研究成果的"科学性"得到提高，社会科学服务社会的应用价值和研究成果的可操作性越来越明显。而社会科学"科学化"的基础就是将科学知识编码化，此特点在社会科学研究中的体现就是通过收集和运用系统的调查数据阐释具有理论或实践意义的议题。因此，开展大规模、可持续的社会科学调查，建立开放的、可以共享的社会科学数据库，不仅是当今世界社会科学研究普遍采用的组织形式，具有极为重要的学术价值，也是发达国家的政党和政府及时了解民情国情、客观评价社会政治经济、科学分析发展趋势和问题、正确制定国家发展政策的重要手段。

"中国劳动力动态调查"是中山大学三期"985社会科学特色数据库建设"的专项内容之一，目的是通过对中国城乡以社区为追踪范围的家庭、家

---

* "前言"执笔：梁玉成、倪希。

庭劳动力开展每两年一次的动态追踪调查，系统地监测村/居社区的社会结构和家庭及其劳动力的变化与相互影响，建立劳动力、家庭和社区三个层次上的追踪资料数据库，从而为进行实证导向的高质量的理论研究和政策研究提供基础数据。

选择以劳动力调查为数据库建设目标，是因为：一定数量和质量的劳动力是一个国家经济乃至综合国力得以发展的前提，是引导教育发展速度和教育布局的重要问题；劳动力的空间分布和空间流动是一个国家城市化发展和城市管理最重要的问题；劳动力的收入和财富分配是形塑一个国家社会分化、阶级阶层关系和社会矛盾的重要因素；劳动力的就业水平、居住状况、健康卫生、社会保障、家庭救助等则是一个国家制定社会政策最主要的关注点。总之，在任何一个国家里，劳动力问题都是核心的经济、社会和政治问题。在目前国内大规模综合数据库建设已经开展并基本成熟的情况下，围绕着城市和农村劳动力的家庭、教育、培训、就业、收入、健康、保障、管理、劳资纠纷等问题开展有关劳动力的专门性数据库建设，不仅能凸显数据特色，而且也可聚焦经济学、政治学、社会学、心理学、教育学、人文地理和区域经济学、公共卫生、管理学等学科在同一领域的关注，为形成具有中国特色的社会科学做出贡献。

二　调查抽样

（一）抽样设计

随着统计学多层次模型的建立，强调收集个体数据的同时收集宏观背景数据逐渐成为一个重要的学术要求。在多层次观察的数据能够用来检验宏观社会条件下的微观社会行为的同时，跟踪数据能够提供给我们宏观和微观层面的社会历史信息，因此，多层次观察下的跟踪数据为检验涉及微观到宏观以及宏观到微观转变的理论模型提供了机会。

基于此，"中国劳动力动态调查"的数据收集在以下3个层次上开展：第一个层次是15~64岁劳动力的个体状况（以中国教育制度计算，初中毕业一般为15岁，故以15岁为劳动年龄起点。由于中国劳动力紧张状况会持续，所以劳动年龄延长是发展趋势,为了具有前瞻性,劳动年龄上限设定在64岁);第二层次是包含15~64岁劳动力家庭的基本情况;第三层次是劳动力所在社区(城市社区以居委会辖区为空间,农村社区以村委会辖区为空间)的情况。

一般而言,如果随着时间的发展,调查对象的变化较为缓慢,那么应该选择追踪调查;如果随着时间的变化,调查对象变化较快,甚至发生显著的变化,那么调查总体也会随之发生显著变化,这时就应该使用横截面调查或者轮换样本调查,不断更新调查样本,以便及时反映不断变化的总体。而且这样的变化越快,更新样本的速度也应该越快。

"中国劳动力动态调查"是一项连续性调查,计划每两年开展一次。其设计是以社区为追踪范围,每个社区以及社区中的样本家庭和劳动力连续调查四轮(6年),然后该社区以及社区中的样本家庭和劳动力退出调查,同时一个新的轮换社区样本以及社区中的样本家庭和劳动力将产生并替代退出的轮换样本。在连续调查的四轮期间,如果样本家庭整体迁移出样本社区,将不再跟踪并从样本框中产生新的家庭样本。其操作是,将社区样本总体随机分成4份,按照表1的顺序进行轮换。

表1 "中国劳动力动态调查"社区样本轮换

	1				2			
2012	1	2	3					
2014	1	2	3	4				
2016		2	3	4	1'			
2018			3	4	1'	2'		
2020				4	1'	2'	3'	
2022					1'	2'	3'	4'

选择以社区为追踪范围的轮换样本调查,是基于以下考虑:第一,保证社区层次的观测不会因为家庭和劳动力的空间流动而消失,同时也防止因社区样本的衰老而难以反映处在快速变迁中的中国城乡社区;第二,兼顾横截面调查和追踪调查的特点;第三,调查经费可控。

为了保证样本的全国代表性,劳动力动态调查样本覆盖了除港、澳、台地区和西藏、海南以外的大陆地区。在抽样方法上,采用多阶段、多层次并与劳动力规模成比例的概率抽样方法（multistage cluster, stratified, PPS sampling）。

分层抽样是把中国劳动力按分层因素进行分层。在中国，劳动力及其家庭户的社会经济地位差异首先来自地区和城乡。因此，在分层操作中，用常住人口规模作为 PPS 的依据，在 PSU（初级抽样单位）的抽取中，同级行政层内以人均 GDP 作为社会经济地位排序的指标（无法获得人均 GDP 指标时用非农人口比例或人口密度作为社会经济地位排序的替代指标）；另外，为了突出反映农村劳动力的城乡流动状况，在社区层次抽样时以非户籍（外来）人口比例作为排序指标。

而在中国大陆范围内，东、中、西部地区差异很大，广东是改革开放的前沿省；同时人口数量与劳动力数量在不同省之间存在较大差异。因此，我们采用东、中、西、广东分区与考虑省人口规模的分层抽样设计。共计有 6 个抽样框：(1) 东部人口大省层，(2) 东部人口小省层，(3) 中部人口大省层，(4) 中部人口小省层，(5) 西部人口大省层，(6) 西部人口小省层。这 6 个层共同构成全国代表性样本。同时，为了使样本对广东的代表性精度上升，我们有广东补充样本：(7) 广东非珠三角层，(8) 广东珠三角层。这 8 个层最后按照相应入样概率加权得到全国的总样本。为了使样本集中，以及对城乡均具有代表性，我们对每个层内，按照省份/省内分城乡对县区排序后进行抽样。

1. 第一阶段分层抽样：市辖区、县级市、县的抽取

（1）东中西人口大省和人口小省内抽取 PSU

在每个层中，按照省份、城市、县级市、县的顺序，对全部县区按照 GDP 排序，随机起点，依据劳动力规模进行等间距抽取 PSU。

（2）广东省补充样本抽样方案

将广东省首先区分为珠三角和非珠三角，对其中的县区、市辖区[①]和县

[①] 市辖区是城市的组成部分，为直辖市和地级市划定的行政分区，通常指不包括远郊区、县（县级市）的城市中心区及近郊区。从行政级别上来说，本方案所使用的直辖市和地级市的市辖区都属于县级行政区；从统计口径来说，市辖区的统计结果为定义范围内的多个区域的合计值。

（包括县级市）① 抽样框内部分别按照各自的人均 GDP②（或非农人口比例）降序排列。按经济水平 GDP（或非农人口比例）分层是为了提高对各种经济水平的市辖区和县（县级市）的代表性。最后以劳动力规模（或常住人口规模③）为依据进行 PPS 系统抽样。

2. 第二阶段抽样：村（居）的抽取

第二阶段抽样单位（SSU）为村（居）的行政单位，第一阶段获得的每个市辖区和县（包括县级市）样本的所有村（居）委会组成第二层的抽样框。为了提高经济水平和流动人口的样本代表性，对第二阶段抽样框按照如下方法进行排序。

对于被抽中的城市 PSU 即市辖区，首先，按照抽中市辖区的人均 GDP（或非农人口比例）进行降序排列；④ 其次，在每个市辖区内将所有居委会按照非户籍（外来）人口比例进行降序排列，由此获得每个市辖区的居委会（SSU）抽样框列表；最后，依据劳动力规模进行 PPS 系统抽样。

对于被抽中的农村 PSU 即县（包括县级市），由于在现有的行政体制框架中，县（包括县级市）与村（居）之间还有一个行政层级，即乡、镇、街道。

---

① 从城乡分布来说，由于市辖区内部的社区全部为居委会，所以，本方案将市辖区视为城市部分；由于县和县级市内部的社区以村委会为主，且为劳动力的主要流出地，所以，本方案将县和县级市视为农村部分。换言之，本方案按照市辖区和县（县级市）的分类将初级抽样单位（PSU）分为城、乡两部分。

② 是否采用人均 GDP 作为排序依据要看资料的可获得性，如果无法得到调查前一年的人均 GDP 指标，本方案将采用非农人口比例作为反映初级抽样单位（PSU）社会经济发展水平的指标。需要说明的是，为了保证标准一致，本方案设定同级抽样框的排序指标相同。

③ 本调查针对的是劳动力，理应以劳动力规模作为 PPS 的依据。因此，本方案将各市辖区、县及社区的劳动力规模作为 PPS 的首选依据。但是，除人口普查资料外，其他官方统计资料不会公布全国各个市辖区、县（县级市）的 15 岁以上人口数量（即劳动力规模）。这种情况下，本方案设计以前一年各市辖区、县（县级市）的常住人口规模为 PPS 的依据。

④ 采用该排序标准的目的在于增加样本在各市辖区的散布度，而不会随机地集中于某些城市市辖区的居委会。在操作过程中，也可省略该排序标准，直接对抽中市辖区的所有居委会按照非户籍（外来）人口比例进行降序排列。究竟采用哪种方法，要根据非户籍（外来）人口比例指标的准确性来确定。具体来说，如果能够获得抽中市辖区所有居委会非户籍（外来）人口比例的准确指标，则可省略市辖区的排序；如果不能获得抽中市辖区所有居委会非户籍（外来）人口比例的准确指标（如概数或者大致排序），则需要按照人均 GDP（或非农人口比例）对抽中的市辖区进行降序排列，然后在各个市辖区内部对所有居委会再按非户籍（外来）人口比例进行降序排列。

因此，首先以行政级别街道、镇、乡为序排列（默认社会经济地位由高到低）；①其次，在每个街道、镇、乡内部，再依据各自村（居）的非户籍（外来）人口比例分别对其进行降序排列，由此获得每个县（包括县级市）的村（居）（SSU）抽样框列表；最后，以各村（居）的劳动力规模为依据进行PPS系统抽样。

特殊情况的处理如下。

（1）将虚拟村（居）委会（指有行政登记但几乎没人居住的工矿、经济开发区或科研机构等）和准村（居）委会（指未经授权且很少有人居住）从抽样框中删除。

（2）常住人口规模小于120人的村（居）委会按照左手原则，与邻近常住人口规模小于120人的村（居）委会合并，使新的SSU的常住人口规模超过120人。

（3）常住人口规模超过10000人的村（居）委会按照地理分片进行拆分，使每片常住人口规模不少于4000人；然后随机从中抽取一片，作为该村（居）委会的代表。

3. 第三阶段抽样：家庭户的抽取

第三阶段（末端）样本（TSU）为家庭户。对所有村（居）样本，采用地图地址法建立末端抽样框。所获得的抽样框为村（居）行政区划排除了空址、商用地址后，有人居住的居住地址列表，并且，按照随机起点的循环等距抽样方式，抽取一个固定大小的样本家庭户地址。另外，在末端抽样框中，对于多址一户或一址多户的特殊情形，一是在制作末端抽样框时尽量有效筛选，二是利用计算机辅助调查系统专门设计的住宅过滤模块和住户过滤模块两种方式处理。需要做的工作包括：准确界定每一个SSU抽样单元的行政边界，获取基图或绘制参考底图，绘制调查地图；二是制作住户清单列表，此时需要做的工作包括给每一个村（居）委会的所有住宅建筑物编号，列出所有的住宅和住户信息。需要注意的是：两项工作是同时进行的，绘图员在绘制调查地图的时候，列表员也同时了解每一栋住宅建筑物的具体信息。最后，家庭户中的劳动力（15岁以上）全部进入个人样本。

---

① 也可省略此排序标准，直接将所有的村（居）委会按照非户籍（外来）人口比例排序，然后在各县及县级市中依据常住人口规模（或劳动力规模）进行PPS系统抽样。

4. 追踪过程中社区的更新

在追踪调查的过程中，必然有些社区会更新（如拆分、重组、取消）。我们的原则是跟踪稳定。如果一个样本社区拆分为二，两个社区都跟。如果一个样本社区与一个非样本社区重组为一个，跟踪这个重组的社区并补抽新部分的家庭户。取消的社区则不在跟踪样本里。

（二）样本规模与分配

1. 样本规模

此调查跟踪社区及社区内家庭所有居家和外出流动的劳动力。根据多阶段随机抽样（multistage cluster sampling）的理论和经验，首先考虑尽量扩大社区数以扩大社区代表性及统计效力（statistical power），我们在经费允许的情况下预测社区数量在400个左右。每个社区内最佳家庭数则由社区层面的开支与家庭层面的开支之比（C/C_1）和解释变项系数的 SSU 方差（σ^2）决定。$C=3000$，$C_1=700$，$\sigma^2=0.05$，根据 Cochran（1977）和 Raudenbush（1997），横截面调查的最佳家庭数为：

$$n_{opt} = 2\sqrt{\frac{C}{C_1\sigma^2}} = 2\sqrt{\frac{3000}{700\times 0.05}} \cong 19$$

考虑到追踪的损耗（10%）、多变量多层模型分析（为单变量单层模型的1.7倍）的需要，每个社区第一轮抽取的有效家庭样本量为 $n=19\times 1.7/0.9=35$ 户。总家庭样本数不超过 $N=400\times 35=14000$ 户。

根据随机抽样理论，对上述经费约束下的样本规模进行检验。以描述一个比例数据为例，这个比例的总体概率用0.5估计；假定总体概率的相对误差控制在10%，则 $\delta^2=0.5\times 10\%=0.05$；取95%可信度，则 $z=1.96$；多阶段抽样设计效应一般为2~2.5，假定设计效应为2.0。根据简单随机抽样样本量计算公式 $N=deff\dfrac{z^2 p(1-p)}{\delta^2}$，每层需要的样本数为 $N_j=2.0\dfrac{1.96^2\times 0.5(1-0.5)}{0.05^2}=768$。考虑到追踪的损耗（10%）、多变量多层模型分析（为单变量单层模型的1.7倍）的需要，每层需要的样本量扩大至 $N_j=768\times 1.7/0.9=1451$。考虑到6层，这样需要的第一轮家庭户样本为 $N=1451\times 6=8706$；考虑到追踪损耗，则需要：8706/0.9=9673 户。因此，平均每个 SSU 抽 35 个家庭户，一共抽取 14000 个家庭户可以满足统计推断需求。

2. 样本分配

（1）东、中、西部的样本分配：为了使样本对东（不包括广东省）、中、西部地区具有独立的代表性，调查设计将三个地区按照 112∶148∶84 的比例分配 SSUs。①

（2）广东省分配到 50 个 SSUs。

3. 样本在各抽样框中的分布②

此次调查设定平均每个市辖区抽取 4 个居委会，平均每个县（包括县级市）抽取两个村（居）委会，每个村（居）委会抽取 35 个家庭，因此，可以得到表 2——样本在各抽样框中的分布。

表 2 样本在各抽样框中的分布

单位：个

抽样框	城乡分类	初级抽样单位(PSU)	次级抽样单位 村(居)委会(SSU)
广东	城市:市辖区	7	7×4=28
	乡村:县(包括县级市)	16	16×2=32
东部	城市:市辖区	13	13×4=52
	乡村:县(包括县级市)	30	30×2=60
中部	城市:市辖区	13	13×4=52
	乡村:县(包括县级市)	48	48×2=96
西部	城市:市辖区	9	9×4=36
	乡村:县(包括县级市)	24	24×2=48
市辖区总数		42	168
县(包括县级市)总数		118	236
总数		160	404

注：从统计口径来说，市辖区比县高一级。

① 在三个地区合并为全国总样本时，我们会根据 2010 年第六次人口普查的东、中、西部劳动力规模比例给定各自的权数，以保证全国总样本的代表性。

② 由于抽样时无法得到 2010 年全国第六次人口普查资料，因此，样本的城乡分配暂且按照 2000 年第五次人口普查资料设定。在"六普"资料或最近年份统计年鉴资料的基础上，我们会分别计算东、中、西和广东省的市辖区和县（包括县级市）人口规模，并以此作为分配各自城、乡样本的依据。

（三）抽样原则

根据抽样设计，我们在编制抽样程序时，制定了以下抽样原则。

1. 将全国的省份分为东、中、西三个层（东部为北京市、上海市、江苏省、天津市、辽宁省、浙江省、福建省、山东省、广东省；中部为黑龙江省、吉林省、河北省、河南省、山西省、安徽省、江西省、湖北省、湖南省、广西壮族自治区、重庆市、四川省；西部为内蒙古自治区、贵州省、云南省、陕西省、甘肃省、青海省、宁夏回族自治区、新疆维吾尔自治区）。

2. 根据各个省份的人口规模，在每一层内将其分为大省子层和小省子层。大省子层的标准，东部为人口在 6000 万以上，中部为人口在 5000 万以上，西部为人口在 3000 万以上（表3）。

表3　大省层与小省层的分布

	大省层	小省层
东部	江苏省、山东省、广东省 劳动力人口 1.86 亿人,262 个 PSU	北京市、上海市、天津市、辽宁省、浙江省、福建省 劳动力人口 1.23 亿人,210 个 PSU
中部	黑龙江省、河南省、河北省、四川省、湖南省 劳动力人口 2.79 亿人,610 个 PSU	吉林省、山西省、安徽省、江西省、湖北省、广西壮族自治区、重庆市 劳动力人口 2.39 亿人,508 个 PSU
西部	内蒙古自治区、甘肃省、青海省、宁夏回族自治区、新疆维吾尔自治区 劳动力人口 0.912 亿人,297 个 PSU	贵州省、云南省、陕西省 劳动力人口 0.627 亿人,309 个 PSU

3. 由于近年来中国省会城市的"县改区"现象严重，因此，将 4 个直辖市和各个省会城市的区，以 1994 年的资料为基础，该年之前的城区设为老城区，之后成为城区的设为新城区。

4. 城市作为一个单独的 PSU，与县、县级市均作为 PSU。城市抽取 4 个 SSU，县和县级市抽取 2 个 SSU。

5. 修订抽样框（添加新的 3 个缺失数）。①

---

① 抽样框数据纠错。

6. 4个rotation group，每个均需要代表全体，因此，将2个县或者2个县级市合并成一个虚拟县组，这样构成全部的包含抽取4个SSU的PSU。

7. 把四川省放入中部。东中西部劳动力比例为2.5亿:5.2亿:1.5亿，因此东部抽取32个PSU，中部抽取36个PSU，西部抽取20个PSU。

8. 在每个层中，按照省份、城市、县级市、县的顺序，对全部县区按照GDP排序，随机起点，按照等间距抽取PSU。这样获得一个全国性的PSU代表样本。

9. 将每一个被抽到的PSU随机分为4份，构成4个rotation group，每一份中，按照PPS的方法，随机抽取一个SSU。

10. 两年以后新进入的rotation group，只在SSU层次抽取，即PSU一旦抽取，则在一定时间内不变。初步计划是每次国家普查之后更新抽样框，并重新抽取PSU。在不更新PSU的时候，新rotation group在上次抽取获得的SSU所在的街道（城市PSU）或者乡镇（农村PSU）中按照PPS方法抽取。即重新收集这些上次抽取获得的SSU所在的街道（城市PSU）或者乡镇（农村PSU）的村（居）委会资料，按照PPS方法重新抽取SSU。

（四）补充说明

1. 广东补充样本：为了保证广东样本具有独立的代表性，在广东抽取8个PSU，其中分布在珠三角的6，珠三角以外的2个。

2. 大城市补充样本：该样本对大城市的反映有所不足。因此决定，如果人数在0.5个抽样间距以上的大城市被抽中，则加抽4个SSU。

3. 替代备用方案：如果很难进入县级单位（行政上的难度，自然因素导致的执行过难），则允许采用临近的原则，按照GDP排序，抽取临近县；按照原来抽取的SSU数量PPS抽取。如果很难进入村（居）委会，则从其所属的rotation group中PPS抽取一个村（居）委会。

（五）抽样结果及样本在各抽样框中的分布[①]

此次调查设定平均每个市辖区抽取4个居委会，平均每个县（包括县级

---

① 在"六普"资料或最近年份统计年鉴资料的基础上，我们会分别计算东、中、西和广东省的市辖区和县（包括县级市）人口规模，并以此作为分配各自城、乡样本的依据。

市）抽取2个村（居）委会，每个村（居）抽取35个家庭，因此，可以得到样本在各抽样框中的分布（表4）。

表4 样本在各抽样框的分布情况

单位：个

	总县区数量	抽取县区数量	村（居）委会数量			
			市辖区	县级市	县	合计
东部小省层	210	26	40	16	16	72
东部大省层	173	17	12	16	12	40
中部小省层	508	30	32	4	40	76
中部大省层	610	31	20	12	40	72
西部大省层	221	15	20	0	20	40
东部小省层	385	18	16	0	28	44
广东省	89	26	28	16	16	60
合 计			168	64	172	404

2012调查年度，执行全部样本的3/4，也就是一共抽取并调查了404×3/4＝303个村（居）委会。

三 问卷设计及CAPI

（一）问卷结构

根据调查对象的不同，考虑多个问卷模块：社区发展历史模块、社区现状模块、家庭历史模块、农村家庭现状模块、城市家庭模块、农村成人模块、农村青少年模块、农村外出务工人员模块（由家人作答）、城市流动人口模块、城市劳动力模块。在调查时，根据情况，由合格的被调查者回答相应的问卷。

1. 个体问卷结构

劳动力个体问卷主要是了解每个家庭中每个劳动力个体的情况。符合劳动力个体的条件为：年龄是15～64岁的人，65岁以上并且仍然在工作的人。回答到第三部分后结束访问。以下是劳动力个体问卷的基本内容。

（1）基本情况

该部分主要是为了了解被访者（劳动力）的基本情况，包括性别、出生地、父母亲受教育程度、政治面貌、户口迁移情况、社会保险等。

（2）教育经历

这部分主要是为了详细了解被访者的教育经历，包括全日制的教育经历和培训经历。全日制教育经历包括每一阶段教育的开始和结束时间、毕业证、学历证、专业、学习等级、所在地区等情况。培训经历主要了解培训的时间、内容、目的和费用情况。该部分还进一步了解了职业资格证书情况和全日制教育结束至工作前的流动情况。

（3）工作状况

在该部分中，工作情况包括有工作和无工作两种情况：有工作主要了解被访者的基本工作情况，包括工作时间、工作收入、具体职业信息等内容。雇员部分主要了解工资形式、合同、福利、管理权、工会、权益受侵犯情况、工作体力要求、工作交往情况。雇主部分主要了解经营的行业、所有权情况、投入资金及渠道、雇员工作时间、工资、加班情况、生意成本等内容。自雇非体力劳动者部分主要了解其工作时间、顾客与服务对象、技能要求等情况。自雇体力劳动者主要了解被访者的工作时间、工作设备和与顾客及政府机构打交道等情况。有工作但不在岗这一部分主要了解被访者不在岗的状态，包括不在岗原因、不在岗是否有工资、回去的原因等情况。无工作且未找工作者主要了解没有找工作的原因、期间生活费来源以及是否打算找工作等情况。求职情况主要了解被访者做了哪些与求职相关的事情、找工作的时间长度、最后一份工作怎么结束的等情况。

（4a）非农工作史

这一部分主要了解被访者的工作单位变换史和换工作史，包括单位的行业、单位类型、单位归属、单位规模等情况。工作史包括各个工作的职业、就业方式、职务、级别等情况。

（4b）农村地区农民工作史

这一部分主要关注农民的职业流动情况，包括外出务工的情况，具体有在每一个省份的换工作数、职业、每份工作的时长、管理职位、工作单位的性质等情况。

(5) 求职与创业过程

这部分主要了解职员的求职过程和雇主（自雇劳动者）的创业过程，包括求职的渠道、收集就业信息的渠道、应聘的具体笔试面试情况、找工作过程中关系的运用等情况。创业过程主要包括生意的来源、生意中运用到的关系等情况。

(6) 社会参与与支持

这一部分主要了解被访者的政治参与和获得社会支持的情况，包括投票情况，获得个人社会关系支持、社会或政府组织支持情况，社区信任度情况，也包括流动人口居住地的本地人状况、方言水平和返回家乡的意愿等情况。

(7) 劳动者状态

该部分主要了解被访者的民间信仰行为与观念、宗教信仰行为与观念、工作情况的满意度（包括工作收入、工作环境、晋升机会等）、工作价值观、生活满意度、幸福感、信任度、责任感、自评社会地位、公平感、未来工作预期等情况。

(8) 生育史

这一部分主要包括孩子的出生时间、性别、母乳喂养等情况。

(9) 健康状况

健康状况主要包括被访者的身高、体重、自评身体状况、过去两周患病情况、健康状况对工作与生活的影响、吸烟与饮酒情况、14岁以前身体状况、职业病与工伤情况等。

2. 家庭问卷结构

家庭问卷的设计主要是为了了解劳动力家庭的基本情况，也即劳动力再生产的初级单位的基本环境。回答家庭问卷的被访者主要是家庭情况的知情者，如果同时有几名知情者，则选择最年轻的家庭情况知情者做家庭问卷。家庭问卷的主要内容如下。

(1) 基本情况

主要是了解被选定的受访者在现居住地有血缘关系的家庭人员和符合条件

的其他非血缘关系的居住在该户中的人的一些基本情况，访问的主要内容涉及被访问居民户现在居住的家庭中每一位家庭成员和共同居住者的年龄、性别、民族、婚姻状态、户口类型、就业状况、主要职业等。

（2）日常生活

该部分了解被选定的受访者现在居住的家在日常生活中各种生活设施的便利性、家庭用水，以及是否雇用保姆、钟点工等基本情况。

（3）住房条件

该部分了解被选定的受访者现住房的基本情况，如产权、建筑面积、现市值、住房/购房经费来源、物业管理费、住房设备和其他自有产权住房等。

（4）家庭经济

该部分主要了解被选定的受访者在现居住地是否有非农经营产业、是否有出租收入、是否有变卖财产收入、是否遭遇过征地和拆迁、存款和利息收入、金融产品收入、社保和政府转移收入、工资性收入、家庭大型贵重物品、耐用消费品、家庭借贷行为、家庭消费支出情况、家庭捐赠、孩子教育、主观收入水平自评和主观经济地位自评等情况。

（5）农业生产

该部分主要了解被选定的农村户籍人口家庭在农村的农业生产情况，主要有总耕地、承包地和弃耕地的面积、弃耕原因、总成本、农业经营性收入情况等。

（6）农村流动人口家庭

该部分了解农村流动人口家庭与老家的连接情况，主要考察被访者在老家的房屋情况、老家的总收入、是否给老家寄钱、是否给家乡人办事、是否对家乡有捐赠、主观自评在老家的收入水平、未来回老家的可能性等。

（7）家庭史

该部分了解被选定的受访者的父母亲和爷爷的出生年份、家庭出身、教育程度、政治面貌、户口类型、是否仍在工作、是否健在等基本情况，并将详细了解被访者的父亲、母亲的职业史，具体询问主要职业、单位类型、单位级别、单位归属、收入来源、就业方式等。

（8）家庭外出成员的职业情况

该部分主要是对现居住地的常住家庭人口了解其家庭流出人口的外出务工信息，了解家庭流出人口是否在找工作、职业种类、所属行业、政治面貌、是否受过工伤、是否有职业病、是否有身体残疾、现居住地、是否有子女、是否在家乡进行投资经营等。电话访问问题主要是了解被访者的基本工作情况。

（9）访问员自填

该部分主要是访问员根据自己的观察，对被选定家庭的经济情况、房间整洁程度、家庭成员关系进行主观评价。

3. 村（居）委会问卷结构

村（居）委会问卷分为村委会和居委会两种问卷。村委会问卷针对农村社区，居委会问卷针对城市社区，如果是最近3年实行村改居的社区则这两种问卷都要作答。村委会问卷分为两大部分：村委会和村的历史情况。村委会部分有村的人口，村的土地与经济情况，村环境、设施、社会情况，基层组织这四块；村历史情况则包括村的自然灾害情况、村的人口变迁情况、村的主要公共设施以及重大公共活动实施情况和集体纠纷这四部分。居委会问卷相对简单，主要分为社区基本情况、基层组织这两块。

村委会问卷的访问对象主要是村支书或主任，居委会问卷的访问对象主要是居委会主任。如果无法对村委会中的村支书/主任或居委会主任进行访问，则找其他低层级的村（居）委会干部完成。

（1）村委会问卷

A. 人口

这部分主要了解该村一些基本的人口情况。主要有以下内容：人口、户数、劳动力人口及分布情况、少数民族情况、姓氏宗族情况。

B. 土地与经济

这部分主要了解该村的土地利用状况，包括农业土地的利用状况和非农经济产业的土地利用状况。其中特别关注了土地征用租用情况。

经济发展情况，包括该村的农业生产状况、非农业收入、各种企业数量、各种经济组织、小产权房流转情况、村委会的财务状况等。

C. 基层组织

这部分主要了解村基层自治情况，如村委会的各种基础设施、村委会选举情况、村委会成员组成情况、村委会主任的情况、村委会办公条件以及各种社会组织的情况。

D. 环境、设施、社会

这部分主要了解该村的整体环境，包括自然环境、社会环境等。自然环境包括各种基础设施的情况，环境污染情况以及交通便利性等。社会环境包括村民的信任程度、捐赠等情况。

E. 村历史情况

这部分主要是了解该村的一些历史情况，包括四部分：村的自然灾害情况、村的各种基础设施情况、村的人口变迁情况以及村的集体纠纷情况。

（2）居委会问卷

A. 社区基本情况

这部分主要了解该社区的一些基本情况。主要有以下内容：该社区的行政面积、工业用地面积、人口、户数、宗教信仰的基础设施及活动情况、社会保障、社会治安、环境污染等。

B. 基层组织

这部分主要了解社区基层自治情况。如居委会的各种基础设施、居委会选举情况、居委会成员组成情况、居委会办公条件以及各种社会组织等情况。

（二）CAPI 技术介绍

本次中国劳动力动态调查（CLDS）采用的是计算机辅助面访技术，即 CAPI（Computer Assisted Personal Interviewing）。

采用计算机辅助面访技术替代传统的纸笔问卷调查，是基于以下几点考虑。

（1）发达国家在 CAPI 技术方面积累了较多的技术和经验，为国内相关领域提供了成熟的参考，而在国内社会科学调查领域，也已有多家单位采用此技术并取得了一定的成果。采用 CAPI 技术，能更好地与国内外先进技术进行对话和交流，提高在此领域的实践经验和学术地位。

（2）CAPI 技术能有效地提高调查数据的质量，包括问题的填答范围和形式、问题的跳转逻辑、审核的及时性等方面，计算机都能进行有效控制，保证数据的准确性、完整性。例如，CAPI 可以根据前面问题的回答，决定后面需要回答的题目数量、题目内容和答案范围。CAPI 调查的数据，因为已经直接输入计算机，不须后期录入，因此可以快速传回调查主办单位进行审核，一经发现问题，可以立即进行现场干预，以降低后期数据审核和整理的强度，提高整体效率。

（3）"中国劳动力动态调查"是两年一次的追踪调查，对于样本的维护和管理，对于不同轮次之间数据和样本信息的整合，CAPI 有天然的优势。

（4）CAPI 的问卷表现形式丰富多样，具有多种题型，并且可以连接诸多仪器，不仅可以输出和输入字符，还可以输出和输入多媒体信息。

（5）CAPI 可以收集多重数据，不仅可以收集传统纸笔调查获得的问卷数据，还可以获得调查过程本身的数据，即并行数据。并行数据记录的是调查员和被访者在调查过程中的特定行为，这可以有效地反映调查过程及调查质量，为调查培训和研究方法的改善提供数据上的支持。

基于经费的限制和根据自身需要进行功能改进的要求，首次"中国劳动力动态调查"选择了开源性的 Limesurvey 系统，同时聘用了技术团队对 Limesurvey 进行了一些适用性修改，以符合本期调查的实际需要。

四　调查执行

2011 年 3 月 17 日，中山大学三期"985 社会科学特色数据库建设——中国劳动力动态调查"项目启动与（校内）学术顾问聘请仪式在中山大学举行，中山大学黎孟枫副校长和"985"办公室杨清华主任出席仪式。

2011 年 7 月，"中国劳动力动态调查"海（境）外学术顾问聘任暨第一次海（境）外学术顾问委员会会议在中山大学举行，中山大学梁庆寅副校长到会并讲话，会议通报了该项调查的目的和设想，并就问卷设计和抽样方法进行了讨论。同年 12 月，海（境）外学术顾问委员会举行第二次会议，会议通报了试调查结果，并针对试调查结果对原来的问卷设计和抽样方法进行了修正。

2011年8~9月,"中国劳动力动态调查"(CLDS)在广东范围内开展了试调查,试调查以2008年北京大学与中山大学在广东合作开展的"中国家庭跟踪调查"(CFPS)样本为对象,涉及8个区县的32个村(居)委会,获取有效问卷2466份,其中社区问卷32份,家庭问卷799份,劳动力个体问卷1635份。2011年试调查的目的在于评估跟踪调查的样本丢失情况,测试问卷,累积调查执行经验。

2012年6月,"中国劳动力动态调查"(CLDS)在全国范围内启动了第一期正式调查,包括中山大学在内的28所合作学校参与其中,形成了一个由中山大学社会科学调查中心负责,各高校调查团队紧密合作的组织架构(图1)。

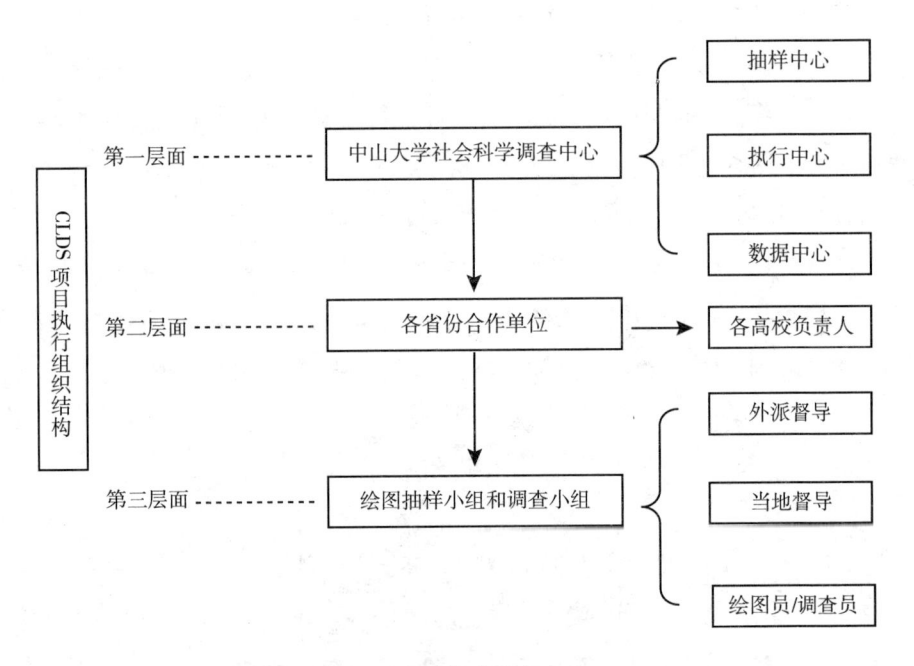

图1 项目执行的组织架构

2012年"中国劳动力动态调查"(CLDS)最终完成村(居)委会问卷303份,家庭问卷10612份,个体问卷16253份,平均每个家庭完成1.53个个体问卷。从样本发放情况来看,共发放16914个样本地址,完成10612个家庭样本,全国应答率为62.74%;从家庭内个体应答率的实际完成情况来看,全部抽中的家庭应该完成22527个个体问卷,实际完成16253份,全国完成率为72.15%。

五　数据清理

（一）现有数据清理内容

1. 单选、多选题中"其他（请填写）"的编码。
2. 职业类编码。
3. 一般文字开放题编码（如：请填写纠纷发生的原因？你从事工作的具体内容是什么?）。
4. 数字填空题的清理（如：你家里去年收入为_____万，你家离最近的医疗机构有_____公里）。

（二）文字题的编码和清理

1. 原则：客观，尽量保持数据原貌。
2. 选择题中"其他请注明"的处理：

（1）对"其他请注明"的回答，把能归于已有选项的编码编为对应选项，对不能归于已有选项的，如若其他项内容不可被归类并具有理论意义，能够对该题已有选项进行具有相当意义的补充，我们将其整理生成为新的选项。

（2）对部分回答"文不对题"或"答非所问"的答案，既不作为"其他"处理，也不用空缺值代替，而是用"99998 不适用"代替。

（3）删除文字内容，仅保留"其他"。

3. 文字编码题处理的三个步骤：

（1）对资料进行分类。即把不同性质、不同层次的答案陈述区分开来，把相同性质或相同层次的答案合并。如在回答为什么要耕种别人的地时，回答"自家土地被淹了很多""家里劳动力多""有部分地被征收"都可以归结为"耕种土地少"，故进行合并。

（2）题型转换。即把开放题在形式上转换为封闭性问题，并建立答案框，这个答案框里有这个开放题所有相关的特征。如"自家土地被淹了很多""家里劳动力多""有部分地被征收"这几个选项，其核心特征均为：耕地变少。

故把这三种说法或更多类似的说法命名为"自家耕地较少"。其操作定义为：凡是农户回答耕种别人地原因时，直接或间接反映自家有用耕地变少的，都定义为"自家耕地较少"。

（3）给封闭答案框进行赋值。赋值原则：在原题项的赋值基础上增加，即如果一个题目有10个选项，那么在新增编码时，把开放题中频次最多且能进行归类的项目进行封闭编码，赋值为11。

当编码者对某些文字内容感到模糊不清时，以集体讨论的方式进行编码，尽量保证文字的编码信度。

（三）数字填空题清理

1. 清理内容：数字题主要涉及距离、人口、收入、住房面积和土地等相关变量，其中重点是收入。

2. 清理原则：尽量客观，避免主观修订。

3. 清理方法：对收入的不合理值根据录音结果进行修订。

（四）职业编码

1. 编码标准：职业编码主要参考国家行业分类与代码标准，第五次全国人口普查所使用的职业分类与代码表。

2. 编码方法：双盲编码，也就是说几人对同一文字描述进行编码，计算出相应的信效度，以此确保职业编码的客观性。

3. 基本步骤：首先，向编码者介绍开放性编码的方法和原则，确立统一标准；其次，选取部分内容进行试编码，对比编码的信效度，直到编码者之间对同一内容的编码有较高的信效度，然后再让编码者分开工作。对部分模糊的文字内容，进行集体讨论，如仍然无法达成一致建议，归结为"其他"。

《中国劳动力动态调查：2013报告》根据"2012年中国劳动力动态调查数据"（试用版）完成，个别数据与将来公开发布时的数据存在差别在所难免，但不影响本报告的基本结论。

目 录

第一章 中国劳动力的人口及社会特征 ········· 001
    一 人口结构及区域分布 ················· 001
    二 户口性质 ························· 004
    三 受教育及职业技术培训状况 ············· 005
    四 流动与迁移状况 ··················· 011
    五 其他社会特征 ····················· 015
    六 居住与家庭特征 ··················· 019
    小结 ····························· 030

第二章 中国劳动力的就业及保障状况 ··········· 034
    一 就业状况 ························· 034
    二 从业状态 ························· 038
    三 职业、行业及单位类型分布 ············· 040
    四 收入 ··························· 045
    五 社会保障状况 ····················· 060
    小结 ····························· 068

第三章 中国劳动力的劳动状况及环境 ··········· 071
    一 劳动及经营状况 ··················· 071

  二　雇员的劳动状况…………………………………………… 078
  三　雇主的经营状况…………………………………………… 097
  四　有工作但上周不在岗者的状况…………………………… 101
  五　无工作者的状况…………………………………………… 102
  小结……………………………………………………………… 110

第四章　中国劳动力的社会网络及求职、创业过程…………… 115
  一　社会网络及参与情况……………………………………… 115
  二　求职过程…………………………………………………… 134
  三　雇主的创业过程…………………………………………… 143
  小结……………………………………………………………… 149

第五章　中国劳动力的观念状态…………………………………… 152
  一　劳动观念…………………………………………………… 152
  二　生活感受…………………………………………………… 182
  三　社会认同及对未来的打算………………………………… 193
  四　健康状况…………………………………………………… 201
  小结……………………………………………………………… 213

致　　谢………………………………………………………………… 218

第一章
中国劳动力的人口及社会特征

一 人口结构及区域分布

(一)性别、年龄结构

2012年中国劳动力动态调查(以下简称"此次调查")结果显示,全国劳动力的性别结构比较均衡,其中,男性占50.91%,女性占49.09%,性别比为103.71。

此次调查同时显示,中国劳动力的平均年龄为37.57岁,且男性和女性的平均年龄相差无几(分别为37.57岁和37.56岁),年龄结构仍然以青壮年(15~44岁)人口为主。具体来说(见表1-1),15~29岁的低龄劳动力占

表1-1 全国劳动力的性别年龄构成

单位:%,岁

年龄组	男	女	合计	性别比
15~19	10.27	9.85	10.06	108.16
20~24	12.67	13.01	12.84	100.96
25~29	10.06	10.30	10.18	101.33
30~34	9.80	9.77	9.79	104.00
35~39	11.95	11.83	11.89	104.79
40~44	12.59	12.55	12.57	104.04
45~49	10.64	10.64	10.64	103.79
50~54	7.99	7.88	7.93	105.13
55~59	8.13	8.26	8.19	102.10
60~64	5.90	5.92	5.91	103.46
合 计	100	100	100	103.71

33.08%，30~44岁的中龄劳动力占34.25%，45~59岁的高龄劳动力占26.76%。可见，中国劳动力的年龄结构比较均衡，青年型劳动力为主的年龄结构已不复存在。同时，不同年龄组劳动力的性别结构相差不大，性别比基本在101~109之间波动。

（二）区域分布

2012年，中国劳动力的区域分布并不均匀。此次调查结果显示，中国近一半（48.56%）的劳动力分布在中部各省份，超过1/3（为35.71%）的劳动力分布在东部各省份，西部各省份的劳动力仅占全国的15.73%。

从性别结构来看，东部地区劳动力的性别比最高（为108.81），中部、西部地区劳动力的性别比较低且相差无几（分别为101.05、100.84）。但是，三大区域分年龄组的性别比差异较大（见图1-1）。具体来说，西部劳动力各年龄组性别比的波动较大，15~24岁劳动力的性别比明显较低，25~29岁劳动力的性别比达到高峰（122.32），30~49岁劳动力的性别比逐渐下降至较低水平，50岁以后又快速上升；而东部和中部劳动力的各年龄组性别比都大致在95~115之间波动。比较来看，两大区域各年龄组性别比相差不太大，并且具有此消彼长的互补特点。

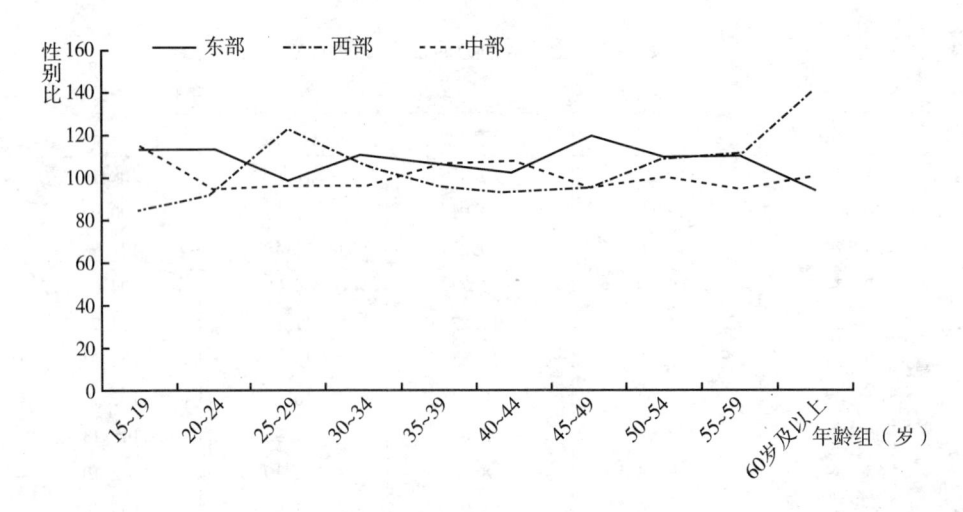

图1-1 东、中、西部劳动力性别结构的比较

从年龄结构来看，西部地区劳动力的年龄最轻，东部次之，中部地区劳动力的老龄化程度最高（见图1-2）。具体来说（见表1-2），西部地区的低年龄组（15~29岁）劳动力比例最高，为36.61%，东部次之（34.32%），中部地区的这一比例仅为31.01%；同时，西部地区的高年龄组（45岁及以上）劳动力比例最低，仅为28.73%，东部次之（31.35%），中部地区的这一比例则高达34.94%。劳动力平均年龄的测算也得到类似结果（见表1-2），东、中、西部劳动力的平均年龄分别为36.95岁、38.48岁、36.13岁。其中，东、中部男性劳动力的平均年龄略小于女性，而西部则是男性劳动力的平均年龄大于女性。

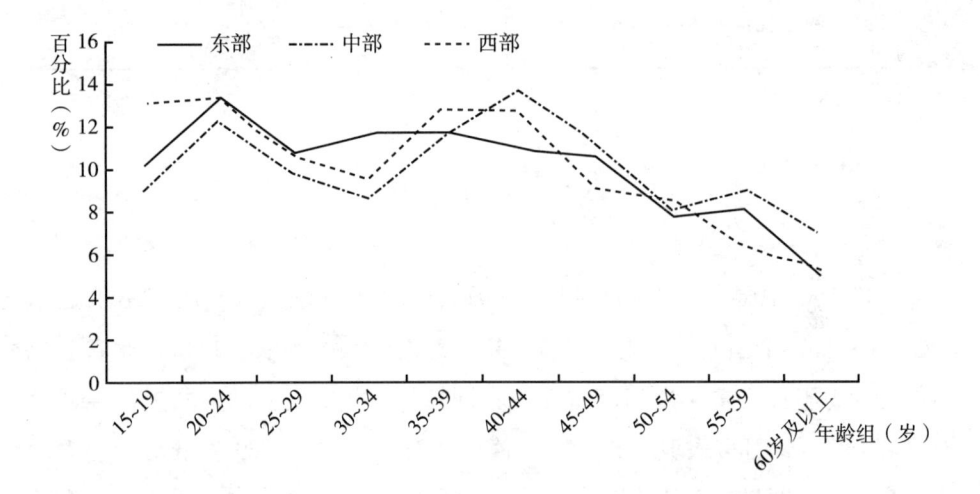

图1-2 东、中、西部地区劳动力的年龄结构比较

表1-2 东、中、西部地区劳动力的性别、年龄构成

单位：%，岁

年龄组	东部				中部				西部			
	男	女	合计	性别比	男	女	合计	性别比	男	女	合计	性别比
15~19	10.38	9.94	10.17	113.63	9.68	8.43	9.05	116.03	11.86	14.04	12.94	85.15
20~24	13.65	13.09	13.38	113.45	11.94	12.67	12.30	95.16	12.59	13.88	13.23	91.50
25~29	10.29	11.28	10.77	99.24	9.44	9.88	9.66	96.50	11.43	9.43	10.44	122.32
30~34	11.73	11.52	11.63	110.84	8.39	8.75	8.57	96.89	9.62	9.13	9.37	106.27
35~39	11.69	11.85	11.77	107.30	11.99	11.41	11.70	106.23	12.43	13.07	12.75	95.93

续表

年龄组	东部 男	东部 女	东部 合计	东部 性别比	中部 男	中部 女	中部 合计	中部 性别比	西部 男	西部 女	西部 合计	西部 性别比
40~44	10.66	11.24	10.94	103.17	14.24	13.31	13.77	108.12	12.03	13.08	12.55	92.75
45~49	11.05	10.01	10.55	120.17	10.93	11.52	11.22	95.85	8.79	9.28	9.04	95.54
50~54	7.72	7.69	7.71	109.25	7.93	7.97	7.95	100.48	8.80	8.00	8.40	110.88
55~59	8.20	8.02	8.12	111.19	8.62	9.21	8.91	94.55	6.46	5.83	6.15	111.60
60岁及以上	4.62	5.35	4.97	93.91	6.86	6.85	6.86	101.05	6.00	4.27	5.14	141.55
合计	100	100	100	108.81	100	100	100	101.05	100	100	100	100.84
平均年龄	36.90	37.01	36.95	—	38.40	38.57	38.48	—	36.60	35.66	36.13	—

二 户口性质

2012年，中国劳动力的户口性质仍然以农业户口为主。调查结果显示（见表1-3），全国七成以上（为72.42%）的劳动力为农业户口，非农业户口的劳动力不及三成（为27.58%）；不同性别、年龄组劳动力的户口性质没有显著差别，即都以农业户口为主，值得注意的是，15~29岁低龄劳动力的农业户口比例明显高于其他年龄组；从地区分布来看，西部地区劳动力的农业户口比例略低于东、中部地区，同时，东、中、西部的男、女劳动力的户口性质构成没有明显差异（见表1-4）。

表1-3 全国及不同特征劳动力的户口性质分布

单位：%

	全国	性别 男	性别 女	年龄组 15~29岁	年龄组 30~44岁	年龄组 45岁及以上	地区 东部	地区 中部	地区 西部
农业户口	72.42	72.16	72.69	75.88	69.75	71.71	73.86	72.27	69.59
非农业户口	27.58	27.84	27.31	24.12	30.25	28.29	26.14	27.73	30.41
合计	100	100	100	100	100	100	100	100	100

表1-4 全国及东、中、西部地区不同性别劳动力户口性质的比较

单位：%

	东部		中部		西部	
	男	女	男	女	男	女
农业户口	74.02	73.69	71.99	72.56	68.31	70.89
非农业户口	25.98	26.31	28.01	27.44	31.69	29.11
合计	100	100	100	100	100	100

三 受教育及职业技术培训状况

（一）受教育状况

2012年，中国劳动力中的绝大部分（为97.17%）接受过正式教育，其中，男性劳动力接受过正式教育的比例（98.44%）略高于女性劳动力的这一比例（95.84%）。15~29岁低龄劳动力、30~44岁中龄劳动力和45岁及以上高龄劳动力的这一比例分别为98.82%、98.45%、94.14%，可见，随着年龄的提高，劳动力接受过正式教育的比例逐渐下降。从地区分布来看，东部地区的这一比例最高（98.04%），中部地区次之（96.89%），西部地区的这一比例相对最低（96.01%）。

全国劳动力的受教育程度以中等教育为主，平均受教育年限仅为9.76年。具体来说，从劳动力获得毕业资格的受教育程度来看（见表1-5），初中毕业比例最高，其次是小学毕业，而大学本科以上毕业的比例仅为3.75%。从性别特征来看，女性的平均受教育年限比男性低0.67年，女性获得毕业资格的受教育程度明显低于男性，这主要是由于女性中小学未毕业的比例较高，在初中及以上的各种受教育程度中，除中专以外，女性的比例皆低于男性。从年龄特征来看，15~29岁低龄劳动力获得毕业资格的受教育程度较高，他们初中及以上各种受教育程度的比例皆高于30~44岁和45岁及以上劳动力的相应比例；同时，15~29岁劳动力的平均受教育年限比30~44岁中龄劳动力多1.79年，比45岁及以上高龄劳动力多3.67年。

表 1-5　全国劳动力分性别、年龄组的受教育程度构成

单位：%，年

受教育程度	性别			年龄组			合计
	男	女	性别比	15~29岁	30~44岁	45岁及以上	
小学未毕业	7.53	12.74	62.84	1.91	8.28	20.72	10.05
小学	23.72	23.67	106.61	19.24	24.33	27.79	23.70
初中	40.96	39.10	111.42	44.23	42.68	32.73	40.06
高中	13.03	10.52	131.75	16.21	7.84	11.45	11.82
职高/技校	2.25	1.58	151.89	2.53	2.45	0.69	1.92
中专	2.83	3.74	80.51	3.72	4.00	1.99	3.27
大学专科	5.63	5.22	114.78	6.92	6.22	2.98	5.43
大学本科	3.78	3.25	123.71	5.07	3.83	1.54	3.53
研究生	0.26	0.18	151.45	0.16	0.37	0.12	0.22
合　　计	100	100	—	100	100	100	100
平均受教育年限	10.08	9.41	—	11.54	9.75	7.87	9.76

东、中、西部地区劳动力的受教育程度存在一定差异，东部地区劳动力获得毕业资格的受教育程度及平均受教育年限较高，西部地区次之，中部地区劳动力获得毕业资格的受教育程度及平均受教育年限最低。具体来说（见表1-6），东、中、西部地区劳动力接受大学专科及以上教育程度的比例分别为10.40%、7.83%、10.54%，东部地区劳动力的平均受教育年限比中、西部地区分别多0.82年、0.31年。同时，东、中、西部地区男性劳动力获得毕业资格的受教育程度及平均受教育年限皆高于相应地区内的女性劳动力。

表 1-6　东、中、西部地区劳动力分性别的受教育程度构成

单位：%，年

受教育程度	东部			中部			西部		
	男	女	合计	男	女	合计	男	女	合计
小学未毕业	7.09	11.37	9.12	7.93	13.89	10.85	7.34	12.24	9.75
小学	20.88	21.64	21.24	26.05	25.91	25.98	23.30	21.22	22.28
初中	39.79	37.07	38.50	41.36	39.36	40.38	42.54	42.86	42.70
高中	14.72	13.21	14.01	12.10	9.05	10.60	11.88	9.06	10.50
职高/技校	3.18	2.11	2.68	1.89	1.17	1.54	1.12	1.65	1.38
中专	3.36	4.83	4.06	2.75	2.88	2.82	1.79	3.96	2.86
大学专科	6.81	5.73	6.30	4.84	4.81	4.82	5.30	5.38	5.34
大学本科	3.81	3.79	3.80	2.97	2.83	2.90	6.25	3.36	4.83
研究生	0.35	0.24	0.30	0.11	0.11	0.11	0.48	0.26	0.37
合　　计	100	100	100	100	100	100	100	100	100
平均受教育年限	10.48	9.88	10.20	9.72	9.03	9.38	10.22	9.54	9.89

不同户口性质的劳动力获得毕业资格的受教育程度差异尤其明显。具体来说（见表1-7），非农业户口劳动力受高中及以上各种教育程度的比例皆明显高于农业户口劳动力的相应比例，非农业户口劳动力接受大专及以上教育程度的比例（为25.80%）比农业户口劳动力高23.16个百分点，非农业户口劳动力的平均受教育年限比农业户口劳动力多4.23年，这一特点在东、中、西部地区皆得到体现。具体来说（见表1-8），无论哪个地区，非农业户口劳动力的高中及以上各种受教育程度的比例皆高于地区内农村劳动力的相应比例，东、中、西部农业与非农业户口劳动力的大专及以上受教育程度比例的差异分别为23.16、21.55、28.36个百分点，平均受教育年限的差异分别为3.94年、4.36年、4.57年。可见，西部地区劳动力受教育程度的户口性质差异最大，而东、中部地区的这一差异相对较小。

表1-7 全国劳动力分户口性质的受教育程度构成

单位：%，年

受教育程度	农业户口	非农业户口	合计
小学未毕业	12.95	2.71	10.05
小学	29.28	9.52	23.70
初中	43.94	30.20	40.06
高中	8.19	21.02	11.82
职高/技校	0.99	4.29	1.92
中专	2.02	6.45	3.27
大学专科	1.81	14.64	5.43
大学本科	0.82	10.4	3.53
研究生	0.01	0.76	0.22
合计	100	100	100
平均受教育年限	8.56	12.79	9.76

表1-8 东、中、西部地区劳动力分户口性质的受教育程度构成

单位：%，年

受教育程度	东部 农业户	东部 非农业户	东部 合计	中部 农业户	中部 非农业户	中部 合计	西部 农业户	西部 非农业户	西部 合计
小学未毕业	11.37	2.89	9.12	14.31	2.20	10.85	12.45	3.79	9.75
小学	26.24	7.41	21.24	31.82	11.37	25.98	28.59	8.41	22.28
初中	42.05	28.66	38.50	43.68	32.11	40.38	49.48	27.79	42.70
高中	11.36	21.32	14.01	6.58	20.66	10.60	5.52	21.45	10.50

续表

受教育程度	东部 农业户	东部 非农业户	东部 合计	中部 农业户	中部 非农业户	中部 合计	西部 农业户	西部 非农业户	西部 合计
职高/技校	1.70	5.38	2.68	0.59	3.90	1.54	0.52	3.28	1.38
中专	3.02	6.93	4.06	1.33	6.53	2.82	1.77	5.24	2.86
大学专科	3.35	14.46	6.30	0.92	14.57	4.82	0.84	15.23	5.34
大学本科	0.91	11.82	3.80	0.74	8.30	2.90	0.84	13.62	4.83
研究生	0	1.14	0.30	0.01	0.35	0.11	0	1.19	0.37
合计	100	100	100	100	100	100	100	100	100
平均受教育年限	9.15	13.09	10.20	8.14	12.50	9.38	8.45	13.02	9.89

（二）专业技术培训及获得执业资格的状况

2012年，中国劳动力在之前两年参加过专业技术培训、曾经获得过专业技术资格证书（即执业资格）的比例都不高，仅分别为14.87%和16.88%，其中，男性劳动力二者的比例（分别为18.39%、20.93%）明显高于女性劳动力（分别为11.21%、12.67%）。15~29岁低龄劳动力、30~44岁中龄劳动力和45岁及以上高龄劳动力在过去两年参加过专业技术培训的比例分别为19.12%、17.70%、7.71%，曾经获得过专业技术资格证书（即执业资格）的比例分别为17.17%、20.42%、12.86%，并且，25~29岁劳动力在过去两年参加过专业技术培训及曾经获得过专业技术资格证书（即执业资格）的比例都明显高于其他年龄组，即达到峰值。此后，随着年龄的提高，中国劳动力在过去两年参加过专业技术培训及曾经获得过专业技术资格证书（即执业资格）的比例都逐渐下降（见图1-3）。可见，中国劳动力教育状况的差异不仅存在于正式教育方面，还存在于职业技术培训方面。

东、中、西部地区劳动力在过去两年参加过专业技术培训、曾经获得过专业技术资格证书（即执业资格）的情况也存在一定的差异。具体来说（见表1-9），西部地区劳动力在过去两年参加过专业技术培训的比例最高，东部次之，中部最低；东部地区劳动力曾经获得过专业技术资格证书（即执业资格）的比例最高，西部次之，中部最低，可见，中部地区劳动力的专业技术培训及执业资格的获得情况相对较差。

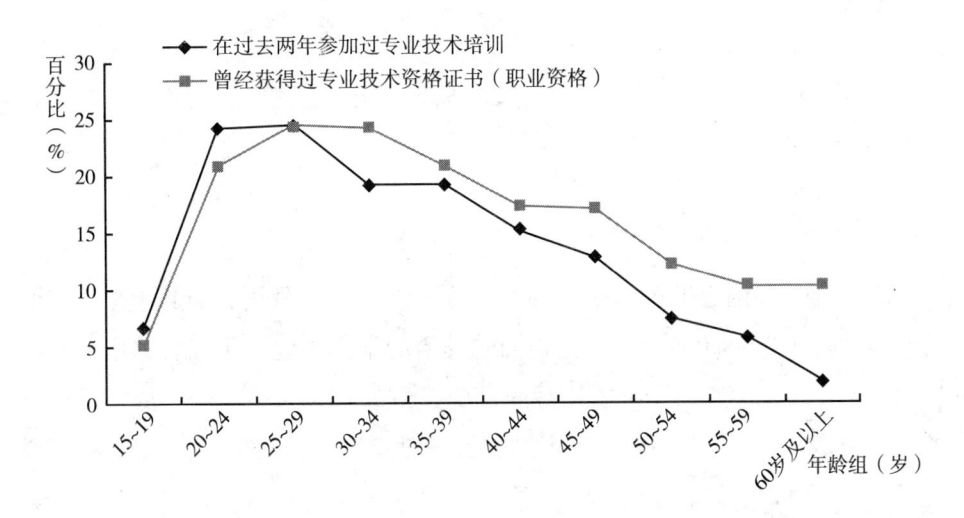

图1-3 全国劳动力分年龄组的专业技术培训及获得执业资格的状况

表1-9 全国及东、中、西部劳动力分性别的技术培训及曾经获得执业资格的情况

单位：%

		在过去两年参加过专业技术培训	曾经获得过专业技术资格证书（执业资格）			在过去两年参加过专业技术培训	曾经获得过专业技术资格证书（执业资格）
全国	男	18.39	20.93	中部	男	15.37	18.01
	女	11.21	12.67		女	9.90	10.47
	合计	14.87	16.88		合计	12.65	14.26
东部	男	20.57	23.85	西部	男	22.60	23.09
	女	11.25	15.16		女	15.21	13.98
	合计	16.11	19.69		合计	18.92	18.55

另外，在曾经获得专业技术资格证书的劳动力中，平均每人拥有1.53个资格证书，其中拥有1个的比例最高（为68.14%），拥有2个的占20.30%，拥有3个的占6.96%，拥有4个和5个的分别占1.91%、1.82%。在他们认为最重要的专业技术资格证书中，普通技工证书的比例最高（为20.70%），其次为语言、教育、出版类证书（为13.38%），再次为计算机应用及软件类（为10.94%），统计、会计、税务、审计类，建筑工程、城市规划类，医务、药业类，管理、咨询、商务、市场营销类，经济专业技术、评估、拍卖类，

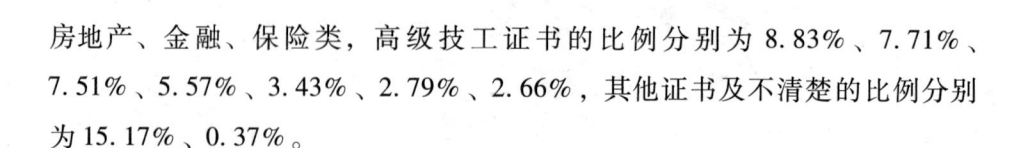

房地产、金融、保险类,高级技工证书的比例分别为8.83%、7.71%、7.51%、5.57%、3.43%、2.79%、2.66%,其他证书及不清楚的比例分别为15.17%、0.37%。

(三)外语的掌握情况

2012年,中国近1/4(为22.90%)的劳动力懂得外语,而其中懂得英语的比例最高(为98.00%),但是他们对外语的掌握程度并不高。其中,能够运用所懂外语非常熟练地听说读写的比例仅为2.17%,能比较熟练听说读写的比例为22.59%,勉强能够听说读写的比例最高(53.43%),很难进行听说读写的比例为21.82%。

调查结果显示(见表1-10),女性劳动力懂得外语的比例略高于男性劳动力(高2.63个百分点);城市劳动力懂得外语的比例远高于农村劳动力(高18.65个百分点);东部地区懂得外语的劳动力比例略高于中、西部地区,西部地区女性劳动力懂得外语的比例明显高于男性劳动力(高4.87个百分点),东、中部地区劳动力懂得外语的性别差异不大。另外,随着年龄的提高,劳动力懂得外语的比例不断降低,15~19岁、20~24岁、25~29岁劳动力懂得外语的比例分别高达79.06%、43.44%、27.59%,而30~44岁中龄劳动力和45岁及以上的高龄劳动力懂得外语的比例仅分别为15.63%和4.61%。

调查结果同时显示(见表1-10),女性劳动力能够运用所懂外语非常及比较熟练地听说读写的比例明显高于男性(高6.51个百分点),东、中、西部地区的这一比例差异不大。从区域内部来看,东部地区劳动力能够运用所懂外语非常及比较熟练地听说读写的比例的性别差异最小(相差2.63个百分点),中、西部地区劳动力这一比例的性别差异较大(分别相差9.64和8.90个百分点)。另外,随着年龄的提高,劳动力能够运用所懂外语非常及比较熟练地听说读写的比例不断降低,15~19岁、20~24岁、25~29岁劳动力能够运用所懂外语非常及比较熟练地听说读写的比例分别高达34.54%、29.91%、20.71%,而30~44岁中龄劳动力和45岁及以上的高龄劳动力能够运用所懂外语非常及比较熟练地听说读写的比例仅分别为10.96%和12.52%。

表1-10　全国及东、中、西部劳动力分性别的懂外语及熟悉程度的情况

单位：%

		懂得外语	能够运用所懂外语非常及比较熟练地听说读写的比例			懂得外语	能够运用所懂外语非常及比较熟练地听说读写的比例
全国	男	21.61	21.38	中部	男	18.67	19.79
	女	24.24	27.89		女	20.84	29.43
	合计	22.90	24.76		合计	19.75	24.83
东部	男	26.51	23.13	西部	男	19.19	20.47
	女	29.12	25.76		女	24.06	29.37
	合计	22.76	24.46		合计	21.61	25.40

四　流动与迁移状况

（一）流动率及个人特征

此次调查对非同住家庭成员的主要信息进行了登记，从他们的户口所在地与现居住地在市辖区（县或县级市）的一致性来判断其流动性，即从流出的视角笼统地考察家庭成员的流动性，进而分析流出劳动力的比例及各种人口特征。调查结果显示，2012年中国劳动力的流动率为15.95%，与2010年全国第六次人口普查总人口的流动比例（16.53%）相差不大。其中，男性劳动力的流动率为13.71%，女性劳动力的流动率为19.20%；45岁及以上高龄劳动力的流动率最高（23.34%），30~44岁中龄劳动力的流动率明显较低（13.76%），15~29岁低龄劳动力的流动率更低（13.12%）。

流动劳动力的个人特征与全国劳动力有一定的相似性（见表1-11）。他们的性别比为103.67；青壮年劳动力比例较高，其中20~24岁、25~29岁、30~34岁分别占12.32%、13.86%、12.11%（见图1-4）；流动劳动力以汉

族为主，占 94.18%，他们的户口类型以农业户口居多（51.39%）；他们的受教育程度以初中、高中、小学为主（合计占 60.11%），大学本科比例也相对较高（15.13%）；他们的健康状况以非常健康和比较健康为主（合计占 76.69%），健康状况一般的比例也接近 1/5；他们的婚姻状况以初婚有配偶为主（占 73.09%），从未结婚的比例也高达 22.70%；从就业或就学状态来看，近一半（49.69%）的流动劳动力为全职就业，务农和操持家务的比例也相对较高（分别为 12.52% 和 10.33%）。值得注意的是，4.16% 的流动劳动力处在临时性就业状态，2.3% 的流动劳动力失业或下岗，2.25% 的流动劳动力从未工作过。

表 1-11　流动劳动力的个人、社会特征

单位：%

性别	男	50.90	户口类型	农业	51.39	民族	汉族	94.18
	女	49.10		非农业	48.61		少数民族	5.82
	合计	100		合计	100		合计	100
年龄组（岁）	15~19	6.63	教育程度	小学未毕业	5.74	就业/就学状态	从未工作	2.25
	20~24	12.32		小学	14.88		全职就业	49.69
	25~29	13.86		初中	28.46		半职就业	1.28
	30~34	12.11		高中	16.77		临时性就业	4.16
	35~39	9.86		职高/技校	2.04		务农	12.52
	40~44	9.95		中专	4.64		上学且无工作	8.93
	45~49	11.00		大专	8.14		休长假/产假	0.32
	50~54	7.46		大本	15.13		失业/下岗	2.32
	55~59	8.13		研究生及以上	4.19		离退休	5.31
	60 岁及以上	8.69		合计	100		操持家务	10.33
	合计	100	婚姻状况	从未结婚	22.70		服兵役	1.86
健康状况	非常健康	35.80		初婚有配偶	73.09		丧失劳动能力	0.91
	比较健康	40.89		再婚有配偶	2.14		其他	0.13
	一般	19.47		离异	0.79		合计	100
	有慢性/传染/精神病	3.84		丧偶	1.27			
	合计	100		合计	100			

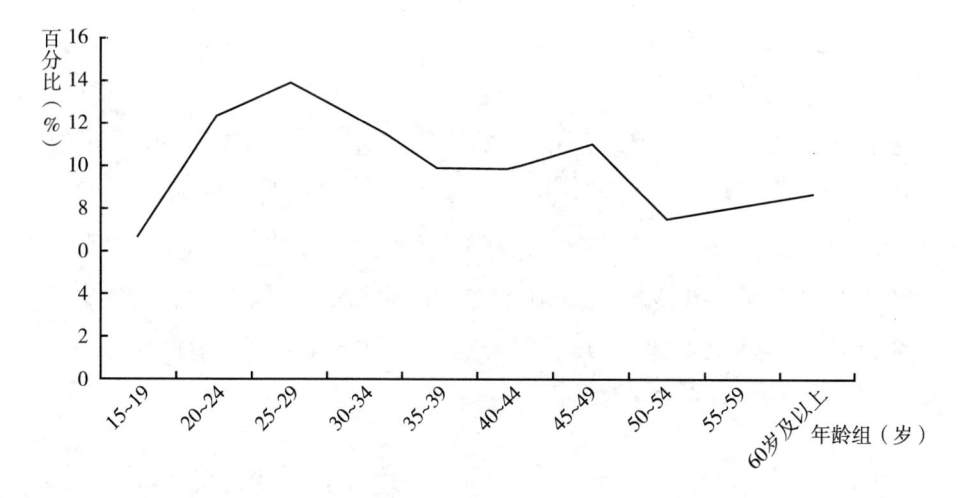

图 1-4 流动劳动力的年龄分布

（二）本地与外地

根据此次个体调查问卷汇总发现，流动劳动力离开户口所在地半年以上的比例近九成（88.57%），并且，男女流动劳动力的这一比例差异很小。从区域差异来看（见表1-12），东部地区的男性劳动力离开户口所在地半年及以上的比例高于女性，中部地区的这一比例是女性高于男性，西部地区男、女劳动力比例差不多。另外，在户口不在本县（市）的劳动力中，30~44岁劳动力离开户口所在地半年以上的比例为最高（89.36%），其次为45岁及以上劳动力（占88.81%），15~29岁劳动力的这一比例相对较低（为87.87%）。

表 1-12 全国及东、中、西部劳动力分性别、城乡的户口及迁移情况

单位：%

		离开户口所在地半年及以上	发生过户口迁移			离开户口所在地半年及以上	发生过户口迁移
全国	男	88.53	13.60	中部	男	85.29	12.99
	女	88.61	31.81		女	90.23	31.12
	合计	88.57	22.54		合计	88.06	22.01
东部	男	90.70	14.05	西部	男	87.63	14.44
	女	87.13	37.71		女	88.94	27.60
	合计	89.02	23.95		合计	88.25	20.99

全国近1/4（22.54%）的劳动力发生过户口迁移，其中，女性劳动力发生户口迁移的比例远远高于男性，各年龄段劳动力发生过户口迁移的比例有一定差异，30~44岁（27.94%）和45岁以上（25.13%）中高龄劳动力迁移比例较高，而15~29岁低龄劳动力（14.39%）迁移比例相对较低。另外，这一比例的地区差异不大，东、中、西部地区劳动力发生户口迁移的比例分别为23.95%、22.01%、20.99%；相对而言，中部地区男、女劳动力发生户口迁移的比例差异最大（相差18.13个百分点），东、西部地区二者的比例差异相对较小（分别相差13.66和13.16个百分点）。

（三）全日制教育结束后，参加工作之前的流动情况

2012年，我国一定比例的劳动力有流动经历。此次调查显示，在全日制教育结束但尚未参加工作的劳动力中，12.80%有流动经历。其中，男性劳动力有流动经历的比例（15.80%）明显高于女性（9.71%）。各年龄组劳动力的这一比例存在一定差异（见图1-5），25~29岁劳动力的这一比例最高（24.02%），其次为30~34岁、35~39岁、20~24岁、40~44岁（分别为18.65%、17.98%、15.25%、13.20%），45岁及以上和15~19岁劳动力的这一比例仅分别为7.45%、3.44%。

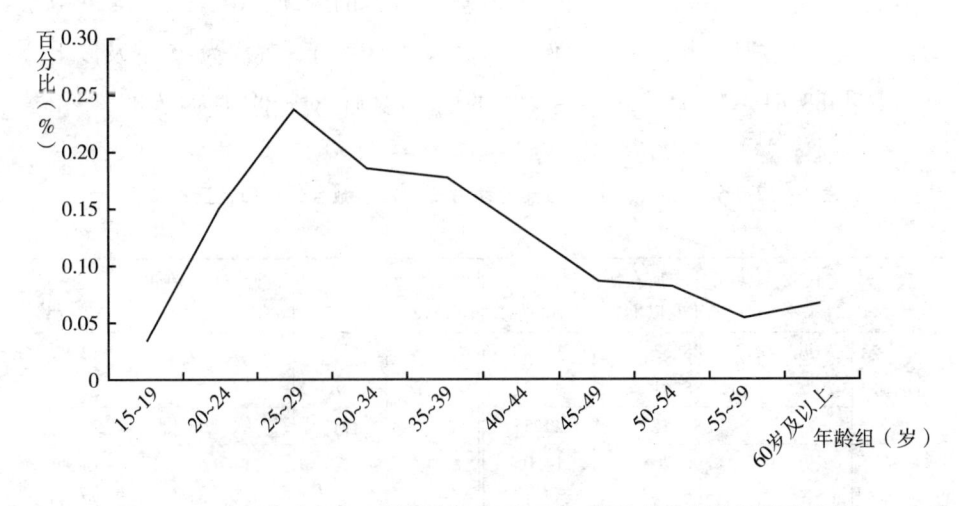

图1-5 全国劳动力全日制教育结束后正式工作前的分年龄组流动情况

从地区差异来看，东部地区劳动力在全日制教育结束后参加工作（或尚未参加工作）之前具有流动经历的比例最高（为13.50%），中、西部地区的这一比例较低且差异不大，分别为12.30%、12.77%；同时，东、中、西部地区男、女劳动力的这一比例分别为16.81%、14.73%、16.64%和9.90%、9.84%、8.87%，可见，西部地区劳动力这一比例的性别差异相对最大（差7.77个百分点）。

五　其他社会特征

（一）婚姻状况

在家庭问卷中，此次调查询问了同住成员的婚姻状况。结果发现，全国劳动力的婚姻状况以初婚有配偶为主（占75.30%），其次为从未结婚（占19.12%），而再婚有配偶、离异、丧偶的比例都不高（分别为2.05%、1.27%、2.26%）。

同时，劳动力的婚姻状况存在着显著的性别、年龄组、地区、户口性质差异。具体来说（见表1-13），女性劳动力初婚有配偶的比例明显高于男性，而从未结婚、离异的比例明显低于男性的相应比例；随着年龄的提高，劳动力从未结婚的比例明显下降，初婚有配偶、丧偶的比例明显升高，离异比例相对较高的是30~44岁的中年劳动力；中部地区劳动力初婚有配偶的比例最高，东

表1-13　全国及不同特征劳动力的婚姻状况

单位：%，岁

婚姻状况	全部	性别		年龄组			地区			户口性质	
		男	女	15~29	30~44	45岁及以上	东	中	西	农业	非农业
从未结婚	19.12	22.46	15.91	63.60	4.36	1.56	20.57	17.04	22.06	18.83	19.81
初婚有配偶	75.30	72.65	77.84	35.45	90.85	89.26	74.84	77.14	70.56	76.00	73.46
再婚有配偶	2.05	1.90	2.19	0.44	2.15	3.01	1.67	1.96	3.35	1.86	2.58
离异	1.27	1.55	1.00	0.40	1.93	1.32	0.95	1.38	1.71	0.95	2.14
丧偶	2.26	1.44	3.06	0.11	0.71	4.85	1.97	2.48	2.32	2.36	2.01
合计	100	100	100	100	100	100	100	100	100	100	100

部地区次之,西部最低,相应地,西部地区劳动力从未结婚的比例最高,东部地区次之,中部地区最低,而西部地区再婚有配偶及离异的比例都相对较高;农业户口劳动力的初婚有配偶比例明显高于非农户口劳动力,而从未结婚、离异、再婚有配偶的比例则低于非农户口劳动力。

(二)民族

家庭问卷中,此次调查询问了同住成员的民族状况。结果发现,全国劳动力中汉族占绝大多数(90.83%),少数民族的比例不到十分之一(9.17%)。

同时,劳动力的民族状况不存在明显的性别和年龄差异,但是地区和户口性质的差异较大。具体来说(见表1-14),男、女劳动力的少数民族比例几乎相等,中龄劳动力的少数民族比例略高,15~29岁低龄劳动力次之,45岁及以上劳动力的少数民族比例略低;西部地区劳动力的少数民族比例超过两成(21.42%),远高于东部(2.15%)、中部地区(11.08%),其中东部地区最低;农业户口劳动力的少数民族比例明显高于非农户口劳动力的相应比例。

表1-14 全国及不同特征劳动力的民族状况

单位:%,岁

民族	全部	性别		年龄组			地区			户口性质	
		男	女	15~29	30~44	45岁及以上	东	中	西	农业	非农业
汉族	90.83	90.84	90.83	90.17	89.95	91.94	97.85	88.92	78.58	89.13	95.51
少数民族	9.17	9.16	9.17	9.83	10.05	8.06	2.15	11.08	21.42	10.87	4.49
合计	100	100	100	100	100	100	100	100	100	100	100

(三)政治面貌

家庭问卷中,此次调查询问了同住成员的政治面貌。结果发现,全国劳动力政治面貌为"群众"的占绝大多数(91.91%),中共党员不到一成(7.92%),民主党派不及百分之一(0.17%)。

同时,劳动力的政治面貌存在着明显的性别、户口类型差别,但年龄、地区差异不大。具体来说(见表1-15),男性劳动力的中共党员比例明显高于女性，他们参加民主党派的比例也高于女性；非农业户口劳动力的党员比例远高于农业户口劳动力；45岁及以上高龄劳动力的党员比例略高，30~44岁中龄劳动力次之，15~29岁低龄劳动力的党员比例相对最低；西部地区劳动力的中共党员比例最高，中部地区次之，东部地区劳动力的中共党员比例相对最低。

表1-15 全国及不同特征劳动力的政治面貌

单位：%，岁

政治面貌	全部	性别		年龄组			地区			户口性质	
		男	女	15~29	30~44	45岁及以上	东	中	西	农业	非农业
中共党员	7.92	11.36	4.64	5.19	7.92	9.68	7.08	8.26	9.06	4.07	18.52
民主党派	0.17	0.23	0.11	0.06	0.21	0.21	0.20	0.17	0.07	0.15	0.22
群众	91.91	88.42	95.24	94.75	91.87	90.11	92.72	91.56	90.87	95.78	81.26
合计	100	100	100	100	100	100	100	100	100	100	100

（四）宗教信仰

在个体问卷中，此次调查询问了劳动力个人的宗教信仰情况，调查结果显示，有宗教信仰的劳动力占14.03%，其中，信仰佛教（包括藏传佛教）的比例较高（8.24%），信仰天主教、基督教、道教、伊斯兰教和其他宗教的分别占0.20%、2.58%、0.46%、2.43%、0.12%。没有任何宗教信仰的劳动力占85.97%。

劳动力个体的宗教信仰存在明显的性别、年龄组、居住社区和地区差异。具体来说（见表1-16），女性劳动力有宗教信仰的比例高于男性劳动力（高3.04个百分点），其中，女性劳动力信仰佛教、基督教的比例明显高于男性，男性信仰伊斯兰教的比例略高于女性；不同年龄组劳动力在是否有宗教信仰方面差异不大，但是，15~29岁低龄劳动力信仰伊斯兰教的比例明显高于其他年龄组劳动力的相应比例，而30~44岁劳动力信仰佛教的比例较高；居住于村委会社区的劳动力有宗教信仰的比例略高，比居委会社区劳动力的相应比例高1.88个百分点，居住于村委会社区的劳动力信仰伊斯兰教的比例明显高于居委会社区劳动力的相应比例（高1.66个百分点）；从地区差异来看，西部地区劳动力有宗教信仰的比例明显最高，东部地区劳动力次之，中部地区劳动力有宗教信仰的比例最低,同时,西部地区劳动力主要以信仰伊斯兰教为主,其比例远远高于东、中部地区劳动力,而东部地区劳动力以信仰佛教为主,且明显高于中、西部地区劳动力。

表1-16 全国及不同特征劳动力的宗教信仰情况

单位:%,岁

宗教信仰情况	全国合计	性别 男	性别 女	年龄组 15~29	年龄组 30~44	年龄组 45岁及以上	社区 村委会	社区 居委会	地区 东部	地区 中部	地区 西部
天主教	0.20	0.19	0.21	0.17	0.14	0.29	0.18	0.22	0.24	0.18	0.17
基督教	2.58	1.91	3.28	2.60	1.87	3.31	2.65	2.47	2.95	2.76	1.19
佛教	8.24	7.06	9.47	7.19	9.62	7.87	8.06	8.57	12.73	5.54	6.40
道教	0.46	0.65	0.27	0.50	0.54	0.33	0.59	0.23	0.07	0.82	0.24
伊斯兰教	2.43	2.61	2.25	3.59	2.22	1.49	3.03	1.37	0.58	0.50	12.62
其他宗教	0.12	0.13	0.11	0.09	0.11	0.17	0.17	0.04	0.09	0.16	0.07
无宗教信仰	85.97	87.45	84.41	85.86	85.50	86.54	85.32	87.10	83.34	90.04	79.31
合计	100	100	100	100	100	100	100	100	100	100	100

在有宗教信仰的劳动力中,从不参加宗教仪式或活动的接近四成(38.01%),几年参加一次、一年参加一次及多次的分别占5.61%、12.52%、16.26%,每月参加一次或多次的占9.76%,每周参加一次或多次的占11.41%,每天都参加的仅为6.43%。可见,劳动力参加宗教仪式或活动的频率并不高。

劳动力个体在参加宗教仪式或活动的频率方面存在着一定的性别、年龄组、居住社区和地区差异。具体来说(见表1-17),女性劳动力参加宗教仪式或活动的频率高于男性劳动力,他们从不参加、几年一次、一年一次或多次的比例皆略低于男性劳动力的相应比例,但他们每周参加一次或几次的比例(占13.39%)明显高于男性的这一比例(9.04%);15~29岁劳动力宗教仪式或活动的参加频率呈两极分化,即他们每天参加宗教仪式或活动,以及从不参加或几年参加一次的比例皆明显高于30~44岁、45岁的中高龄劳动力,45岁及以上高龄劳动力每周一次或几次、每月一次或几次参加宗教仪式或活动的比例(分别为16.11%、11.84%)明显较高;从居住社区来看,村委会劳动力参加宗教仪式或活动的频率较高,他们每天参加及每周一次或多次参加的比例(分别为 8.97%、12.53%)远远高于居委会劳动力的相应比例(分别为 1.30%、9.15%),而居委会劳动力每月参加一次或多次、每年参加一次或多次、几年参加一次的比例(分别为 11.03%、31.70%、8.83%)则明显高于村委会劳动力的相应比例(分别为 9.12%、27.33%、4.02%);从地区差异来看,西部地区劳动力参加宗教仪式或活动的频率明显相对最高,他们每天参加、每周一次或几次的比例(分别为 24.19%、15.95%)皆高于东、中部地区劳动力的相应比例(东部地区劳动力的上述比例分别为 1.51%、6.69%;中部地区劳动力的上述比例分别为 0.53%、14.18%),而西部地区劳动力从不参加的比例比东、中部地区劳动力的相应比例分别低 6.96、5.30 个百分点。

表 1-17 全国及不同特征劳动力参加宗教仪式或活动的频率

单位:%,岁

参加宗教仪式或活动的频率	全国合计	性别 男	性别 女	年龄组 15~29	年龄组 30~44	年龄组 45岁及以上	社区 村委	社区 居委	地区 东部	地区 中部	地区 西部
每天	6.43	6.79	6.13	10.00	4.99	4.27	8.97	1.30	1.51	0.53	24.19
每周一次	8.96	7.48	10.20	8.95	6.54	11.73	10.10	6.66	4.94	11.18	13.04
每周多次	2.45	1.56	3.19	1.34	1.78	4.38	2.43	2.49	1.75	3.00	2.91
每月一次	4.17	5.31	3.21	3.38	4.85	4.23	3.34	5.83	3.66	5.43	3.21
每月多次	5.59	4.24	6.71	4.20	5.11	7.61	5.78	5.20	7.93	5.43	1.54
一年一次	12.52	13.10	12.03	10.31	14.82	12.27	12.55	12.45	13.69	14.22	7.84
一年多次	16.26	16.80	15.81	11.66	19.04	18.00	14.78	19.25	20.38	15.37	10.05
几年一次	5.61	5.73	5.51	7.16	5.48	4.10	4.02	8.83	5.94	6.30	3.98
从不参加	38.01	38.99	37.21	43.00	37.39	33.41	38.03	37.99	40.20	38.54	33.24
合计	100	100	100	100	100	100	100	100	100	100	100

六 居住与家庭特征

(一)家庭及居住地区、社区类型

此次调查结果显示,中国劳动力家庭以核心家庭为主,有超过一半

(53.57%)的劳动力家庭为核心家庭。具体来说（见表1-18），夫妇及未婚子女核心家庭占34.63%，夫妇核心家庭占18.94%，父母与已婚子女同住的直系家庭占17.74%，一人单独居住占12.54%，而已婚兄弟姐妹同住的联合家庭、父母亲与已婚子女及已婚兄弟姐妹同住的直系联合家庭比例仅分别为0.29%、1.38%，祖孙（包括外孙）同住的隔代家庭比例较高（占11.91%），家人与非亲属同住及其他类型家庭比例较低，分别占0.21%、2.36%。

从地区差异来看（见表1-18），西部地区劳动力家庭中夫妇及未婚子女核心家庭所占比例最高，而夫妇核心家庭所占比例略低于东、中部地区劳动力家庭；中部地区劳动力家庭中父母与已婚子女同住的直系家庭、祖孙（包括外孙）同住的隔代家庭比例明显较高；而东部地区劳动力家庭中一人单独居住家庭的比例较高。

表1-18 全国及不同地区劳动力家庭的类型分布

单位：%

家庭类型	东部	中部	西部	合计
一人单独居住	13.68	11.93	11.64	12.54
夫妇（核心家庭）	19.13	19.34	16.95	18.94
夫妇及未婚子女（核心家庭）	34.25	33.01	41.62	34.63
父（母）亲与已婚子女同住（直系家庭）	16.94	18.85	15.91	17.74
已婚兄弟姐妹同住（联合家庭）	0.34	0.20	0.48	0.29
父（母）亲与已婚子女及已婚兄弟姐妹同住（直系联合家庭）	1.35	1.37	1.48	1.38
祖孙同住（包括外孙）	10.84	13.25	9.96	11.91
家人与非亲属同住	0.34	0.13	0.14	0.21
其他	3.13	1.92	1.82	2.36
合计	100	100	100	100

此次调查还询问了劳动力家庭的地区类型、户主的户口性质以及居住社区类型。调查结果显示（见表1-19），超过2/3的劳动力家庭在农村地区(67.90%)；而且，中部地区劳动力家庭居于农村地区的比例明显较高。从户主的户口性质来看（见表1-19），七成以上劳动力家庭户主的户口性质为农业户口（占71.39%），但是，西部地区劳动力家庭户主为农业户口的比例明显相对较低。

表1-19 全国及不同地区劳动力家庭的地区类型及户主户口性质的分布

单位：%

		东部	中部	西部	合计
家庭所在地区类型	城市	35.61	28.22	36.57	32.10
	农村	64.39	71.78	63.43	67.90
	合计	100	100	100	100
户主的户口性质	非农业	28.43	26.91	35.34	28.61
	农业	71.57	73.09	64.66	71.39
	合计	100	100	100	100

注：城市是指包括地级市及以上的市辖区/市辖县（市辖县级市）的村/居委会；农村是指县级市及县及以下的所有村/居委会。

从家庭所在社区类型来看（见表1-20），接近2/3（64.54%）的劳动力家庭来自基层农村社区，居住于普通或中档商品房小区的劳动力家庭占10.32%，居于未改造的老城区（街坊）、工矿企业单位住宅区、村改居住宅区、机关事业单位住宅区的劳动力家庭也占有一定比例，分别为7.11%、5.03%、4.28%、4.11%，居于其他类型社区的比例则非常低。

表1-20 全国及不同地区劳动力家庭的社区类型分布

单位：%

家庭所在社区的类型	东部	中部	西部	合计
棚户区	0.39	1.48	0.43	0.93
未改造的老城区（街坊）	9.23	4.59	10.42	7.11
工矿企业单位住宅区	3.46	5.84	6.46	5.03
机关、事业单位住宅区	3.67	4.26	4.74	4.11
经济适用房小区	1.40	1.81	3.03	1.82
普通/中档商品房小区	11.54	8.81	12.45	10.32
高档商品房、住宅、别墅区	0.21	0.02	0.52	0.16
村改居住宅区	7.39	2.69	1.50	4.28
移民社区	0.73	0.59	0.51	0.63
基层农村社区	60.82	68.89	58.91	64.54
其他	0.93	0.68	0.89	0.80
不适用	0.02	0	0.05	0.01
不清楚	0.21	0.34	0.09	0.26
合计	100	100	100	100

（二）日常生活

在日常生活方面，此次调查询问了劳动力家庭的用水、用电、电话、上网及炊事燃料等方面的情况。从用水情况来看（见表1-21），七成以上（76.16%）劳动力家庭的水源不易受污染，然而，仍然有14.14%的劳动力家庭水源容易受污染。从地区差异来看，中部地区劳动力家庭水源易受污染的比例最低，而东部和西部地区劳动力家庭水源受污染的比例较高，应予以重视。从家庭做饭水源来看，接近2/3（65.76%）的劳动力家庭使用自来水做饭，使用井水做饭的劳动力家庭也占有较高比例（27.41%），使用山泉水做饭的劳动力家庭占4.99%，使用其他水源做饭的比例则非常低。从地区差异来看，中部地区劳动力家庭使用井水做饭的比例明显最高，而东部地区劳动力家庭使用自来水、山泉水做饭的比例明显较高。

表1-21 全国及不同地区劳动力家庭的水、电、网络情况

单位：%

		东部	中部	西部	合计
水源是否易受污染	是	17.05	10.71	18.66	14.14
	否	73.20	80.15	69.72	76.16
	不清楚	9.75	9.14	11.62	9.70
	合计	100	100	100	100
家庭做饭的水源	江河湖水	0.13	0.95	0.86	0.63
	井水	16.69	36.30	24.58	27.41
	自来水	75.38	57.52	69.31	65.76
	矿泉水	1.12	0.21	0.24	0.55
	雨水	0.00	0.02	0.60	0.09
	窖水	0.03	0.24	0.38	0.18
	池塘水	0.00	0.08	0.43	0.10
	山泉水	5.99	4.62	3.57	4.99
	不适用	0.64	0.06	0.03	0.27
	不清楚	0.02	0.00	0.00	0.01
	合计	100	100	100	100

从用电、互联网、电话情况来看（见表1-22），过去一年家里偶尔断电的比例较高（75.52%），从未断电的比例仅为18.52%。值得注意的是，仍然

有 5.61% 的劳动力家庭经常断电，有 0.35% 的劳动力家庭至今尚未通电。从地区差异来看，东部地区劳动力家庭上年从未断电的比例最高，西部地区次之，中部地区劳动力家庭的这一比例最低；而西部地区劳动力家庭上年经常断电的比例明显较高，东部地区至今尚未通电的劳动力家庭比例则略高于中、西部地区。另外，绝大部分（95.19%）的劳动力家庭上年没有生产用电。

从互联网的使用来看（见表1-22），上年使用了互联网的劳动力家庭不足三成（仅为29.39%），而东部地区劳动力家庭上年使用互联网的比例明显最高。从固定电话的安装上来看，只有不到一半（45.01%）的劳动力家庭安装了固定电话，并且，东部地区劳动力家庭的这一比例最高，中部地区次之，西部地区最低。

表1-22　全国及不同地区劳动力家庭的水、电、网络情况

单位：%

		东部	中部	西部	合计
过去一年家里的通电情况	没通电	0.52	0.21	0.38	0.35
	经常断电	3.70	6.29	8.40	5.61
	偶尔断电	70.28	80.20	72.86	75.52
	从未断电	25.50	13.30	18.36	18.52
	合计	100	100	100	100
过去一年是否有生产用电	是	3.74	5.85	3.97	4.81
	否	96.26	94.15	96.03	95.19
	合计	100	100	100	100
过去一年是否使用了互联网	是	38.54	24.10	23.42	29.39
	否	61.46	75.90	76.58	70.61
	合计	100	100	100	100
过去一年家里是否有固定电话	有	56.08	39.62	34.17	45.01
	无	43.92	60.38	65.83	54.99
	合计	100	100	100	100

从家庭做饭的主要燃料来看（见表1-23），使用最多的是柴草（33.67%），而使用煤气或液化气（29.15%）、电（19.79%）、天然气（11.71%）的劳动力家庭也占有较高比例，使用其他燃料做饭的劳动力家庭所占比例很低。从地区差异来看，中部地区劳动力家庭做饭以柴草为主的比例

最高，东部劳动力家庭做饭以煤气或液化气为主的比例最高，而西部地区劳动力家庭做饭主要使用电的比例最高。

表1-23 全国及不同地区劳动力家庭做饭的主要燃料

单位：%

家庭做饭燃料类型	东部	中部	西部	合计
柴草	25.11	40.82	31.12	33.67
煤炭	0.79	3.34	12.23	3.58
煤气（液化气）	43.89	22.82	11.57	29.15
太阳能	0	0.03	0	0.01
沼气	0.40	1.95	0.66	1.20
电	17.28	17.61	34.68	19.79
天然气	11.25	12.64	9.60	11.71
其他	0.25	0.68	0	0.43
不适用	0.94	0.11	0.14	0.43
不清楚	0.09	0	0	0.03
合计	100	100	100	100

（三）住房情况

从住房产权来看（见表1-24），超过八成（80.24%）劳动力家庭的住房属于完全自有，租住的比例也接近1/10（9.28%），由父母或子女、单位免费提供的比例较低，分别为5.97%、1.34%。从地区差异来看，东部地区劳动力家庭完全自有住房的比例最低，而租房、由父母或子女提供、由单位免费提供的比例相对较高；中、西部劳动力家庭住房产权类型的比例差异不大。

在租房的劳动力家庭中（见表1-25），近八成（79.03%）劳动力家庭向私人租房，而向单位、亲友、房管所、房产公司、政府租房的比例较低，分别为8.77%、3.90%、3.18%、2.46%、2.38%。从地区差异来看，西部地区劳动力家庭向私人租房的比例最高，而中部地区劳动力家庭向单位、亲友、政府、房产公司租房的比例明显较高，东部地区劳动力家庭向房管所租房的比例较高。

表1-24　全国及不同地区劳动力家庭现住房的产权类型

单位：%

家庭现住房的产权类型	东部	中部	西部	合计
完全自有	75.70	83.09	82.42	80.24
和单位共有产权	0.54	1.22	2.76	1.18
租住	12.70	7.00	8.15	9.28
政府免费提供	0.14	0.52	0.45	0.37
单位免费提供	2.29	0.86	0.50	1.34
父母或子女提供	6.60	5.82	4.79	5.97
其他亲友借住	1.25	1.22	0.68	1.16
其他	0.78	0.27	0.25	0.46
合　计	100	100	100	100

表1-25　全国及不同地区劳动力家庭租房的来源

单位：%

家庭租房的来源	东部	中部	西部	合计
政府	1.80	3.92	0.00	2.38
房产公司	1.66	3.41	2.86	2.46
单位	7.81	11.03	5.93	8.77
亲友	3.54	4.44	3.72	3.90
私人	79.17	76.3	87.05	79.03
房管所	5.53	0.90	0.21	3.18
其他	0.49	0.00	0.23	0.28
合　计	100	100	100	100

从现有住房内部设施来看（见表1-26），几乎所有劳动力家庭的现有住房内都已通电（99.20%），绝大部分劳动力家庭的现有住房内有室内厨房和自来水（分别占81.57%和74.97%），超过一半的劳动力家庭的现有住房内有室内浴室和室内厕所（分别占57.20%和59.97%），四成左右的劳动力家庭的现有住房内有阳台和独立院落围墙（分别占41.47%和35.60%），三成左右的劳动力家庭的现有住房内有互联网端口和供暖设备（分别占31.55%和26.45%），现有住房内有花园、管道煤气、管道天然气的劳动力家庭较少

(分别占3.39%、10.59%、12.87%)。从地区差异来看,除花园、管道天然气、供暖设备、独立院落围墙外,东部地区劳动力家庭的现有住房内有各种设施的比例都明显高于中、西部地区劳动力家庭的相应比例;中部地区劳动力家庭的现有住房内有管道天然气的比例较高;西部地区劳动力家庭的现有住房内有花园、供暖设备、独立院落围墙的比例相对较高。

表1-26 全国及不同地区劳动力家庭现有住房内的设施情况

单位:%

现有住房内所拥有的设施	东部	中部	西部	合计
自来水	85.89	66.03	77.47	74.97
电	99.51	99.13	98.58	99.20
自家室内厨房	84.78	79.67	79.67	81.57
花园	2.93	2.81	6.76	3.39
阳台	49.71	39.32	26.56	41.47
互联网端口	41.17	25.58	26.82	31.55
管道煤气	11.09	10.80	8.45	10.59
管道天然气	11.70	14.25	11.03	12.87
自家室内浴室	74.05	49.13	40.09	57.20
供暖设备	25.53	25.79	31.37	26.45
自家室内厕所	72.28	54.43	46.18	59.97
独立院落围墙	35.19	34.09	42.26	35.60

(四)家庭经济

本报告从各种收入、金融产品的持有、借贷、重要设施及耐用消费品的拥有情况来描述劳动力家庭的经济状况(农村家庭中自产自用的农产品价值部分没有计算在内)。

从家庭收入情况来看(见表1-27),首先,绝大部分(占96.81%)劳动力家庭有收入,没有收入的劳动力家庭仅占3.19%,年收入在5万元以上的家庭不到1/4(24.50%),年收入在2万元以上的家庭占63.91%,年收入在1万元以上的占80.84%。从地区差异来看,东部地区劳动力家庭的年收入水平最高,年收入在5万元以上的比例分别比中、西部地区劳动力家庭的相应比例高 11.31、10.83 个百分点。其次，有农、林、牧、副、渔总体毛收入的劳动力家庭略多于一半（占 50.37%），但相应收入水平并不高，年农、林、牧、副、渔总体毛收入在 2 万元以上的劳动力家庭仅占 10.86%。从地区差异来看，东部地区劳动力家庭农、林、牧、副、渔总体毛收入的比例最低（39.24%）；中部地区劳动力家庭农、林、牧、副、渔总体毛收入的水平较高，其 2 万元以上年收入的比例（13.07%）比东、西部地区劳动力家庭的这一比例（分别为 8.90%、7.77%）分别高 4.17、5.30 个百分点。再次，从工资收入来看，超过一半（为 53.17%）的劳动力家庭有工资收入，其中，年工资收入在 5 万元以上的比例为 13.17%，年工资收入在 2 万元以上的比例为 36.55%。从地区差异来看，东部地区劳动力家庭有工资收入的比例最高（占 61.94%），且收入水平也相对较高，其 2 万元以上年收入的比例（45.01%）比中、西部地区劳动力家庭的相应比例（分别为 31.57%、31.69%）分别高 13.44、13.32 个百分点。最后，劳动力家庭有经营收入、财产收入、汇款收入的比例都不高，分别为 11.14%、4.11%、11.19%。并且，东、中、西部地区劳动力家庭相差不大。

表 1-27　全国及不同地区劳动力家庭总收入及各种收入分组情况

单位：%，万元

		东部	中部	西部	合计
家庭总收入	0	4.01	2.70	2.70	3.19
	0.01~0.5	5.38	9.26	11.85	8.16
	0.5~1	5.56	8.63	11.06	7.81
	1~2	14.41	18.15	19.41	16.93
	2~5	39.11	41.04	34.28	39.41
	5 及以上	31.53	20.22	20.70	24.50
	合计	100	100	100	100
家庭农、林、牧、副、渔总体毛收入	0	60.76	43.48	42.15	49.63
	0.01~0.5	12.32	20.05	25.41	17.92
	0.5~1	8.51	11.41	13.99	10.68
	1~2	9.51	11.99	10.68	10.91
	2~5	6.62	9.72	6.04	8.11
	5 及以上	2.28	3.35	1.73	2.75
	合计	100	100	100	100

续表

		东部	中部	西部	合计
家庭工资收入	0	38.06	51.95	52.10	46.83
	0.01~0.5	2.83	2.94	3.00	2.91
	0.5~1	3.52	4.19	4.53	3.99
	1~2	10.58	9.35	8.68	9.72
	2~5	26.23	22.07	20.40	23.38
	5及以上	18.78	9.50	11.29	13.17
	合计	100	100	100	100
家庭经营收入	0	89.05	88.83	88.43	88.86
	0.01~0.5	0.74	0.95	1.11	0.89
	0.5~1	0.84	1.05	1.13	0.98
	1~2	1.89	2.23	2.50	2.14
	2~5	3.94	3.99	4.03	3.98
	5及以上	3.54	2.95	2.80	3.15
	合计	100	100	100	100
家庭财产收入	0	94.96	96.99	94.45	95.89
	0.01~0.5	2.30	1.15	1.88	1.68
	0.5~1	0.41	0.32	0.72	0.41
	1~2	0.79	0.65	0.66	0.70
	2~5	0.90	0.49	1.45	0.77
	5及以上	0.64	0.40	0.84	0.55
	合计	100	100	100	100
家庭汇款收入	0	89.79	87.19	92.02	88.81
	0.01~0.5	4.52	6.60	3.54	5.42
	0.5~1	2.48	2.45	2.17	2.42
	1~2	1.90	2.05	1.07	1.86
	2~5	1.01	1.42	0.85	1.19
	5及以上	0.30	0.29	0.35	0.30
	合计	100	100	100	100

从借贷情况来看（见表1-28），劳动力家庭借钱给机构或公司的比例非常低（仅为9.05%），但是，欠债的比例高达32.47%。从地区差异来看，东部地区劳动力家庭借钱给机构或公司的比例略高于中、西部地区劳动力家庭，而西部地区劳动力家庭欠债比例明显高于东部和中部。

表1-28 全国及不同地区劳动力家庭的借贷情况

单位：%

		东部	中部	西部	合计
家庭是否借钱给别人（机构或公司）	是	10.13	8.08	9.58	9.05
	否	88.26	90.07	88.37	89.17
	不清楚	1.61	1.85	2.04	1.78
	合计	100	100	100	100
家庭是否借债（欠钱）	是	28.42	33.77	38.90	32.47
	否	69.81	64.42	59.19	65.72
	不清楚	1.77	1.81	1.91	1.81
	合计	100	100	100	100

从重要的家庭设施来看（见表1-29），劳动力家庭拥有摩托车的比例超过一半（50.26%），而拥有汽车的比例仅为11.45%，拥有拖拉机、大型农机具、用于生产的牲畜的比例更低（分别为9.39%、1.70%、6.87%）。从地区差异来看，东部地区劳动力家庭拥有汽车、拖拉机的比例皆明显高于中西部地区劳动力家庭的相应比例，中部地区劳动力家庭拥有拖拉机的比例较高，而西部地区拥有用于生产的牲畜的比例较高。

表1-29 全国及不同地区劳动力家庭重要设施的拥有情况

单位：%

家庭拥有的重要设施	东部	中部	西部	合计
汽车	14.33	8.95	12.59	11.45
摩托车	56.47	47.37	43.63	50.26
拖拉机	8.70	10.59	6.92	9.39
大型农机具	1.54	1.91	1.36	1.70
用于生产的牲畜	2.24	8.24	14.68	6.87

从家庭耐用消费品来看（见表1-30），绝大部分（占93.56%）劳动力家庭拥有彩电，六成以上的劳动力家庭拥有冰箱、洗衣机（分别占68.66%、66.27%），拥有VCD或DVD的劳动力家庭占44.94%，拥有台式或笔记本电脑、空调、录像机或照相机的劳动力家庭分别占35.61%、33.95%、19.15%，拥有钢琴的家庭比例非常低（0.97%）。从地区差异来看，除彩电、

洗衣机以外，东部地区劳动力家庭拥有上述其他各种耐用消费品的比例都明显最高，可见，东部地区劳动力家庭的经济状况较好。

表 1-30　全国及不同地区劳动力家庭拥有耐用消费品的情况

单位：%

家庭拥有的耐用消费品	东部	中部	西部	合计
彩电	93.33	94.51	90.73	93.56
空调	48.05	28.95	13.25	33.95
冰箱	72.99	68.64	56.79	68.66
洗衣机	68.80	63.52	69.32	66.27
钢琴	1.36	0.71	0.84	0.97
VCD/DVD	50.20	39.79	49.22	44.94
录像机或照相机	23.59	15.40	20.59	19.15
台式或笔记本电脑	45.55	29.46	30.63	35.61

从劳动力家庭金融产品的持有情况来看（见表 1-31），绝大部分（95.70%）家庭不持有任何金融产品，持有股票、基金或债券的家庭仅分别占 3.25%、2.02%、0.43%。从地区差异来看，东部地区劳动力家庭持有金融产品的比例较高（占 6.05%），同时，其持有股票、基金或债券的比例也明显高于中、西部地区劳动力家庭的相应比例。

表 1-31　全国及不同地区劳动力家庭持有金融产品的情况

单位：%

家庭拥有的金融产品	东部	中部	西部	合计
股票	4.69	2.37	2.46	3.25
基金	2.87	1.29	2.37	2.02
债券	0.62	0.26	0.52	0.43
以上均没有	93.95	96.95	96.01	95.70

小　结

1. 中国劳动力的性别结构比较均衡，但是，青年型的年龄结构已经不复存在。

2. 中国劳动力的分布并不均匀，近一半（48.56%）的劳动力分布在中部各省份，超过 1/3 的劳动力分布在东部各省份，西部各省份的劳动力仅占全国的 15.73%。从性别结构来看，东部地区劳动力的性别比最高，中部、西部地区劳动力的性别比较低且相差不大；从年龄结构来看，西部地区劳动力的年龄最轻，东部次之，中部地区劳动力的老龄化程度最高。

3. 中国劳动力的户口性质仍然以农业户口为主，全国七成以上的劳动力为农业户口，非农业户口的劳动力不及三成。从地区分布来看，西部地区劳动力的农业户口比例略低于东、中部地区，同时，东、中、西部的男、女劳动力的户口性质构成没有明显差异。

4. 中国劳动力中的绝大部分接受过正式教育，全国劳动力的受教育程度以中等教育为主，平均受教育年限仅为 9.76 年。而且，男性劳动力接受过正式教育的比例及平均受教育年限皆略高于女性劳动力；随着年龄的提高，劳动力接受过正式教育的比例及平均受教育年限逐渐下降；从地区分布来看，东部地区劳动力的受教育水平最高，中部地区劳动力次之，西部地区劳动力最低；农业户口劳动力的受教育程度明显低于非农业户口劳动力。同时，中国劳动力在过去两年参加过专业技术培训、获得过专业技术资格证书（即执业资格）的比例都不高；不到 1/4 的劳动力懂外语，且以懂得英语为主。

5. 中国劳动力的流动率为 15.95%，与 2010 年全国第六次人口普查总人口的流动比例（16.53%）相差不多。其中，男性劳动力的流动率低于女性，且年龄越大，劳动力的流动率越高。

6. 从社会特征来看，中国劳动力的婚姻状况以初婚有配偶为主，从未结婚者不到 1/5，再婚有配偶、离异、丧偶的比例都很低；中国劳动力以汉族为主，少数民族的比例不及 1/10；八成以上的劳动力没有宗教信仰，有宗教信仰的劳动力仅占 14.03%，并以信仰佛教（包括藏传佛教）为最多。

7. 从家庭特征来看，中国劳动力家庭以核心家庭为主；同时，西部地区劳动力家庭中夫妇及未婚子女核心家庭所占比例最高，夫妇核心家庭所占比例则略低于东、中部地区劳动力家庭；中部地区劳动力家庭中父母与已婚子女同住的直系家庭、祖孙（包括外孙）同住的隔代家庭比例明显较高；而东部地区劳动力家庭中一人单独居住家庭的比例较高。超过2/3的劳动力家庭在农村地区，而且，中部地区劳动力家庭居于农村地区的比例明显较高；七成以上劳动力家庭户主的户口性质为农业户口；接近2/3的劳动力家庭来自基层农村社区，居住于普通或中档商品房小区的劳动力家庭所占比例最高，居于未改造的老城区（街坊）、工矿企业单位住宅区、村改居住宅区、机关事业单位住宅区的劳动力家庭也占有一定比例，居于其他各种类型社区的比例则非常低。

8. 在日常生活方面，七成以上劳动力家庭的水源不易受污染，仍然有14.14%的劳动力家庭水源容易受污染；其中，中部地区劳动力家庭水源易受污染的比例最低，而东部和西部地区劳动力家庭水源受污染的比例较高，应予以重视。接近2/3的劳动力家庭使用自来水做饭，使用井水做饭的劳动力家庭也略高于1/4。从用电、互联网、电话情况来看，超过七成的劳动力家庭过去一年家里偶尔断电，从未断电的比例仅为18.52%，仍然有5.61%的劳动力家庭经常断电；使用了互联网的劳动力家庭不足三成，东部地区劳动力家庭使用互联网的比例明显最高；不到五成的劳动力家庭安装了固定电话，并且，东部地区劳动力家庭的这一比例最高。从家庭做饭的主要燃料来看，使用最多的是柴草，其次是使用煤气或液化气、电、天然气。

9. 从住房产权来看，超过八成劳动力家庭的住房属于完全自有，租住的比例也接近1/10，由父母或子女提供、单位免费提供的比例较低。其中，东部地区劳动力家庭完全自有住房的比例相对最低，而租房、由父母或子女提供、由单位免费提供的比例相对较高，中、西部地区劳动力家庭住房产权类型的差异不大。在租房的劳动力家庭中，近八成劳动力家庭向私人租房，而向单位、亲友、房管所、房产公司、政府租房的比例较低。从现有住房内部设施来看，几乎所有劳动力家庭的现有住房内都已通电（99.20%），绝大部分劳动力家庭的现有住房内有室内厨房和自来水（分别占81.57%和74.97%），超过一半的劳动力家庭的现有住房内有室内浴室和室内厕所（分别占57.20%和59.97%），四成左右的劳动力家庭的现有住房内有阳台和独立院落围墙（分别占41.47%和35.60%），三成左右的劳动力家庭的现有住房内有互联网端口和供暖设备（分别占31.55%和26.45%），现有住房内有花园、管道煤气、管道天然气的劳动力家庭较少（分别占 3.39%、10.59%、12.87%）。

10. 从家庭收入情况来看，绝大部分劳动力家庭有收入，没有收入的劳动力家庭仅占 3.19%，年收入在 5 万元以上的家庭不到 1/4，年收入在 2 万元以上的家庭占 63.91%，年收入在 1 万元以上的占 80.84%。劳动力家庭借钱给别人、机构或公司的比例不及 1/10，但欠债的比例高达 32.47%。劳动力家庭拥有摩托车的比例相对较高，而拥有汽车、拖拉机、大型农机具、用于生产的牲畜的比例相对较低。绝大部分劳动力家庭拥有彩电，六成以上的劳动力家庭拥有冰箱、洗衣机，拥有 VCD 或 DVD 的劳动力家庭不到一半，拥有台式或笔记本电脑、空调的劳动力家庭略高于 1/3。劳动力家庭持有股票、基金、债券等金融产品的比例非常低。

第二章
中国劳动力的就业及保障状况

一 就业状况

失业率是反映一个国家宏观经济形势的重要指标,也是政府出台相关经济政策的重要依据。中国官方目前公布的失业率是登记失业率,而其他国家公布的失业率绝大多数是通过劳动力抽样调查得到的调查失业率。为了与国际接轨,国家统计局从1996年就开始组织中国劳动力调查,国内一些学者早就开始使用人口普查和其他一些微观劳动力调查计算调查失业率。[1]

由于对工作情况的界定存在多方面的差异,故微观劳动力调查计算的调查失业率也有一定的不可比性。为了比较全面地了解全国劳动力的工作情况,此次调查在家庭问卷中询问了同住家庭成员目前的就业及就学状态;同时,在劳动力个体问卷中,询问了2011年以来的工作状况。以下是对家庭问卷中家庭成员就业或就学状态的描述。

在家庭问卷中,此次调查询问了同住家庭成员的就业或就学状态,本报告对15~64岁劳动力年龄人口的就业或就学状态进行了汇总。调查结果显示(见表2-1),家庭成员中的劳动年龄人口以务农和全职就业为主,二者合计接近六成(59.37%),而半职就业的比例较低(2.32%),临时就业的比例也不高(6.07%),同时,操持家务劳动年龄人口接近一成(9.13%),处于就

---

[1] 全部人口(N)按照是否有劳动能力分为经济活动人口(A)与非经济活动人口(NA),经济活动人口按照是否具有找工作的意愿分为劳动力人口(LF)和非劳动力人口(NLF),劳动力人口按照上周是否取得1小时及以上的有收入的工作分为就业人口(E)和非就业人口(U)。一般而言,失业率=非就业人口(U)/劳动力人口(LF);就业率=就业人口(E)/经济活动人口(A);劳动参与率=劳动力人口(LF)/经济活动人口(A)。可见,就业率与失业率分母不同,二者之和不等于1。

学状态(即上学且无工作)的劳动年龄人口占 8.85%,离退休的劳动年龄人口接近百分之五(4.59%),另外,丧失劳动能力的劳动年龄人口占 1.96%,服兵役、休长假或产假、其他就业或就学状态的劳动力年龄人口所占比例较低(分别为 0.07%、0.68%、0.06%)。值得注意的是,有 2.99% 的劳动年龄人口从未工作过,还有 3.91% 的劳动年龄人口处于失业或下岗状态。

劳动年龄人口的就业或就学状态存在一定的性别、年龄组、地区和户口性质的差异。具体情况见表 2-1。

表 2-1 全国及不同特征劳动力的就业/就学状况分布

单位:%,岁

就业/就学状态	全部	性别 男	性别 女	年龄组 15~29	年龄组 30~44	年龄组 45岁及以上	地区 东	地区 中	地区 西	户口性质 农业	户口性质 非农业
从未工作	2.99	2.53	3.43	7.48	1.60	1.16	2.84	3.15	2.85	6.16	5.37
全职就业	29.15	36.36	22.24	28.93	41.81	13.91	39.96	22.59	21.96	16.20	34.65
半职就业	2.32	2.95	1.72	1.73	3.25	1.46	2.58	2.27	1.81	1.79	1.43
临时就业	6.07	8.04	4.19	5.81	8.22	3.31	6.15	5.54	7.61	4.52	3.98
务农	30.22	29.50	30.90	10.46	30.29	36.97	18.67	37.50	37.00	33.24	1.47
上学且无工作	8.85	9.15	8.56	32.76	0.13	0.03	8.35	8.44	11.48	18.29	13.87
休长假、产假	0.68	0.44	0.92	1.38	0.62	0.25	0.64	0.77	0.50	0.52	0.45
失业/下岗	3.91	4.35	3.47	3.69	4.08	3.26	4.25	3.89	3.05	1.77	6.57
离退休	4.59	3.49	5.64	0	0.11	16.41	4.90	4.46	4.18	1.39	24.16
操持家务	9.13	0.78	17.14	6.88	8.88	11.42	10.03	8.96	7.32	9.22	5.85
服兵役	0.07	0.12	0.03	0.16	0	0	0	0	0.22	0.04	0.10
丧失劳动能力	1.96	2.21	1.72	0.53	0.96	11.76	1.54	2.32	1.89	6.81	2.05
其他	0.06	0.08	0.05	0.18	0.01	0.02	0.05	0	0.12	0.06	0.05
合计	100	100	100	100	100	100	100	100	100	100	100

首先,从全职就业及务农的比例来看,男性劳动年龄人口全职就业的比例明显高于女性(高出 14.12 个百分点),二者务农的比例则相差不大;30~44 岁中龄劳动年龄人口全职就业的比例超过四成(为 41.81%),而 15~29 岁低

龄劳动年龄人口的这一比例不到三成（为28.93%），45岁及以上高龄劳动年龄人口的这一比例仅为13.91%，但是，45岁及以上高龄劳动年龄人口的务农比例最高（为36.97%），30~44岁中龄劳动年龄人口的这一比例略低（为30.29%），而15~29岁低龄劳动年龄人口的这一比例仅为10.46%；东部地区劳动年龄人口的全职就业比例最高（为39.96%），而中、西部地区劳动年龄人口的这一比例比东部地区分别低17.37、18.00个百分点，但是中、西部地区劳动年龄人口的务农比例明显高于东部地区，它们的这一比例分别比东部地区高18.83和18.33个百分点；非农业户口劳动年龄人口的全职就业比例远远高于农业户口劳动年龄人口的这一比例（高18.45个百分点），而农业户口劳动年龄人口的务农比例比非农业户口劳动年龄人口高数十倍。

其次，从上学且无工作、操持家务及离退休的比例来看，处于就学（即上学且无工作）状态的主要是15~29岁低龄劳动年龄人口，即超过三成（占32.76%）的15~29岁低龄劳动年龄人口目前处于上学且无工作的状态，男性劳动年龄人口的这一比例略高于女性，西部地区的这一比例明显高于东、中部地区（分别高3.13、3.04个百分点），农业户口劳动年龄人口的这一比例明显高于非农业户口（高4.42个百分点）；操持家务的劳动年龄人口基本为女性（占17.14%），而男性的这一比例仅为0.78%，随着年龄提高，劳动年龄人口操持家务的比例也不断上升，同时，东部地区劳动年龄人口的这一比例最高，中部地区次之，西部地区的这一比例略低，农业户口劳动年龄人口的这一比例明显较高，比非农业户口劳动年龄人口的这一比例高3.37个百分点；在劳动年龄人口中，处于离退休状态的主要是非农业户口或45岁及以上高龄的劳动年龄人口，且女性劳动年龄人口的这一比例高于男性，东部地区劳动年龄人口的这一比例略高于中、西部地区。

再次，从从未工作、失业或下岗的比例来看，15~29岁低龄劳动年龄人口从未工作的比例高达7.48%，远远高于30~44岁、45岁及以上的中高龄劳动年龄人口的这一比例，同时，女性劳动年龄人口的这一比例高于男性，农业户口劳动年龄人口相应比例高于非农业户口劳动年龄人口，中部地区劳动年龄人口的这一比例略高于东、西部地区；男性劳动年龄人口失业或下岗的比例略高于女性，30~44岁中龄劳动年龄人口的这一比例略高于15~29岁、45岁及以上的低、高龄劳动年龄人口；相对而言，东部地区劳动年龄人口失业或下岗的比例最高（4.25%），中部地区次之（3.89%），西部地区劳动年龄人口的这一比例最低（3.05%），非农业户口劳动年龄人口的失业或下岗比例远远高于农业户口的劳动年龄人口。

最后，值得注意的是，45岁及以上劳动年龄人口丧失劳动能力的比例（11.76%）远远高于低、中龄劳动年龄人口相应比例，农业户口劳动年龄人口的这一比例（6.81%）也远远高于非农业户口劳动年龄人口的相应比例。

在上述就业及就学状态中，本报告将除去"丧失劳动能力"和"其他"的劳动年龄（15~64岁）人口定义为"经济活动人口"，将劳动力人口定义为除去"上学且无工作""离退休""操持家务"三类的经济活动人口，将失业人口定义为劳动力人口中的"从未工作"和"失业下岗"的人口。基于此定义，本报告计算了劳动力人口中从未工作、失业或下岗的比例，而二者合计则类似[①]于调查失业率。

调查结果显示（见表2-2），中国劳动力人口的失业率为9.14%，其中，失业或下岗的比例较高（5.18%），从未工作的比例略低（3.96%）。其中，女性劳动力未工作的比例明显高于男性，且女性从未工作的比例明显高于男性，失业或下岗的比例与男性基本相当；同时，15~29岁低龄劳动力的失业率远远高于中、高龄劳动力，其主要原因是15~29岁低龄劳动力从未工作的比例遥遥领先（12.54%）；西部地区劳动力的失业率最低（7.87%），而东、中部地区劳动力的失业率相对较高（分别为9.44%、9.29%），西部地区劳动力的失业或下岗比例较低（4.07%），而东、中部地区劳动力的失业下岗比例较高（分别为5.66%、5.13%），另外，中部地区劳动力从未工作的比例略高于东、西部地区；非农业户口劳动力的失业率远远高于农业户口劳动力（高出11.22个百分点），这主要是由于非农业户口劳动力的失业或下岗比例（12.41%）远远高于农业户口劳动力的这一比例（高出9.54个百分点）。

[①] 在"从未工作"的劳动力人口中，此次调查无法区分自愿和非自愿不工作的情况，因此，无法按照通用的调查失业率计算口径，将自愿不工作的劳动年龄人口从劳动力人口中排除。

表2-2 全国及不同特征劳动力的失业比例

单位：%，岁

不在业情况	全部	性别		年龄组			地区			户口性质	
		男	女	15~29	30~44	45岁及以上	东	中	西	农业	非农业
从未工作	3.96	3.00	5.13	12.54	1.78	1.54	3.78	4.16	3.80	3.56	5.23
失业/下岗	5.18	5.17	5.19	6.19	4.53	5.25	5.66	5.13	4.07	2.87	12.41
合计（失业率）	9.14	8.17	10.32	18.73	6.31	6.79	9.44	9.29	7.87	6.43	17.65

二 从业状态

从业状态[①]是此次个体劳动力调查的关注点之一。在有工作的劳动力中，雇员的比例接近一半（46.80%），为最主要的从业状态；其次是务农的从业状态（36.10%），接近四成；而自雇劳动者、[②] 雇主的比例相对较低（分别占11.80%、5.30%）。

不同特征劳动力的从业状态存在明显差异。具体来说（见表2-3），男性劳动力为雇员、雇主及自雇劳动者的比例明显高于女性，而女性劳动力从业状态为务农的比例远远高于男性；15~29岁低龄劳动力为雇员的比例最高，为务农的比例最低，而45岁及以上高龄劳动力为雇员的比例最低，为务农的比例则最高，30~44岁中龄劳动力为雇主、自雇劳动者的比例相对较高，或者说，随着年龄的提高，劳动力为雇员的比例逐渐下降，而务农的比例逐渐上升（见图2-1）；东部地区劳动力为雇员的比例远远高于中、西部地区劳动力，务农的比例则远远低于中、西部地区劳动力，同时，东部劳动力为自雇劳动者

---

① 如果目前有多份工作，劳动力的从业状态则指工作时间较长且收入较多的那份工作。
② 自雇劳动者分为自雇体力劳动者与自雇非体力劳动者。其中，自雇体力劳动者是指无雇员、从事自我雇用的体力工作的人，如街头散工，钟点工，零散性装修工，自有三轮车个人，街头修鞋、擦鞋者，街头洗车人员，街头卖唱卖艺人员，摩托车、电动车搭客者，拾荒、捡废品人员等；自雇非体力劳动者是指无雇员、从事自我雇用的白领工作的人，如会计、画家、作家、无雇员的网店营业者等。

的比例略高于中、西部地区劳动力；从户口性质来看，非农业户口劳动力为雇员的比例超过八成（为80.99%），而农业户口劳动力务农的比例接近一半（43.99%），农业户口劳动力为自雇劳动者的比例明显高于非农业户口劳动力的这一比例，而非农业户口劳动力为雇主的比例明显高于农业户口劳动力的相应比例。

表2-3 目前全国及不同特征劳动力的从业状态

单位：%，岁

		雇员	雇主	自雇	务农	合计
全 国		46.80	5.30	11.80	36.10	100
性别	男	48.99	6.00	13.63	31.38	100
	女	43.61	4.29	9.13	42.98	100
年龄组	15~29岁	64.87	5.67	10.33	19.12	100
	30~44岁	49.48	7.42	13.40	29.70	100
	45岁及以上	31.84	2.42	10.75	54.99	100
地区	东部	61.40	4.62	13.13	20.85	100
	中部	37.20	5.70	11.45	45.65	100
	西部	39.30	5.81	9.51	45.39	100
户口性质	农业	38.86	4.82	12.34	43.99	100
	非农业	80.99	6.68	10.26	2.07	100

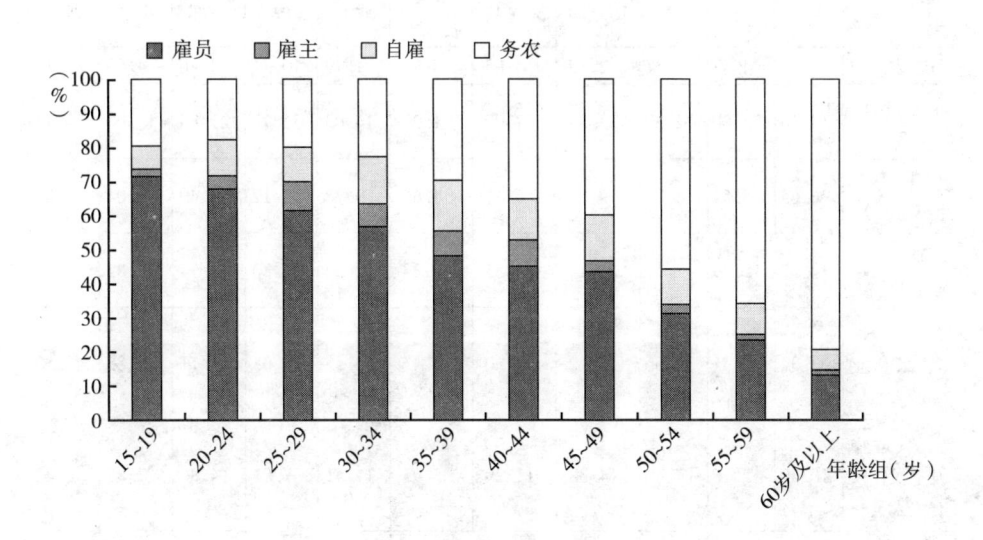

图2-1 全国劳动力分年龄组的从业状态

三 职业、行业及单位类型分布

(一)职业分布

全国在业劳动力的职业分布具有一定的集中性。此次调查结果显示(见表2-4),近1/3的在业劳动力为农、林、牧、渔、水利业生产人员,近两成的在业劳动力为专业及技术人员,为商业、服务业人员的比例也相对较高(占14.57%)。相对以往的各种调查,作为生产、运输设备操作及有关人员的在业劳动力比例并不高(10.30%),作为办事及有关人员、负责人及非正式就业人员(保姆、医院看护等)的在业劳动力比例更低。值得注意的是,10.01%的在业劳动力为无固定职业者。

全国在业劳动力的职业分布具有明显的性别、年龄、户口性质及地区差异。具体来说(见表2-4),男性在业劳动力作为专业及技术人员,生产、运

表2-4 全国及不同特征在业劳动力的职业分布

单位:%,岁

职业大类	全国	性别 男	性别 女	年龄组 15~29	年龄组 30~44	年龄组 45岁及以上	户口性质 农业	户口性质 非农业	地区 东部	地区 中部	地区 西部
负责人	3.98	4.47	3.31	2.89	4.03	4.74	1.79	10.44	3.46	4.65	3.19
专业、技术人员	18.50	23.00	12.37	23.84	21.07	11.23	14.03	31.73	21.89	15.90	18.11
办事及有关人员	6.65	5.51	8.20	9.66	6.40	4.66	3.78	15.12	9.40	4.04	7.84
商业、服务业人员	14.57	12.29	17.67	21.14	15.55	8.33	12.32	21.20	14.34	14.82	14.36
农、林、牧、渔、水利业生产人员	33.32	29.41	38.66	14.12	28.90	53.47	43.55	3.08	21.11	40.85	40.52
生产、运输设备操作及有关人员	10.30	12.28	7.60	14.38	11.29	5.95	11.41	7.01	14.86	7.87	6.42
军人	0.24	0.32	0.14	0.38	0.15	0.25	0.28	0.13	0.26	0.21	0.28

续表

职业大类	全国	性别		年龄组			户口性质		地区		
		男	女	15~29	30~44	45岁及以上	农业	非农业	东部	中部	西部
非正式就业人员（保姆、医院看护等）	2.44	2.53	2.31	1.83	2.48	2.84	2.44	2.43	2.35	2.72	1.76
无固定职业者	10.01	10.20	9.75	11.75	10.12	8.53	10.39	8.88	12.33	8.94	7.52
合计	100	100	100	100	100	100	100	100	100	100	100

输设备操作及有关人员的比例明显高于女性，而女性在业劳动力作为商业、服务业人员，农、林、牧、渔、水利业生产人员的比例则明显高于男性。15~29岁低龄在业劳动力作为专业及技术人员，办事及有关人员，商业、服务业人员，生产、运输设备操作及有关人员的比例明显高于30~44岁、45岁及以上的中高龄在业劳动力，同时，他们无固定职业的比例也略高于中高龄在业劳动力；45岁及以上高龄在业劳动力作为农、林、牧、渔、水利业生产人员的比例超过一半，远远高于低中龄在业劳动力的这一比例。非农户口在业劳动力作为负责人，专业及技术人员，办事及有关人员，商业、服务业人员的比例明显高于农业户口在业劳动力的相应比例，而农业户口在业劳动力作为农、林、牧、渔、水利业生产人员，生产、运输设备操作及有关人员的比例则明显高于非农业户口在业劳动力的相应比例。在东部地区，在业劳动力作为专业及技术人员，办事及有关人员，生产、运输设备操作及有关人员的比例明显高于中、西部地区，而在中、西部地区，在业劳动力作为农、林、牧、渔、水利业生产人员的比例远高于东部地区。

（二）行业分布

全国在业劳动力的行业分布比较分散，但也具有一定的集中性。此次调查结果显示（见表2-5），农林牧渔业在业劳动力比例最高（为34.10%），其次为商业、公共饮食业、物资供销仓储业（占14.10%），再次为建筑业，轻纺、日化业，卫生、体育、社会服务业，金属、机械业，交通运输、邮电通信业（分别占8.72%、6.22%、6.20%、6.07%、5.49%），其他行业所占比例较低。

全国在业劳动力的行业分布具有一定的性别、年龄、户口性质及地区差异。具体来说（见表2-5），女性在业劳动力从事农林牧渔业，轻纺、日化业，商业、公共饮食业、物资供销、仓储业，卫生、体育、社会服务业的比例明显高于男性，而男性从事建筑业，金属、机械业，交通运输、邮电通信业的比例则明显高于女性。15~29岁低龄在业劳动力从事轻纺、日化业，电子工业，

表2-5 全国及不同特征在业劳动力的行业分布

单位：%，岁

行业大类	全国	性别		年龄组			户口性质		地区		
^	^	男	女	15~29	30~44	45岁及以上	农业	非农业	东部	中部	西部
农林牧渔业	34.10	30.37	39.89	14.95	29.51	55.15	44.68	3.92	21.92	42.08	42.00
采矿、伐木	1.25	1.80	0.52	1.17	1.54	0.96	0.88	2.37	0.78	1.77	0.84
轻纺、日化	6.22	3.50	9.89	9.72	6.75	2.92	7.29	3.01	10.10	4.74	1.05
原料、化工	2.29	2.62	1.85	1.97	2.79	1.91	2.01	3.14	3.25	1.86	1.25
电子工业	2.81	2.40	3.36	6.28	2.41	0.71	2.76	2.96	4.35	2.15	0.99
金属、机械业	6.07	8.18	3.18	9.49	6.26	3.23	5.75	6.95	10.28	3.48	3.48
建筑业	8.72	13.62	2.08	8.66	8.97	8.43	10.12	4.52	9.27	7.63	10.76
地质普查、勘探业	0.16	0.23	0.06	0.19	0.12	0.19	0.09	0.36	0.16	0.12	0.28
交通运输、邮电通信业	5.49	7.91	2.19	6.21	6.59	3.55	3.89	10.20	6.39	4.54	6.12
商业、公共饮食业、物资供销、仓储业	14.10	11.88	16.46	21.66	13.81	7.99	12.49	17.80	15.03	13.46	11.96
房地产管理、公共事业、居民服务	2.24	2.30	2.17	2.07	2.84	1.62	1.31	5.02	2.37	1.94	2.85

续表

行业大类	全国	性别		年龄组			户口性质		地区		
		男	女	15~29	30~44	45岁及以上	农业	非农业	东部	中部	西部
卫生、体育、社会服务业	6.20	4.99	7.84	6.76	7.06	4.71	3.94	12.90	5.48	6.28	7.85
高等教育	0.30	0.31	0.28	0.31	0.30	0.29	0.02	1.13	0.25	0.33	0.34
中小学幼儿教育	2.69	2.26	3.28	2.79	3.24	1.94	0.73	8.53	2.43	2.84	2.89
文化艺术、广播电视、新闻、出版	0.64	0.73	0.53	1.06	0.66	0.32	0.40	1.36	0.71	0.60	0.63
科研技术、咨询服务	0.40	0.51	0.24	0.65	0.43	0.17	0.19	1.03	0.66	0.22	0.30
金融保险	1.15	1.03	1.31	1.72	1.10	0.77	0.45	3.22	1.26	1.02	1.26
旅游业	0.17	0.09	0.28	0.37	0.15	0.01	—	0.38	0.27	0.06	0.01
国家机关	1.98	2.21	1.66	1.32	2.24	2.14	0.51	6.33	1.49	2.44	1.76
党务机关	0.32	0.35	0.27	0.04	0.28	0.57	0.24	0.55	0.36	0.30	0.26
社会团体	0.62	0.46	0.83	0.47	0.58	0.77	0.43	1.17	0.49	0.53	1.18
部队、警察	0.36	0.52	0.14	0.65	0.38	0.12	0.25	0.70	0.37	0.26	0.66
其他	1.71	1.74	1.68	1.48	1.99	1.53	1.46	2.45	2.32	1.36	1.27
合计	100	100	100	100	100	100	100	100	100	100	100

金属、机械业，商业、公共饮食业、物资供销、仓储业的比例明显较高，而45岁及以上高龄在业劳动力从事农林牧渔业的比例远远高于低、中龄在业劳动力，但他们从事轻纺、日化业，电子工业，金属、机械业，交通运输、邮电通信业，商业、公共饮食业、物资供销、仓储业，卫生、体育、社会服务业的比例则明显低于中、低龄在业劳动力。从户口性质来看，农业户口在业劳动力从事农林牧渔业的比例接近一半（为44.68%），远远高于非农业户口在业劳动力的这一比例（3.29%），他们从事建筑业、轻纺及日化业的比例（分别为10.12%、7.29%）也都明显高于非农业户口在业劳动力的相应比例（分别为4.52%、3.01%），但是，非农业户口在业劳动力从事其他行业的比例基本上都高于农业户口在业劳动力的相应比例。从区域差异来看，

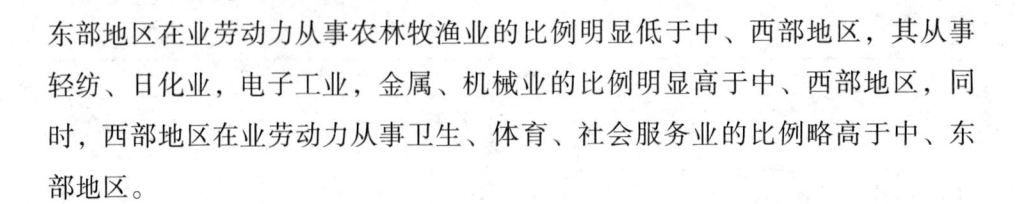

东部地区在业劳动力从事农林牧渔业的比例明显低于中、西部地区，其从事轻纺、日化业，电子工业，金属、机械业的比例明显高于中、西部地区，同时，西部地区在业劳动力从事卫生、体育、社会服务业的比例略高于中、东部地区。

（三）工作单位类型

全国在业劳动力的单位类型分布比较集中，主要在农业生产领域，民营、私营企业，个体工商业中（分别占 33.00%、24.00%、21.00%），另外，党政军机关、事业单位合计占 8.70%，国营、集体企业合计占 9.15%。同时，在业劳动力所在单位类型的分布具有明显的性别、年龄、城乡及地区差异。

具体来说（见表 2-6），男性在业劳动力在国营企业、个体工商业的比例明显高于女性，而女性在业劳动力在农业生产领域的比例明显高于男性。15~29 岁低龄在业劳动力在民营、私营企业的比例远远高于 30~44 岁、45 岁及以上中高龄在业劳动力，但他们在农业生产领域的比例远远低于中高龄在业劳动力；30~44 岁中龄在业劳动力在事业单位工作的比例明显较高；低、中龄在业劳动力在个体工商业中的比例明显高于高龄在业劳动力；高龄在业劳动力在农业生产领域的比例远远高于低、中龄在业劳动力。从户口性质来看，农业户口在业劳动力在农业生产领域占绝对优势（43.34%），在个体工商业中的比例（22.49%）也明显高于非农业户口在业劳动力的这一比例（17.96%），农业与非农业户口在业劳动力在民营、私营企业中均占有一定比例且相差很小，但是，非农业户口在业劳动力在其他类型单位（如党政军机关、事业单位、国营企业等）的比例则明显高于农业户口在业劳动力的相应比例，由此可见，工作单位类型的户口性质差异很大。从地区差异来看，西部在业劳动力在事业单位、国营企业的比例明显较高；东部地区在业劳动力在民营、私营企业，个体工商业中的比例明显较高；中部地区在业劳动力在农业生产领域的比例非常高（41.20%），略高于西部地区（39.82%），远远高于东部地区（19.60%）。

表2-6 全国及不同特征在业劳动力的单位类型分布

单位：%，岁

单位类型	全国	性别 男	性别 女	年龄组 15~29	年龄组 30~44	年龄组 45岁及以上	户口性质 农业	户口性质 非农业	地区 东部	地区 中部	地区 西部
党、政、军机关	2.39	2.77	1.87	1.96	2.37	2.74	1.00	6.44	1.82	2.91	2.21
事业单位	6.31	5.96	6.79	4.43	7.95	5.71	1.68	19.90	5.67	5.83	9.40
国营企业	7.06	8.58	5.02	6.87	7.56	6.59	2.63	20.06	6.98	6.22	9.85
集体企业	2.09	2.06	2.14	1.24	2.74	1.93	1.47	3.90	2.74	1.73	1.59
民营、私营企业	24.00	24.28	23.88	39.21	23.95	12.70	24.03	24.36	32.48	19.97	15.99
外资、合资企业	2.77	2.51	3.12	6.05	2.33	0.78	2.07	4.80	4.35	2.02	1.11
个体工商业	21.00	24.02	17.72	25.41	23.88	15.00	22.49	17.96	25.01	19.27	18.51
从事农业生产（如种地）	33.00	28.39	38.73	14.45	28.06	52.84	43.34	1.87	19.60	41.20	39.82
副业生产（培植果树、养殖水产等）	0.82	0.98	0.60	0.14	0.77	1.40	0.99	0.32	1.04	0.53	1.16
其他	0.56	0.46	0.14	0.24	0.38	0.31	0.30	0.39	0.31	0.32	0.37
合计	100	100	100	100	100	100	100	100	100	100	100

四 收入

（一）概况

对于有工作的劳动力个体，此次调查询问了他们的年总收入、年工资收入及年经营收入。由于各种收入跨越较大，本报告首先利用原始数据计算各种收入的分位值。具体来说（见表2-7），中国劳动力的年总收入、年工资收入、年经营收入水平并不高。从总收入来看,总收入的中位值未超过 1.5 万元;从各个分位差值来看,一半有工作劳动力的年总收入集中在 0.67 万~3.00 万元之间,八成有工作劳动力的年总收入集中在 0.20 万~5.00 万元之间,九成有工作劳动力的年总收入集中在 0.08 万~7.00 万元之间,99% 有工作劳动力的年总收入集中在 0~15.00 万元之间。

表 2-7 全部有工作劳动力收入(包含 0 收入)的各分位值

单位:万元

分类	中位值	25%位值	75%位值	10%位值	90%位值	5%位值	95%位值	1%位值	99%位值
年总收入	1.50	0.67	3.00	0.20	5.00	0.08	7.00	0.00	15.00
年工资收入	0.60	0.00	2.00	0.00	4.00	0.00	5.00	0.00	10.00
年经营收入	0.00	0.00	0.00	0.00	1.00	0.00	3.00	0.00	10.00

在有工作的劳动力中,总收入为 0 的占 4.23%,[1] 没有工资收入的占 43.13%,没有经营收入的占 84.00%。[2] 因此,表 2-7 中全部劳动力年工资和经营收入的很多分位值为 0。为了更多地了解中国大陆劳动力工资、经营收入的水平,本报告除去了各种 0 收入后重新汇总,结果显示(见表 2-8),在工资、经营收入不为 0 的劳动者中,年工资、年经营收入的中位值皆为 2.00 万元。其中,分别有一半劳动力的年工资收入集中在 1.00 万~3.00 万元之间,年经营收入集中在 0.75 万~3.50 万元之间;分别有八成的劳动力年工资收入集中在 0.50 万~5.00 万元之间,年经营收入集中在 0.25 万~8.00 万元之间;分别有九成劳动力的年工资收入集中在 0.30 万~7.00 万元之间,年经营收入集中在 0.20 万~10.00 万元之间;分别有 99% 劳动力的年工资收入集中在 0.10 万~12.00 万元之间,年经营收入集中在 0.05 万~30.00 万元之间。

---

[1] 总收入为 0 的劳动力以农业户口为主(87.10%),并且中部地区集中了近一半(49.17%),东、西部地区分别占 34.00%、16.83%;他们的从业状态以务农为主(61.36%),其次为雇员(26.21%),雇主、自雇劳动者仅分别占 3.99%、8.44%;他们的职业以农、林、牧、渔及水利生产为主(45.85%),无固定职业者占 14.09%。

[2] 此处为原始数据计算结果,未加权。

表 2-8 部分劳动力收入（不含 0 收入）的各分位值

单位：万元

分类	中位值	25%位值	75%位值	10%位值	90%位值	5%位值	95%位值	1%位值	99%位值
年总收入	1.80	0.80	3.00	0.30	5.00	0.20	7.00	0.10	16.00
年工资收入	2.00	1.00	3.00	0.50	5.00	0.30	7.00	0.10	12.00
年经营收入	2.00	0.75	3.50	0.25	8.00	0.20	10.00	0.05	30.00

为了对中国大陆有工作劳动力的年总收入、年工资收入、年经营收入进行恰当分析，本报告采用加权处理方法。结果显示，全部有工作劳动力（包含各种收入为 0 者）的人均年总收入、年工资收入、年经营收入分别为 2.83 万元、1.63 万元、0.71 万元（28251 元、16318 元、7061 元）。一般来说，务农者的收入中有一定比例的实物收入，而这一收入通常无法体现在总收入、工资收入及经营收入中，而务农者群体的加入势必会拉低整体有工作劳动力的收入。在剔除务农者后，调查显示的有工作劳动力的人均年总收入、年工资收入、年经营收入分别为 3.51 万元、2.48 万元、1.12 万元（35054 元、24764 元、11179 元）。可见，剔除务农者后有工作劳动力的各种人均年收入明显提高。

调查结果同时显示，有工作劳动力的年总收入、年工资收入、年经营收入为 0 的比例分别为 3.50%、39.36%、83.22%，因此，在剔除各种收入为 0 的情况下，有工作劳动力的人均年总收入、年工资收入、年经营收入分别为 2.93 万元、2.69 万元、4.21 万元（29276 元、26910 元、42069 元）。同样，在剔除务农者后，调查显示的有工作劳动力的人均年总收入、年工资收入、年经营收入分别为 3.57 万元、3.12 万元、5.23 万元（35654 元、31163 元、52288 元）。可见，剔除务农者后有工作劳动力的各种人均年收入（不包含各收入为 0 者）明显提高。

为了对各种收入水平本身有更充分的了解，本报告接下来分别描述并比较不同特征且收入不为 0 的劳动力的各种收入分组的比例分布、均值。

（二）有收入者的年总收入

绝大部分有工作且有收入的劳动力的年总收入并不高，其中，年总收入在

5000 元以下（包括 0 收入但不包括 5000 元）的占 10.66%，在 0.5 万~1 万元（不包括 1 万元）的劳动力占 11.41%，在 1 万~2 万元（不包括 2 万元）的占 24.46%，在 2 万~5 万元（不包括 5 万元）的占 40.22%，在 5 万元及以上的占 13.25%。可见，高收入劳动力的比例并不高。

劳动力的年总收入具有明显的性别、年龄组、户口性质和地区差异。具体来说（见表 2-9），男性劳动力中年总收入为高收入组别的比例明显高于女性，他们的年总收入在 2 万~5 万元、5 万元及以上的比例分别比女性劳动力高 14.27、8.48 个百分点。30~44 岁中龄劳动力的年总收入水平最高，15~29 岁低龄劳动力次之，45 岁及以上高龄劳动力的年总收入水平最低。比如，30~44 岁劳动年总收入在 5 元及以上的比例比 15~29 岁低龄劳动力高 6.02 个百分点，比 45 岁及以上高龄劳动力高 7.84 个百分点，30~44 岁劳动力年总收入在 2 万~5 万元的比例比 45 岁及以上高龄劳动力高 13.45 个百分点，而 45 岁及以上高龄劳动力年总收入在 5000 元以下的比例分别比 15~29 岁、30~44 岁劳动力高 8.54、8.76 个百分点。非农业户口劳动力的年总收入明显高于农业户口劳动力，非农业户口劳动力的年总收入在 2 万~5 万元、5 万元及以上的比例分别比农业户口劳动力的二者比例高 11.82、14.99 个百分点，而农业户口劳动力年总收入在 1 万以下的比例（27.12%）比非农业户口劳动力的相应比例（7.32%）高 19.80 个百分点。东部地区有收入的劳动力的年总收入最高，中部地区劳动力次之，西部地区劳动力的年总收入最低，东部地区劳动力年总收入在 2 万元及以上的比例（60.56%）分别比中、西部地区劳动力的这一比例（分别为 51.90%、40.53%）高 8.66、20.03 个百分点。

表 2-9 全国及不同特征劳动力的总收入分布

单位：%，万元

总收入	全国合计	性别 男	性别 女	年龄组 15~29 岁	年龄组 30~44 岁	年龄组 45 岁及以上	户口性质 农业	户口性质 非农业	地区 东部	地区 中部	地区 西部
0~0.5	10.66	6.26	16.96	7.93	7.71	16.47	13.45	2.51	6.19	11.67	18.78
0.5~1.0	11.41	9.15	14.64	10.07	8.89	15.62	13.67	4.81	8.63	12.13	16.16
1.0~2.0	24.46	21.76	28.32	26.26	21.31	27.11	26.25	19.24	24.62	24.30	24.53

续表

总收入	全国 合计	性别 男	性别 女	年龄组 15~29岁	年龄组 30~44岁	年龄组 45岁及以上	户口性质 农业	户口性质 非农业	地区 东部	地区 中部	地区 西部
2.0~5.0	40.22	46.09	31.82	44.42	44.75	31.30	37.21	49.03	44.94	39.72	29.91
5.0万元及以上	13.25	16.74	8.26	11.32	17.34	9.50	9.42	24.41	15.62	12.18	10.62
合计	100	100	100	100	100	100	100	100	100	100	100

有收入劳动力的年总收入还在从业状态、职业、工作单位类型方面存在一定差异。

从劳动力的从业状态差异来看（见表2-10），雇主年总收入在5万元及以上的比例远远高于其他从业群体，自雇劳动者位居其次，雇员再次，务农者的这一比例最低；雇员年总收入在2万~5万元的比例最高，自雇劳动者次之，雇主再次，务农者的这一比例最低；务农者年总收入在1万元以下的比例（43.98%）分别比雇主、雇员、自雇劳动者的相应比例（分别为2.96%、8.81%、11.28%）高41.02、35.17、32.70个百分点。

表2-10 不同从业状态劳动力的总收入分布

单位：%，万元

总收入	雇员	雇主	自雇	务农
0~0.5	2.85	0.10	4.26	23.94
0.5~1.0	5.96	2.86	7.02	20.04
1.0~2.0	23.74	12.53	22.47	25.90
2.0~5.0	52.34	35.81	46.28	24.35
5.0万元及以上	15.11	48.70	19.97	5.77
合 计	100	100	100	100

从劳动力的职业差异来看（见表2-11），负责人的年总收入在5万元及以上的比例相对较高，农、林、牧、渔、水利业生产人员和非正式就业人员的这一比例相对较低；专业、技术人员年总收入在2万~5万元的比例最高，办事及有关人员，生产、运输设备操作及有关人员和负责人次之，商业、服务业人员再次，农、林、牧、渔、水利业生产人员的这一比例相对最低；同时，

农、林、牧、渔、水利业生产人员年总收入在 1 万元以下的比例最高（为 43.69%），非正式就业人员、无固定职业者的这一比例也相对较高（分别为 20.80%、17.80%）。

表 2-11 不同职业劳动力的总收入分布

单位：%，万元

总收入	负责人	专业、技术人员	办事及有关人员	商业、服务业人员	农、林、牧、渔、水利业生产人员	生产、运输设备操作及有关人员	非正式就业人员(保姆、医院看护等)	无固定职业者
0~0.5	3.30	2.70	2.20	4.64	24.08	4.16	8.06	6.44
0.5~1.0	3.45	4.41	8.18	6.75	19.61	9.77	12.74	11.36
1.0~2.0	17.89	17.97	20.49	27.43	24.76	25.74	34.86	33.33
2.0~5.0	46.70	56.11	50.96	41.84	25.33	50.17	37.78	36.92
5.0 万元及以上	28.66	18.81	18.17	19.34	6.22	10.16	6.56	11.95
合计	100	100	100	100	100	100	100	100

注：由于军人比例较低，有效样本量极少，故在分析中舍弃。

从劳动力的单位类型差异来看（见表 2-12），国营企业，外资、合资企业劳动力的年总收入在 5 万元及以上的比例相对较高，其次为党政军机关、事业单位、个体工商业的劳动力，从事农业生产及集体企业劳动力的这一比例相对较低。事业单位和国营企业劳动力年总收入在 2 万元及以上的比例最高（分别为 77.68%、73.22%），党政军机关的这一比例也高达 69.66%，而从事农业生产劳动力的这一比例仅为 30.26%。同时，从事农业生产的劳动力年总收入为 1 万元以下的比例最高（为 45.18%），从事副业生产劳动力的这一比例也相对较高（为 24.98%）。

在有收入的劳动力个体中，本报告计算了人均年总收入。由于包括少量收入极高者，而不包括收入为 0 者，因此，本报告得到的人均年总收入或略高于其他同类研究。计算结果显示，全国有收入劳动力的人均年总收入为 2.93 万元，同时，劳动力的人均年总收入存在一定的性别、年龄、户口性质、地区、从业状态、职业、单位类型差异。具体情况见表 2-13。

表2-12 不同单位类型劳动力的总收入分布

单位：%，万元

总收入	党、政、军机关	事业单位	国营企业	集体企业	民营、私营企业	外资、合资企业	个体工商业	从事农业生产（如种地）	从事副业生产（培植果树、养殖水产等）	其他
0~0.5	4.02	1.08	1.86	6.83	4.55	2.89	4.45	25.05	15.68	11.68
0.5~1.0	5.49	4.77	5.53	10.84	7.93	3.47	7.92	20.13	9.30	11.18
1.0~2.0	20.83	16.47	19.39	29.30	26.05	25.36	25.08	24.56	25.93	47.90
2.0~5.0	50.01	58.91	49.46	44.89	48.59	47.00	43.53	24.30	33.57	26.08
5.0万元及以上	19.65	18.77	23.76	8.14	12.88	21.28	19.02	5.96	15.52	3.16
合计	100	100	100	100	100	100	100	100	100	100

表2-13 全国及不同特征劳动力的人均年总收入

单位：元

		人均年总收入			人均年总收入
全国	合计	29276	地区	东部	30239
性别	男	32299		中部	31083
	女	24942		西部	21230
年龄组	15~29岁	26319	从业状态	雇员	29798
	30~44岁	32815		雇主	93728
	45岁及以上	26994		自雇	33568
户口性质	农业	25260		务农	21327
	非农业	40964			
职业	负责人	54747	单位类型	党、政、军机关	33236
	专业、技术人员	34231		事业单位	34748
	办事及有关人员	30879		国营企业	36218
	商业、服务业人员	35700		集体企业	22708
	农、林、牧、渔、水利生产人员	21740		民营、私营企业	28805
				外资、合资企业	44305
	生产、运输设备操作及有关人员	24749		个体工商业	36941
				从事农业生产（如种地）	21539
	非正式就业人员（保姆、医院看护等）	19091		副业生产（培植果树、养殖水产等）	24508
	无固定职业者	31181		其他	14091

注：由于军人比例较低，有效样本量极少，故在分析中舍弃。

从个人及社会特征来看，在有收入的劳动力中，男性劳动力的人均年总收入明显高于女性劳动力（不足3万元）；30~44岁中龄劳动力的人均年总收入明显较高，其次为45岁及以上的高龄劳动力，15~29岁低龄劳动力的人均年总收入略低于45岁及以上高龄劳动力；同时，非农业户口劳动力的人均年总收入远远高于农业户口劳动力（相差1.5万元）；中、东部地区劳动力的人均年总收入相差不多且较高（3万元以上），西部地区劳动力的人均年总收入明显较低（略多于2万元）。

从劳动力的从业状态差异来看，雇主的人均年总收入最高（高于9万元），且远远高于其他从业状态劳动者，自雇劳动者次之，然后是雇员的人均年总收入（接近3万元），务农者的人均年总收入最低（仅略多于2.1万元）。从劳动力的职业差异来看，负责人的人均年总收入最高（高于5.4万元），商业、服务业人员，专业、技术人员，办事及相关人员次之（均在3万元以上），农、林、牧、渔、水利业生产人员和非正式就业人员的人均年总收入相对较低（仅在2万元左右）。从劳动力的单位类型差异来看，外资及合资企业劳动力的人均年总收入最高（在4万元以上），国营企业、个体工商业劳动力的人均年总收入次之（在3.6万元以上），事业单位和党政军机关劳动力的人均年总收入再次（在3.4万元左右），民营、私营企业，副业生产，集体企业劳动力的人均年总收入又次（在2万~3万元之间），从事农业生产及其他单位劳动力的人均年总收入相对最低。

（三）有工资者的工资收入情况

从工资收入来看，在有工资收入的劳动力中，年总工资收入在5000元以下（不包括5000元）的占7.26%，在0.5万~1万元（不包括1万元）的劳动力占10.33%，在1万~2万元（不包括2万元）的占26.24%，在2万~5万元（不包括5万元）的占45.07%，在5万元及以上的仅占11.10%。可见，劳动力年总工资收入水平并不很高。

劳动力的年总工资收入具有明显的性别、年龄、户口性质和地区差异。具体来说（见表2-14），男性劳动力位于年总工资的高收入组别的比例明显高于女性，他们的年总工资收入在2万~5万元、5万元及以上的比例分别比女性劳动力高13.28、6.73个百分点。30~44岁中龄劳动力的年总工资收入水平最高，其年总工资收入在 2 万元以上的比例（61.59%）比 15~29 岁低龄劳动力相应比例（55.33%）高 6.26 个百分点，比 45 岁及以上高龄劳动力的这一比例（48.23%）高 13.36 个百分点。相对而言，45 岁及以上劳动力年总工资收入在 1 万元以下的比例（24.13%）最高，比 15~29 岁、30~44 岁的低、中龄劳动力的这一比例（分别为 16.77%、14.27%）分别高 7.36、9.86 个百分点。非农业户口劳动力的年总工资收入明显高于农业户口劳动力，非农业户口劳动力的年总工资收入在 2 万~5 万元、5 万元及以上的比例分别比农业户口劳动力的二者比例高 10.95、13.57 个百分点，而农业户口劳动力年总工资收入在 1 万元以下的比例（为 23.06%）比非农业户口劳动力的这一比例（7.54%）高 15.52 个百分点。东部地区劳动力的年总工资收入最高，中部地区劳动力次之，西部地区劳动力的年总工资收入最低，东部地区劳动力年总工资收入在 2 万元及以上的比例（为 61.54%）分别比中、西部地区劳动力的这一比例（分别为 52.44%、49.62%）高 9.10、11.92 个百分点。

表 2-14　全国及不同特征劳动力的工资收入分布

单位：%，万元

总收入	全国合计	性别 男	性别 女	年龄组 15~29 岁	年龄组 30~44 岁	年龄组 45 岁及以上	户口性质 农业	户口性质 非农业	地区 东部	地区 中部	地区 西部
0~0.5	7.26	5.29	10.52	7.02	5.42	10.62	9.77	2.65	5.14	8.40	10.84
0.5~1.0	10.33	8.82	12.83	9.75	8.85	13.51	13.29	4.89	7.90	11.91	13.63
1.0~2.0	26.24	22.18	32.95	27.90	24.14	27.64	29.40	20.40	25.42	27.25	25.91
2.0~5.0	45.07	50.07	36.79	46.58	48.46	37.54	41.21	52.16	47.96	44.08	38.46
5.0 万元及以上	11.10	13.64	6.91	8.75	13.13	10.69	6.33	19.90	13.58	8.36	11.16
合计	100	100	100	100	100	100	100	100	100	100	100

劳动力的年总工资收入还在从业状态、职业、工作单位类型方面存在一定差异。

从劳动力的从业状态差异来看（见表 2-15），雇主年总工资收入在 5 万元及以上的比例最高，雇员次之，自雇劳动者再次，务农者的这一比例明显较低；雇员及自雇劳动者年总工资收入在 2 万~5 万元的比例较高，雇主次之，务农者的这一比例最低；务农者年总工资收入在 1 万元以下的比例（为 49.44%）分别比雇员、雇主、自雇劳动者的这一比例（分别为 9.46%、9.60%、17.37%）高 39.98、39.84、32.07 个百分点。

表 2-15　不同从业状态劳动力的工资收入分布

单位：%，万元

总收入	雇员	雇主	自雇	务农
0~0.5	3.24	1.92	6.02	24.47
0.5~1.0	6.22	7.68	11.35	24.97
1.0~2.0	24.94	12.06	24.54	29.01
2.0~5.0	51.82	39.12	47.70	18.94
5.0 万元及以上	13.78	39.22	10.39	2.61
合　计	100	100	100	100

从劳动力的职业差异来看（见表 2-16），负责人的年总工资收入在 5 万元及以上的比例最高，专业、技术人员和办事及有关人员次之，非正式就业人员和农、林、牧、渔、水利业生产人员的这一比例相对偏低（尚不足 3%）；专业、技术人员年总工资收入在 2 万~5 万元的比例最高，负责人次之，办事及有关人员，生产、运输设备操作及有关人员，商业、服务业人员再次，农、林、牧、渔、水利业生产人员的这一比例相对最低；农、林、牧、渔、水利业生产人员年总工资收入在 1 万元以下的比例最高（为 49.47%），非正式就业人员、无固定职业者的这一比例也相对较高（分别为 29.40%、21.83%）。

从劳动力的单位类型差异来看（见表 2-17），外资、合资企业，国营企业，从事副业生产的劳动力的年总工资收入在 5 万元及以上的比例相对较高，党政军机关、事业单位的劳动力次之，从事农业生产，集体企业，个体工商业，民营、私营企业劳动力的这一比例相对较低；事业单位劳动力年总工资收入在 2 万~5 万元的比例最高，国有企业，党政军机关，民营、私营企业，集体企业，外资、合资企业，个体工商业次之，从事农业产生劳动力的这一比例最低（仅为 18.27%）；从事农业生产的劳动力年总工资收入为 1 万以下的比例最高（为 52.86%），从事副业生产和集体企业劳动力的这一比例也相对较高（分别为 31.24%、22.90%）。

表2-16　不同职业劳动力的工资收入分布

单位：%，万元

总收入	负责人	专业、技术人员	办事及有关人员	商业、服务业人员	农、林、牧、渔、水利业生产人员	生产、运输设备操作及有关人员	非正式就业人员（保姆、医院看护等）	无固定职业者
0~0.5	1.74	3.17	3.66	6.17	26.44	5.32	10.15	6.98
0.5~1.0	6.58	5.10	8.06	7.59	23.03	10.75	19.25	14.85
1.0~2.0	16.49	18.61	22.82	32.74	26.78	28.31	35.00	38.84
2.0~5.0	51.58	56.52	48.79	43.04	20.84	48.98	34.77	35.62
5.0万元及以上	23.61	16.60	16.67	10.46	2.91	6.64	0.83	3.71
合计	100	100	100	100	100	100	100	100

注：由于军人比例较低，有效样本量极少，故在分析中舍弃。

表2-17　不同单位类型劳动力的工资收入分布

单位：%，万元

总收入	党、政、军机关	事业单位	国营企业	集体企业	民营、私营企业	外资、合资企业	个体工商业	从事农业生产（如种地）	从事副业生产（培植果树、养殖水产等）	其他
0~0.5	5.08	1.75	3.07	5.20	5.61	3.30	5.93	27.64	27.01	9.86
0.5~1.0	7.06	5.43	4.54	17.70	8.18	3.31	11.95	25.22	4.23	13.40
1.0~2.0	20.38	16.82	21.00	25.75	27.96	24.75	31.66	26.14	7.27	46.94
2.0~5.0	48.67	59.27	49.51	47.34	48.60	46.75	43.26	18.27	38.92	27.84
5.0万元及以上	18.81	16.73	21.88	4.01	9.65	21.89	7.20	2.73	22.57	1.96
合计	100	100	100	100	100	100	100	100	100	100

在有收入的劳动力个体中，本报告计算了人均年工资收入，由于包括少量工资收入极高者，而不包括工资收入为0者，因此，本报告得到的人均年工资收入或略高于其他同类研究。计算结果显示，全国有工资收入劳动力的人均年工资收入为2.69万元，同时，劳动力的人均年工资收入存在一定的性别、年龄、户口性质、地区、从业状态、职业、单位类型差异。具体情况见表2-18。

表2-18 全国及不同特征劳动力的人均年工资收入

单位：元

		人均年工资			人均年工资
全国	合计	26910	地区	东部	31745
性别	男	30768		中部	22691
	女	20525		西部	23621
年龄组	15~29岁	23441	从业状态	雇员	31259
	30~44岁	31609		雇主	53662
	45岁及以上	23462		自雇	24576
户口性质	农业	20502		务农	12105
	非农业	38724			
职业	负责人	39683	单位类型	党、政、军机关	31092
	专业、技术人员	37940		事业单位	31903
	办事及有关人员	29168		国营企业	51102
	商业、服务业人员	24767		集体企业	20701
	农、林、牧、渔、水利业生产人员	12927		民营、私营企业	24735
	生产、运输设备操作及有关人员	22284		外资、合资企业	34005
				个体工商业	22217
	非正式就业人员（保姆、医院看护等）	15349		从事农业生产（如种地）	12114
				副业生产（培植果树、养殖水产等）	27853
	无固定职业者	17843		其他	15599

注：由于军人比例较低，有效样本量极少，故在分析中舍弃。

从个人特征来看，男性劳动力的人均年工资明显高于女性劳动力（高出1万元以上）；30~44岁中龄劳动力的人均年工资（近3.2万元）明显较高，15~29岁、45岁及以上低、高龄劳动力的人均年工资（略多于2.3万元）较低且相差不大；同时，非农业户口劳动力的人均年工资（近3.8万元）远远高于农业户口劳动力的这一水平（略高于2万元）；从地区差异来看，东部地区劳动力的人均年工资（近3.2万元）最高，西部次之，中部地区劳动力的人均年工资最低。

从劳动力的从业状态差异来看，雇主的人均年工资最高（高于5.3万元），雇员的人均年工资次之（略多于3.1万元），自雇劳动者（不到2.5万元）再次，务农者的人均年工资收入最低（略多于1.2万元）。

从劳动力的职业差异来看，负责人的人均年工资最高（接近4万元），专业、技术人员人均年工资（接近3.8万元）次之，办事及有关人员，商业、服务业人员，生产、运输设备操作及有关人员的人均年工资再次，农、林、牧、渔、水利业生产人员，非正式就业人员，无固定职业者的人均年工资相对较低。从单位类型来看，国营企业劳动力的人均年工资远远高于其他单位类型劳动力，外资、合资企业，事业单位、党政军机关劳动力次之，从事副业生产，民营、私营企业，个体工商业，集体企业劳动力再次，从事农业生产劳动力的人均年工资最低（仅略多于1.2万元）。

（四）有经营收入者的经营收入情况

从经营收入来看，劳动力年总经营收入在5000元以下（不包括5000元）的占11.92%，在0.5万~1万元（不包括1万元）的占9.84%，在1万~2万元（不包括2万元）的占21.16%，在2万~5万元（不包括5万元）的占34.66%，在5万元及以上的占22.42%。

劳动力的年总经营收入具有一定的性别、年龄差异。具体来说（见表2-19），男性劳动力占年总经营高收入组别的比例明显高于女性劳动力，他们的年总经营收入在2万~5万元、5万元及以上的比例分别比女性劳动力高6.43、12.75个百分点。30~44岁中龄劳动力的年总经营收入水平最高，其年总经营收入在5万元及以上的比例分别比15~29岁、45岁及以上低、高龄劳动力的这一比例高12.18、21.11个百分点，相对而言，45岁及以上劳动力年总经营收入在1万元以下的比例（33.70%）最高，比15~29岁、30~44岁的低、中龄劳动力的相应比例（分别为17.05%、16.32%）分别高出16.65、17.38个百分点。劳动力的年总经营收入还因户口性质、地区差异而有所不同。从户口性质来看，非农业户口劳动力的年总经营收入明显高于农业户口劳动力，非农业户口劳动力的年总经营收入在2万~5万元、5万元及以上的比例分别比农业户口劳动力高6.08、18.05个百分点，而农业户口劳动力年总经营收入在1万以下的比例（25.86%）比非农业户口劳动力的这一比例（9.73%）高16.13个百分点。从地区差异来看，东部地区劳动力的年总经营收入最高，中部地区劳动力次之，西部地区劳动力的年总经营收入最低。东部地区劳动力年总经营收入在5万元及以上的比例分别比中、西部地区劳动力的这一比例高4.64、10.93个百分点。

表2-19 全国及不同特征劳动力的经营收入分布

单位：%，万元

总收入	全国	性别		年龄组			户口性质		地区		
		男	女	15~29岁	30~44岁	45岁及以上	农业	非农业	东部	中部	西部
0~0.5	11.92	8.82	16.77	8.80	7.93	20.45	14.44	4.52	11.08	11.14	15.91
0.5~1.0	9.84	7.89	12.90	8.25	8.39	13.25	11.42	5.21	8.45	10.78	9.88
1.0~2.0	21.16	18.74	24.96	25.68	15.83	26.74	23.20	15.25	19.27	20.79	26.09
2.0~5.0	34.66	37.16	30.73	38.12	36.52	29.34	33.11	39.19	34.66	35.39	32.51
5.0万元及以上	22.42	27.39	14.64	19.15	31.33	10.22	17.83	35.88	26.54	21.90	15.61
合计	100	100	100	100	100	100	100	100	100	100	100

劳动力的年总经营收入还在从业状态、职业方面存在一定差异。

从劳动力的从业状态差异来看（见表2-20），雇主年总经营收入在5万元及以上的比例最高，自雇劳动者位居其次，雇员再次，务农者的这一比例最低；自雇劳动者年总经营收入在2万~5万元的比例最高，雇员次之，雇主再次，务农者的这一比例仍然最低；务农者年总经营收入在1万元以下的比例（为50.35%）超过了一半，分别比雇员、雇主、自雇劳动者相应比例（分别为23.04%、3.97%、12.99%）高27.31、46.38、37.36个百分点。

表2-20 不同从业状态劳动力的经营收入分布

单位：%，万元

总收入	雇员	雇主	自雇	务农
0~0.5	11.09	0.67	5.62	32.88
0.5~1.0	11.95	3.30	7.37	17.47
1.0~2.0	21.45	13.41	20.81	29.51
2.0~5.0	42.02	37.30	42.84	15.7
5.0万元及以上	13.49	45.32	23.36	4.44
合计	100	100	100	100

从劳动力的职业差异来看（见表2-21），负责人的年总经营收入在5万元及以上的比例最高，无固定职业者次之，生产、运输设备操作及有关人员，商业、服务业人员，专业技术人员，非正式就业人员再次，办事及有关人员又次，农、林、牧、渔、水利业生产人员的这一比例相对最低；办事及有关人员，商业、服务业人员，专业技术人员年总经营收入在2万~5万元的比例较高，生产、运输设备操作及有关人员和无固定职业劳动者次之，负责人再次，农、林、牧、渔、水利业生产人员和非正式就业人员的这一比例相对较低；农、林、牧、渔、水利业生产人员年总经营收入在1万元以下的比例最高（为49.71%），生产、运输设备操作及有关人员，负责人，无固定职业者的这一比例也相对较高（分别为21.77%、16.69%、15.42%）。

表2-21 不同职业劳动力的经营收入分布

单位：%，万元

总收入	负责人	专业、技术人员	办事及有关人员	商业、服务业人员	农、林、牧、渔、水利业生产人员	生产、运输设备操作及有关人员	非正式就业人员(保姆、医院看护等)	无固定职业者
0~0.5	4.19	2.31	6.60	5.27	31.50	14.12	7.61	7.73
0.5~1.0	12.50	11.17	8.56	5.27	18.21	7.65	3.09	7.69
1.0~2.0	15.62	18.12	22.76	22.25	23.46	12.83	43.97	17.96
2.0~5.0	27.18	43.59	42.48	41.95	19.92	38.80	19.61	35.99
5.0万元以上	40.51	24.81	19.60	25.26	6.91	26.60	25.72	30.63
合计	100	100	100	100	100	100	100	100

注：由于军人比例较低，有效样本量极少，故在分析中舍弃。

在有收入的劳动力个体中，本报告计算了人均年经营收入。由于包括少量经营收入极高者，而不包括经营收入为0者，因此，本报告得到的人均年经营收入或略高于其他同类研究。计算结果显示，全国有经营收入劳动力的人均年经营收入为4.21万元，同时，劳动力的人均年经营收入存在一定的性别、年龄、户口性质、地区、从业状态、职业、单位类型差异。具体情况见表2-22。

表2-22　全国及不同特征劳动力的人均年经营收入

单位：元

		人均年经营收入			人均年经营收入
全国	合计	42069	地区	东部	41164
性别	男	50563		中部	48132
	女	28776		西部	25982
年龄组	15~29岁	42148	从业状态	雇员	27991
	30~44岁	52317		雇主	92719
	45岁及以上	25480		自雇	37008
户口性质	农业	32988		务农	13285
	非农业	68692			

从个人特征来看，男性劳动力的人均年经营收入远高于女性劳动力；30~44岁中龄劳动力的人均年经营收入（5.2万元）最高，15~29岁低龄劳动力次之，45岁及以上高龄劳动力的人均年经营收入远低于前两者（仅略高于2.5万元）。

同时，从户口性质来看，非农业户口劳动力的人均年经营收入（近7万元）远远高于农业户口劳动力（略高于3万元）。从地区差异来看，中部地区劳动力的人均年经营收入（高于4.8万元）最高，东部地区劳动力次之，西部地区劳动力的人均年经营收入最低（接近2.6万元）。从劳动力的从业状态差异来看，雇主的人均年经营收入最高（高于9万元），自雇劳动者次之，雇员再次（不到3万元），务农者的人均年经营收入最低（仅略高于1.3万元）。

五　社会保障状况

作为一个经济不发达的发展中国家，我国的医疗保险和养老保险的普及尚处于起步阶段，主要由政府主导，工作单位（或企业）辅助，个人购买补充。在各类医疗保险中，由政府主导的有城镇职工基本医疗保险、城镇居民基本医疗保险、新型农村合作医疗，这些医疗保险具有强制性和普遍性的特点；由企业承担的有公费医疗、单位补充医疗保险、公务员医疗补助；由个人购买的主要有各种商业医疗保险。在各类养老保险中，由政府主导的基本养老保险包括企业职工基本养老保险、城镇居民社会养老保险、新型农村社会养老保险，这些养老保险具有强制性和普遍性的特点；由企业补充的养老保险包括企业年金（企业补充养老保险）；由个人购买的主要有各种商业性的养老保险。因此，本报告对全部劳动力的医疗保险和养老保险情况进行描述。

除了上述医疗保险和养老保险外，我国法律还规定单位[①]和个人必须依法履行缴存住房公积金的义务。作为重要的住房社会保障制度，住房公积金是单位及其在职职工缴存的长期住房储备金，是住房分配货币化、社会化和法制化的主要形式，具有强制性、互助性、保障性。此外，工作单位还应为职工购买工伤保险、生育保险、失业保险，因此，本报告对这"三险"及住房公积金的描述只限于雇员、雇主和自雇劳动者。

（一）医疗保险/保障状况

2012年，中国劳动力拥有各种医疗保险及保障的状况仍然不容乐观，除了拥有"新型农村合作医疗"的劳动力超过六成（65.97%）以外，拥有其他医疗保险及保障的劳动力比例皆未超过二成。比如，拥有城镇职工基本医疗保险的仅为15.17%，拥有城镇居民基本医疗保险的仅为12.50%，拥有公费医疗的仅为4.08%，单位补充医疗保险及公务员医疗补助的仅分别为5.76%和0.77%，另外，拥有失业医疗保险的占5.81%。

中国劳动力拥有各种医疗保险及保障的状况存在一定的性别、年龄组、户口性质、地区、就业状态、职业和工作单位类型的差异。具体来说（见表2－23），从性别、年龄差异来看，男性拥有各种医疗保险及保障的比例几乎皆高于女性，15～29岁低龄劳动力拥有各种医疗保险及保障的比例最低；从户口性质来看，近九成的农业户口劳动力拥有"新型农村合作医疗"，拥有城镇职工基本医疗保险、城镇居民基本医疗保险的非农业户口劳动力分别占44.97%、36.35%，虽然非农业户口的城市居民更易于获得各种医疗保险及保

[①] 这里的单位包括国家机关、国有企业、城镇集体企业、外商投资企业、城镇私营企业及其他城镇企业、事业单位、民办非企业单位、社会团体等。

障，但是，拥有公费医疗、单位补充医疗保险、商业医疗保险的非农业户口劳动力不及两成；从地区差异来看，除新型农村合作医疗以外，东部地区劳动力拥有城镇职工基本医疗保险、城镇居民基本医疗保险、单位补充医疗保险、商业医疗保险的比例较高，西部地区劳动力拥有公费医疗、公务员医疗补助的比例相对较高。

从劳动力从业状态的差异来看（见表2-23），雇员拥有城镇职工基本医疗保险的比例最高，而其他从业状态劳动力拥有这一保险的比例尚不足一成，同时，雇员拥有单位补充医疗保险的比例也相对较高，其他从业状态劳动力拥有这一保险的比例非常低；务农者拥有新型农村合作医疗的比例最高，或者说，这一保障在务农者中得到了基本的普及，同时，自雇劳动者拥有这一保障的比例也相当高，雇员拥有这一保障的比例不到一半；雇主拥有商业医疗保险的比例超过两成，在所有从业状态劳动力中拥有这一险种的比例最高，同时，自雇劳动者和雇员拥有这一险种的比例也略高一些（分别为6.46%、7.63%）；另外，雇员、雇主拥有城镇居民基本医疗保险的比例相对略高但差异不大，自雇劳动者次之。从劳动力的职业差异来看，负责人、办事及有关人员、专业技术人员拥有城镇职工基本医疗保险的比例较高，同时，负责人、办事及有关人员拥有城镇居民基本医疗保险的比例也略高于其他职业者；负责人拥有公费医疗、单位补充医疗保险、公务员医疗补助、商业医疗保险的比例都相对较高，专业技术人员、办事及有关人员拥有公费医疗、单位补充医疗保险的比例略高些；农、林、牧、渔、水利业生产人员拥有新型农村合作医疗的比例最高，非正式就业人员和生产、运输设备操作及有关人员次之。从劳动力的工作单位类型差异来看，国营企业劳动力拥有城镇职工基本医疗保险的比例最高，事业单位、党政军机关次之，外资、合资企业和集体企业再次；除从事农业生产、副业生产、个体工商业及民营私营企业劳动力以外，其他单位类型劳动力拥有城镇居民基本医疗保险的比例相差不大；从事农业生产、副业生产及个体工商业劳动力拥有新型农村合作医疗的比例明显较高；党政军机关、事业单位、国营企业劳动力拥有公费医疗、单位补充医疗保险的比例明显较高，党政军机关劳动力拥有公务员医疗补助的比例最高，外资、合资企业劳动力拥有商业医疗保险的比例明显较高。

表 2-23 全国及不同特征劳动力医疗保险/保障的拥有状况

单位：%

		城镇职工基本医疗保险	城镇居民基本医疗保险	新型农村合作医疗	公费医疗	单位补充医疗保险	公务员医疗补助	商业医疗保险
全国	合计	15.17	12.50	65.97	4.08	5.76	0.77	5.81
性别	男	16.55	11.75	66.16	5.04	7.42	1.12	6.02
	女	13.75	13.28	65.77	3.09	4.04	0.40	5.60
年龄组	15~29 岁	8.48	13.02	64.86	2.81	4.95	0.51	6.72
	30~44 岁	18.84	12.32	65.24	4.33	7.16	0.82	6.84
	45 岁及以上	18.13	12.15	67.85	5.11	5.12	0.97	3.82
户口性质	农业	3.71	3.37	87.39	1.00	2.23	0.23	3.69
	非农业	44.97	36.35	8.92	12.18	15.02	2.18	11.37
地区	东部	18.61	13.85	63.41	4.56	7.56	0.55	6.48
	中部	13.26	11.25	67.62	3.33	4.34	0.83	5.31
	西部	13.39	13.33	66.61	5.33	6.11	1.07	5.87
从业状态	雇员	39.47	17.52	45.89	10.35	16.87	2.39	7.63
	雇主	8.65	15.68	65.27	0.71	1.83	0.05	20.89
	自雇	5.86	9.22	74.61	2.36	2.92	0.24	6.46
	务农	0.38	1.03	93.82	0.17	0.10	0.01	1.86
职业	负责人	51.55	26.01	33.32	17.90	19.91	10.39	14.83
	专业、技术人员	39.09	15.89	48.40	10.72	17.72	1.43	6.86
	办事及有关人员	48.43	23.43	33.12	12.97	20.25	4.48	10.37
	商业、服务业人员	19.12	17.17	55.80	3.83	6.35	0.03	10.02
	农、林、牧、渔、水利业生产人员	0.74	1.30	93.31	0.16	0.18	0.01	2.01
	生产、运输设备操作及有关人员	15.44	8.40	70.39	2.97	7.20	0.06	4.91
	非正式就业人员（保姆、医院看护等）	9.25	5.57	71.35	2.18	1.87	0.00	2.42
	无固定职业者	10.24	9.20	72.86	2.87	5.02	0.50	5.65
单位类型	党、政、军机关	51.43	27.36	25.72	28.83	28.10	26.10	9.47
	事业单位	67.09	23.37	19.82	22.94	27.72	3.28	8.60
	国营企业	70.15	23.95	23.69	19.61	33.09	1.52	8.58
	集体企业	44.29	18.87	47.37	9.04	11.50	0.79	5.03
	民营、私营企业	19.90	13.15	62.11	2.77	7.87	0.17	5.97
	外资、合资企业	47.72	23.93	42.27	8.10	20.32	0.27	14.78
	个体工商业	4.93	9.01	72.93	1.46	1.78	0.24	8.60
	从事农业生产（如种地）	0.34	0.97	93.90	0.13	0.03	0.01	1.88
	副业生产（培植果树、养殖水产等）	0.55	10.90	86.37	0.70	0.00	0.00	7.11
	其他	8.21	13.42	56.40	0	2.33	0.00	3.94

注：由于军人比例较低，有效样本量极少，故在分析中舍弃。

（二）养老保险/保障状况

2012年，中国劳动力拥有各种养老保险及保障的水平较低，[①] 拥有"新型农村社会养老保险"的劳动力不及三成，拥有"企业职工基本养老保险"的比例仅为14.69%，而拥有"城镇居民社会养老保险""企业年金（企业补充养老保险）""商业化养老保险"的比例不及1/10。

中国劳动力拥有各种养老保险及保障的状况在个人特征、社会特征和从业特征方面存在一定差异。

具体来说（见表2-24），劳动力拥有各种养老保险及保障的性别差异不大，但存在一定的年龄差异，即15~29岁低龄劳动力拥有各种养老保险及保障的比例最低，30~44岁、45岁及以上的中高龄劳动力拥有企业职工基本养老保险和新型农村社会养老保险的比例都明显高于15~29岁低龄劳动力的相应比例；从户口性质差异来看，接近四成的农业户口劳动力拥有新型农村社会养老保险，而超过四成和两成的非农业户口劳动力拥有企业职工基本养老保险和城镇居民社会养老保险，同时，不到6%的非农业户口劳动力拥有企业年金（企业补充养老保险）、商业化养老保险；从地区差异来看，除新型农村社会养老保险以外，东部地区劳动力拥有其他各种养老保险及保障的比例都明显高于中、西部地区劳动力，西部地区劳动力拥有新型农村社会养老保险的比例明显较高。

从劳动力的从业状态差异来看（见表2-24），雇员拥有企业职工基本养老保险和企业年金（企业补充养老保险）的比例明显高于其他从业状态的劳动力；雇主和雇员拥有城镇居民社会养老保险的比例明显较高；务农者拥有新型农村社会养老保险的比例明显高于其他从业状态的劳动力，雇主和自雇劳动

[①] 此次调查未涉及由国家财政统一发放的机关和事业单位的退休金制度，即"事业单位养老金"，因此，总体的养老保险比例较低。养老金双轨制，是指对不同工作性质的人员采取不同的退休养老制度，即机关事业单位人员和企业退休人员实行不同的退休养老金制度。具体来说，企业职工实行由企业和职工本人按一定标准缴纳养老金的"缴费型"统筹制度；机关和事业单位的退休金则由国家财政统一发放。这种"双轨制"使企业退休职工与机关事业单位退休人员在养老金收入上的差距极为不合理，有可能在若干年后会发生改变，故而，在劳动力动态调查问卷中未涉及。

表 2-24 全国及不同特征劳动力养老保险/保障的拥有状况

单位：%

		企业职工基本养老保险	城镇居民社会养老保险	新型农村社会养老保险	企业年金（企业补充养老保险）	商业化养老保险
全国	合计	14.69	6.96	28.19	2.28	2.90
性别	男	15.81	6.63	28.19	2.70	2.86
	女	13.54	7.30	28.19	1.85	2.94
年龄组	15~29岁	8.00	3.18	15.61	1.60	1.98
	30~44岁	18.39	8.79	30.14	3.07	4.09
	45岁及以上	17.64	8.87	38.93	2.16	2.59
户口性质	农业	4.11	1.77	37.72	0.90	1.73
	非农业	42.31	20.55	2.93	5.91	5.99
地区	东部	18.42	9.25	26.45	3.20	3.49
	中部	12.80	5.45	27.42	1.72	2.58
	西部	12.16	6.47	34.46	1.95	2.56
从业状态	雇员	37.67	13.15	18.63	6.84	4.53
	雇主	8.59	13.05	29.62	1.19	11.68
	自雇	6.30	5.33	31.66	1.32	5.52
	务农	0.52	0.77	50.12	0.00	1.16
职业	负责人	38.40	24.33	17.43	6.86	8.98
	专业、技术人员	37.74	11.14	18.68	8.12	4.09
	办事及有关人员	46.80	18.19	13.40	7.66	4.98
	商业、服务业人员	18.78	12.24	18.62	3.30	5.46
	农、林、牧、渔、水利业生产人员	0.92	1.00	49.90	0.12	1.33
	生产、运输设备操作及有关人员	18.22	4.19	29.56	2.04	2.48
	非正式就业人员（保姆、医院看护等）	10.67	5.55	33.64	1.61	1.68
	无固定职业者	9.04	6.05	29.43	1.11	5.16
单位类型	党、政、军机关	34.92	26.62	16.92	3.74	4.60
	事业单位	51.73	20.53	9.44	8.63	5.86
	国营企业	74.78	16.30	11.08	18.75	5.01
	集体企业	43.89	13.36	24.77	6.98	2.99
	民营、私营企业	21.19	9.06	22.02	2.72	3.42
	外资、合资企业	50.41	13.38	11.95	10.61	6.68
	个体工商业	4.92	6.01	29.71	0.78	5.62
	从事农业生产（如种地）	0.51	0.71	50.18	0.00	1.19
	副业生产（培植果树、养殖水产等）	0.00	5.34	49.90	2.15	5.02
	其他	10.91	12.19	22.48	2.33	0.70

注：由于军人比例较低，有效样本量极少，故在分析中舍弃。

者次之；同时，雇主和自雇劳动者拥有商业化养老保险的比例明显较高。从劳动力的职业差异来看，办事及有关人员拥有企业职工基本养老保险的比例最高（接近五成），负责人和专业技术人员次之；同时，负责人拥有城镇居民社会养老保险和商业化养老保险的比例最高；农、林、牧、渔、水利业生产人员拥有新型农村社会养老保险的比例最高（接近五成），非正式就业人员的这一比例也相对较高；专业技术人员、办事及有关人员和负责人拥有企业年金（企业补充养老保险）的比例相对略高。从劳动力的工作单位类型差异来看，国有企业劳动力拥有企业职工基本养老保险的比例最高（超过七成），事业单位和外资、合资企业的劳动力次之，集体企业、党政军机关的劳动力再次；党政军机关和事业单位劳动力拥有城镇居民社会养老保险的比例较高；从事农业生产、副业生产的劳动力拥有新型农村社会养老保险的比例最高（五成左右），集体企业和民营、私营企业的劳动力次之；国营企业拥有企业年金（企业补充养老保险）的比例最高，外资、合资企业劳动力次之；各单位类型劳动力拥有商业化养老保险的比例都不高且相差不多。①

（三）公积金及其他保险情况

2012年，中国劳动力拥有住房公积金、工伤保险、失业保险的比例皆为10%左右，拥有生育保险的比例仅为5.59%。由于住房公积金需要由单位缴纳一部分，上述"三险"也一般由单位购买，务农者及自雇劳动者拥有的可能性极低，因此，本报告只对雇员、雇主进行描述。

在雇员、雇主这两个劳动力群体中，拥有住房公积金、工伤保险、失业保险的比例皆在1/4左右，拥有生育保险的比例略低（为15.52%）。同时，该群体拥有公积金及其他保险的情况存在着一定的性别、年龄组、户口性质、地区、就业状态、职业和工作单位类型的差异。

具体来说（见表2-25），从性别、年龄差异来看，男性有住房公积金、工伤保险的比例高于女性，而女性拥有失业保险、生育保险的比例高于男性；

---

① 目前在党政机关、事业单位中有相当一部分实行单位退休金，没有参加社会养老保险，因此实际有退休保障的比例要高于表2-24的水平。

30~44岁中龄群体拥有工伤保险、失业保险的比例较高，15~29岁低龄群体拥有生育保险的比例较高；从户口性质的差异来看，非农业户口群体拥有住房公积金和上述三种保险的比例远远高于农业户口群体；从地区差异来看，东部地区劳动力拥有住房公积金的比例最低，但是，他们拥有上述三种保险的比例明显高于中、西部地区。

表 2-25 全国及不同特征劳动力公积金及其他保险的拥有状况

单位：%

		住房公积金	工伤保险	生育保险	失业保险
全国	合计	26.14	30.86	15.52	26.85
性别	男	27.29	32.19	9.57	26.31
	女	24.22	28.63	25.46	27.76
年龄组	15~29岁	18.36	30.24	18.26	23.57
	30~44岁	29.36	32.03	15.18	28.41
	45岁及以上	29.79	26.60	12.58	27.97
户口性质	农业	5.35	20.62	8.51	11.71
	非农业	53.03	44.13	24.60	46.47
地区	东部	22.85	36.02	19.24	29.34
	中部	29.00	25.06	11.78	23.21
	西部	29.94	28.64	12.64	28.22
从业状态	雇员	28.71	33.65	16.98	29.49
	雇主	3.49	6.23	2.56	3.56
职业	负责人	52.72	34.22	15.15	31.68
	专业、技术人员	38.26	39.92	19.59	36.98
	办事及有关人员	41.41	48.80	31.34	42.67
	商业、服务业人员	13.78	21.16	13.06	18.48
	生产、运输设备操作及有关人员	11.20	29.35	11.40	21.37
	非正式就业人员（保姆、医院看护等）	4.01	11.88	3.37	0.91
	无固定职业者	7.83	12.18	3.31	6.82
单位类型	党、政、军机关	60.75	26.17	16.59	27.09
	事业单位	67.08	39.25	23.08	41.80
	国营企业	64.78	61.40	29.00	64.10
	集体企业	28.72	34.90	23.85	34.44
	民营、私营企业	9.49	29.43	13.75	20.90
	外资、合资企业	50.11	66.78	39.94	61.02
	个体工商业	1.43	8.50	2.72	3.39
	其他	3.43	24.09	3.43	5.93

注：由于军人比例较低，农、林、牧、渔、水利业生产人员及自雇劳动者拥有公积金及其他保险的可能性极低，有效样本量极少，故在分析中舍弃。

从雇员、雇主这两个劳动力群体的从业状态差异来看（见表2-25），雇员拥有住房公积金、工伤保险、生育保险、失业保险的比例皆相对较高，而雇主拥有住房公积金和上述三种保险的比例相对较低。

从雇员、雇主这两个劳动力群体的职业差异来看（见表2-25），负责人拥有住房公积金的比例最高，办事及有关人员和专业、技术人员次之；办事及有关人员拥有工伤保险、生育保险、失业保险的比例最高，专业、技术人员和负责人次之；生产、运输设备操作及有关人员拥有工伤保险和失业保险的占有一定的比例（分别为29.35%、21.37%）；值得注意的是，非正式就业人员拥有住房公积金及各种保险的比例也比较低。

从雇员、雇主这两个劳动力群体的单位类型差异来看（见表2-25），事业单位、国营企业的该群体拥有住房公积金的比例最高（超过六成），党政军机关的该群体次之，外资、合资企业和集体企业劳动力再次。外资、合资企业的该群体拥有工伤保险、生育保险的比例最高，国营企业次之。国营企业的该群体拥有失业保险的比例最高，外资、合资企业次之。个体工商业和民营、私营企业的该群体拥有住房公积金和上述三种保险的比例皆较低。

小　结

本部分要点总结如下。

1. 中国劳动力的就业状态以务农和全职就业为主（59.37%），而半职就业的比例较低（2.32%），临时就业的比例也不高（6.07%），同时，操持家务的劳动年龄人口接近一成（9.13%），处于就学状态（即上学且无工作）的劳动年龄人口占8.85%，离退休的劳动年龄人口接近5%（4.59%），另外，丧失劳动能力的劳动年龄人口占1.96%，服兵役、休长假或产假、其他就业或就学状态的劳动力年龄人口所占比例较低（分别为0.07%、0.68%、0.06%）。值得注意的是，有2.99%的劳动年龄人口从未工作过，还有3.91%的劳动年龄人口处于失业或下岗状态。中国劳动力的失业率为9.14%，其中，失业或下岗的比例较高（5.18%），从未工作的比例略低（3.96%）。其中，西部地区劳动力的失业率最低（7.87%），而东、中部地区劳动力的失业率相对较高（分别为9.44%、9.29%），西部地区劳动力的失业或下岗比例较低（4.07%），而东、中部地区劳动力的失业下岗比例较高（分别为5.66%、5.13%），另外，中部地区未工作劳动力的比例略高于东、西部地区。

2. 在有工作的劳动力中，雇员的比例接近一半（46.80%），为最主要的从业状态，其次是务农（36.10%），而自雇劳动者、雇主的比例相对较低（分别占11.80%、5.30%）。从地区差异来看，东部地区劳动力为雇员的比例远远高于中、西部地区劳动力，务农的比例则远远低于中、西部地区劳动力。

3. 中国在业劳动力的职业分布具有一定集中性，近1/3的在业劳动力为农、林、牧、渔、水利业生产人员，近1/5的在业劳动力为专业及技术人员，商业、服务业人员比例也相对较高（占14.57%）。相对于以往的各种调查，作为生产、运输设备操作及有关人员的在业劳动力比例并不高（10.30%），作为办事及有关人员、负责人、非正式就业人员（保姆、医院看护等）的在业劳动力比例更低。值得注意的是，10.01%的在业劳动力为无固定职业者。他们的行业分布比较分散，但也具有一定的集中性。其中，农林牧渔业在业劳动力比例最高，其次为商业、公共饮食业、物资供销、仓储业，再次为建筑业、轻纺、日化业、卫生、体育、社会服务业、金属、机械业、交通运输、邮电通信业，其他行业所占比例较低。他们的单位类型分布比较集中，主要在农业生产领域，民营、私营企业，个体工商业中（分别占33.00%、24.00%、21.00%），另外，党政军机关、事业单位合计占8.70%，国营、集体企业合计占9.15%。

4. 全部有工作劳动力（包含各种收入为0者）的人均年总收入、年工资收入、年经营收入分别为2.83万元、1.63万元、0.71万元（28251元、16318元、7061元）。一般来说，务农者的收入中有一定比例的实物收入，而这一收入通常无法体现在总收入、工资收入及经营收入中，而务农者群体的加入势必会拉低整体有工作劳动力的收入。在剔除务农者后，调查显示的有工作劳动力的人均年总收入、年工资收入、年经营收入分别为3.51万元、2.48万元、1.12万元（35054元、24764元、11179元）。调查结果同时显示，有工作劳动力的年总收入、年工资收入、年经营收入为0的比例分别为3.50%、39.36%、83.22%，因此，在剔除各种收入为0的情况下，有工作劳动力的人均年总收入、年工资收入、年经营收入分别为2.93万元、2.69万元、4.21万元（29276元、26910元、42069元）。同样，在剔除务农者后，调查显示的有工作劳动力的人均年总收入、年工资收入、年经营收入分别为3.57万元、3.12万元、5.23万元（35654元、31163元、52288元）。同时，有收入者的年总收入、工资收入存在一定的性别、年龄、户口性质、地区、从业状态、职业、单位类型差异，其年经营收入也存在一定的性别、年龄、户口性质、地区和从业状态的差异。

5. 中国劳动力拥有各种医疗保险及保障的状况不容乐观，除了拥有"新型农村合作医疗"的劳动力超过六成以外，拥有其他医疗保险及保障的劳动力比例皆未超过二成。比如，拥有城镇职工基本医疗保险的仅为15.17%，拥有城镇居民基本医疗保险的仅为12.50%，拥有公费医疗的仅为4.08%，拥有单位补充医疗保险及公务员医疗补助的比例仅分别为5.76%、0.77%。另外，拥有失业医疗保险的占5.81%。同时，中国劳动力拥有各种养老保险及保障的水平较低，拥有"新型农村社会养老保险"的劳动力不及三成，拥有"企业职工基本养老保险"的比例仅为14.69%，而拥有"城镇居民社会养老保险""企业年金（企业补充养老保险）""商业化养老保险"的比例不及1/10。中国劳动力拥有住房公积金、工伤保险、失业保险的比例皆为10%左右，拥有生育保险的比例仅为5.59%。

第三章
中国劳动力的劳动状况及环境

一 劳动及经营状况

（一）工作时间

此次调查通过询问"您一般一周工作几小时""您过去一周工作几小时""您一般一个月工作几天""您过去一个月工作几天""您过去一年工作几个月"来反映劳动力的工作时间，汇总结果显示，中国劳动力的工作时间较长。

具体来说（见表3-1），六成以上的劳动力每周或上周工作的时间超过50小时，若每周工作五天，他们平均每天应工作10小时以上，若每周工作六天，他们平均每天工作8小时以上。同时，七成左右的劳动力每月或上个月的工作时间为28天以上，相当于月只有2~3天的休息时间，超过一半的劳动力上年的工作时间为12个月。因此，劳动力的一般周（或上周）工作平均小时数、月（或上月）工作平均天数都比较高。

劳动力的工作时间存在一定的性别、年龄、城乡和地区差异。具体来说（见表3-1），从一般周（或上周）工作的平均小时数来看，男性劳动力的工作时间略多于女性，但是，女性劳动力一般周（或上周）工作51小时及以上的比例明显高于男性，而且，女性一般月（或上月）工作28天及以上的比例也明显高于男性。从年龄组的差异来看，15~29岁低龄劳动力的一般周工作小时数明显高于30~44岁、45岁及以上中高龄劳动力，他们一般周工作51小时及以上的比例高达75.10%，但是，他们上周工作平均小时数低于中、高龄劳动力。同时，15~29岁低龄劳动力一般月工作天数也略高于中、高龄劳动

表3-1 全国及不同特征劳动力工作时间的分布

单位：%，小时，天，月

工作时间		全国 合计	性别 男	性别 女	年龄组(岁) 15~29	年龄组(岁) 30~44	年龄组(岁) 45岁及以上	户口性质 农业	户口性质 非农业	地区 东部	地区 中部	地区 西部
一般周工作时间(小时)	0~35	12.32	12.15	12.51	6.27	14.58	16.09	13.47	9.30	6.27	14.58	16.09
	36~40	10.60	11.88	9.27	8.10	14.17	9.38	5.93	22.84	8.10	14.17	9.38
	41~50	11.77	13.04	10.46	10.53	13.40	11.32	11.74	11.84	10.53	13.40	11.32
	51小时及以上	65.31	62.94	67.77	75.10	57.86	63.22	68.86	56.02	75.10	57.86	63.22
	合计	100	100	100	100	100	100	100	100	100	100	100
	均值	51.31	52.71	49.40	55.88	51.39	49.26	52.91	46.58	53.22	50.43	49.27
上周周工作时间(小时)	0~35	20.20	20.21	20.18	16.49	22.79	21.24	22.14	15.09	18.24	22.35	17.98
	36~40	9.55	10.64	8.41	6.77	13.02	8.73	5.81	19.36	10.12	8.74	10.73
	41~50	10.24	11.69	8.73	8.64	11.74	10.27	9.83	11.29	11.56	8.78	11.70
	51小时及以上	60.02	57.46	62.67	68.10	52.45	59.76	62.22	54.26	60.07	60.12	59.58
	合计	100	100	100	100	100	100	100	100	100	100	100
	均值	44.06	46.24	41.10	41.68	45.33	44.29	44.82	41.81	46.18	42.22	44.49
一般月工作时间(天)	0~27.5	26.38	30.20	22.63	16.88	34.91	26.97	22.22	37.07	26.52	25.39	29.26
	28天及以上	73.62	69.80	77.37	83.12	65.08	73.03	77.78	62.93	73.48	74.61	70.74
	合计	100	100	100	100	100	100	100	100	100	100	100
	均值	24.75	24.89	24.56	25.10	24.71	24.53	25.18	23.48	25.06	24.66	24.26
上月工作时间(天)	0~27.5	31.97	35.55	28.48	25.34	39.71	30.8	29.56	38.21	32.66	31.14	33.09
	28天及以上	68.04	64.44	71.52	74.66	60.29	69.20	70.44	61.79	67.35	68.86	66.92
	合计	100	100	100	100	100	100	100	100	100	100	100
	均值	22.16	22.72	21.39	20.55	22.68	22.74	22.30	21.75	22.54	21.86	22.23
上年工作的时间(月)	1~11	46.17	45.44	47.16	50.22	42.64	47.51	52.42	27.67	40.44	49.92	48.89
	12	53.83	54.56	52.84	49.78	57.36	52.49	47.58	72.33	59.56	50.08	51.11
	合计	100	100	100	100	100	100	100	100	100	100	100
	均值	9.99	10.20	9.72	9.74	10.25	9.87	9.67	10.94	10.29	9.78	9.90

力，上月工作28天及以上的比例高达74.66%，但是，他们上个月工作的平均天数略低于30~44岁、45岁及以上中高龄劳动力。另外，15~29岁低龄劳动力的工作稳定性不及中、高龄劳动力，他们上年工作的平均月数明显较低，上年工作12个月的比例不足一半。除上年工作月数以外，农业户口劳动力的工作时间都明显高于非农业户口劳动力，农业户口劳动力一般周工作

51 小时及以上的比例高达 68.86%，而非农业户口劳动力的这一比例不及六成，农业户口劳动力一般月工作天数在 28 天及以上的比例高达 77.78%，比非农业户口劳动力的这一比例高 14.85 个百分点。从地区差异来看，东部地区劳动力的工作时间较长，且工作稳定性较高，一般周（及上周）工作的平均小时数明显高于中、西部地区，一般月（及上月）工作的平均天数也略高于中、西部地区，上年工作的平均月数及工作 12 个月的比例皆高于中、西部地区。

不同从业状态、职业、单位类型劳动力的工作时间也存在很大差别。

从劳动力的从业状态来看（见表 3-2），自雇劳动者一般周（或上周）工作的小时数最多，雇主次之，雇员和务农者周工作时间相对较短；雇主一般月（或上月）工作的天数最多，自雇劳动者次之，雇员和务农者的月工作天数相对较少；雇主上年工作的月数相对较多。

表 3-2 不同从业状态劳动力工作时间的分布

单位：%，小时，天，月

工作时间		雇员	雇主	自雇	务农	合计
一般周工作时间（小时）	0~35	10.31	20.15	16.86	29.25	18.44
	36~40	26.72	11.93	8.30	6.74	16.55
	41~50	20.10	9.80	13.88	17.18	17.77
	51 小时及以上	42.87	58.12	60.96	46.83	47.24
	合计	100	100	100	100	100
	均值	51.01	54.59	58.68	48.45	51.31
上周周工作时间（小时）	0~35	16.81	25.01	21.05	37.28	25.13
	36~40	24.17	9.76	7.54	8.07	15.64
	41~50	19.64	10.24	12.16	14.82	16.52
	51 小时及以上	39.38	54.99	59.25	39.83	42.71
	合计	100	100	100	100	100
	均值	47.53	51.39	56.76	43.11	44.06
一般月工作时间（天）	0~27.5	55.24	22.41	29.18	38.32	43.25
	28 天及以上	44.76	77.59	70.82	61.68	56.75
	合计	100	100	100	100	100
	均值	24.63	26.89	26.19	24.57	24.75

续表

工作时间		雇员	雇主	自雇	务农	合计
上月工作时间（天）	0~27.5	59.33	24.56	33.84	43.48	47.83
	28天及以上	40.67	75.44	66.16	56.52	52.17
	合计	100	100	100	100	100
	均值	23.38	26.18	24.96	23.13	22.16
上年工作的时间（月）	1~11	34.61	25.41	37.29	58.55	43.08
	12	65.39	74.59	62.71	41.45	56.92
	合计	100	100	100	100	100
	均值	10.82	11.07	10.81	9.22	9.99

从劳动力的职业差异来看（见表3-3），生产运输设备操作及有关人员、商业服务业人员、非正式就业人员的一般周（或上周）工作的小时数较多，商业服务业人员、农林牧渔水利业生产人员、生产运输设备操作及有关人员一般月工作天数较多，负责人、办事及有关人员上年工作的月数较多，其他职业劳动力的上年工作月数相对较少。

表3-3 不同职业劳动力工作时间的分布

单位：%，小时，天，月

工作时间		负责人	专业技术人员	办事及有关人员	商业服务业人员	农林牧渔水利业生产人员	生产运输设备操作及有关人员	非正式就业人员（保姆、医院看护等）	无固定职业者	合计
一般周工作时间（小时）	0~35	18.70	12.04	11.65	12.71	29.25	9.35	18.62	16.82	18.46
	36~40	41.96	24.42	43.89	13.22	6.93	9.35	12.35	12.12	15.87
	41~50	13.17	19.32	20.25	19.74	17.39	17.38	15.96	13.04	17.63
	51小时及以上	26.17	44.22	24.21	54.33	46.43	63.92	53.07	58.02	48.04
	合计	100	100	100	100	100	100	100	100	100
	均值	44.53	50.94	45.93	55.52	48.36	57.60	53.02	54.87	51.31
上周周工作时间（小时）	0~35	25.32	25.39	20.88	26.07	37.85	26.12	34.81	31.15	30.25
	36~40	38.99	20.42	40.40	10.47	7.89	9.42	8.24	9.08	14.30
	41~50	11.04	18.25	19.55	16.18	14.55	14.84	13.94	11.02	15.33
	51小时及以上	24.65	35.94	19.17	47.28	39.71	49.62	43.01	48.75	40.12
	合计	100	100	100	100	100	100	100	100	100
	均值	40.74	43.03	40.70	47.94	42.90	46.18	44.45	45.80	44.06

续表

工作时间		负责人	专业技术人员	办事及有关人员	商业服务业人员	农林牧渔水利业生产人员	生产运输设备操作及有关人员	非正式就业人员(保姆、医院看护等)	无固定职业者	合计
一般月工作时间(天)	0~27.5	70.57	57.01	72.84	31.15	38.28	35.55	44.05	33.56	43.39
	28天及以上	29.43	42.99	27.16	68.85	61.72	64.45	55.95	66.44	56.61
	合计	100	100	100	100	100	100	100	100	100
	均值	23.50	24.30	23.57	25.94	24.57	25.51	24.13	25.15	24.75
上月工作时间(天)	0~27.5	71.07	65.77	77.1	41.54	43.97	53.58	52.08	46.16	51.96
	28天及以上	28.93	34.23	22.9	58.46	56.03	46.42	47.92	53.84	48.04
	合计	100	100	100	100	100	100	100	100	100
	均值	21.71	27.22	21.49	23.01	22.94	21.55	21.06	21.73	22.16
上年工作的时间(月)	1~11	27.92	42.52	29.03	32.82	58.07	46.68	55.06	48.33	46.17
	12	72.08	57.48	70.97	67.18	41.93	53.32	44.94	51.67	53.83
	合计	100	100	100	100	100	100	100	100	100
	均值	11.15	10.52	10.79	10.50	9.25	10.10	9.38	9.82	9.99

从劳动力的工作单位类型差异来看（见表3-4），民营、私营企业，个体工商业劳动力一般周（或上周）工作小时数较多，从事农业生产、副业生产的劳动力次之；个体工商业、从事副业生产劳动力的一般月（或上月）工作天数较多，民营、私营企业，从事农业生产的劳动力次之；党政军机关劳动力的工作稳定性最好，上年工作12个月的比例最高，并且工作的平均月数最多；其他工作单位类型劳动力的工作时间相对较少。

表3-4 不同工作单位类型劳动力工作时间的分布

单位：%，小时，天，月

工作时间		党政军机关	事业单位	国营企业	集体企业	民营私营企业	外资合资企业	个体工商业	从事农业生产	从事副业生产	其他	合计
一般周工作时间(小时)	0~35	15.96	17.68	9.92	20.03	9.83	14.33	13.77	30.04	21.51	21.47	18.42
	36~40	56.91	49.51	43.51	29.56	12.72	31.70	7.76	6.48	5.79	13.20	15.99
	41~50	9.72	16.28	19.48	19.51	20.73	23.91	14.32	17.41	28.96	9.03	17.73
	51小时及以上	17.41	16.53	27.09	30.90	56.72	30.06	64.15	46.07	43.74	56.30	47.86
	合计	100	100	100	100	100	100	100	100	100	100	100
	均值	42.92	42.87	47.66	45.97	54.70	45.98	58.40	48.02	51.40	52.95	51.31

续表

工作时间		党政军机关	事业单位	国营企业	集体企业	民营私营企业	外资合资企业	个体工商业	从事农业生产	从事副业生产	其他	合计
上周周工作时间（小时）	0~35	21.01	36.63	16.63	25.40	26.02	33.58	25.50	38.56	26.89	46.14	30.18
	36~40	51.87	38.79	37.88	27.62	11.75	25.90	6.78	7.39	8.11	3.07	14.43
	41~50	12.14	10.86	21.35	17.65	18.67	18.67	11.76	14.59	23.86	2.80	15.37
	51小时及以上	14.98	13.72	24.14	29.33	43.56	21.85	55.96	39.46	41.14	47.99	40.02
	合计	100	100	100	100	100	100	100	100	100	100	100
	均值	40.36	32.96	44.07	41.70	44.09	36.01	51.28	42.61	48.20	43.45	44.06
一般月工作时间(天)	0~27.5	85.76	85.72	74.81	64.72	38.04	68.00	23.98	38.71	29.41	48.08	43.24
	28天及以上	14.24	14.28	25.19	35.28	61.96	32.00	76.02	61.29	70.59	51.92	56.76
	合计	100	100	100	100	100	100	100	100	100	100	100
	均值	21.66	22.27	23.13	22.96	25.45	23.72	26.46	24.45	26.64	25.42	24.75
上月工作时间（天）	0~27.5	86.13	86.71	77.59	66.27	55.35	78.76	34.45	44.39	35.47	65.58	51.8
	28天及以上	13.87	13.29	22.41	33.73	44.65	21.24	65.55	55.61	64.53	34.42	48.2
	合计	100	100	100	100	100	100	100	100	100	100	100
	均值	20.83	18.94	21.55	21.51	21.34	19.22	23.84	22.87	24.63	21.25	22.16
上年工作的时间(月)	1~11	16.22	44.25	20.77	29.16	45.21	36.89	41.58	59.17	34.36	39.62	45.86
	12	83.78	55.75	79.23	70.84	54.79	63.11	58.42	40.83	65.64	60.38	54.14
	合计	100	100	100	100	100	100	100	100	100	100	100
	均值	11.54	10.73	11.01	10.30	10.15	10.18	10.38	9.16	10.49	9.96	9.99

（二）工作场所

中国劳动力的工作场所没有明显差别，即以户外与室内为工作场所的劳动力比例相差不大，二者兼而有之的略高于1/10。但是，劳动力的工作场所存在着明显的人口、社会、地区和就业特征的差异。

从人口特征的差异来看（见表3-5），男性劳动力在户外工作的比例明显高于女性劳动力；15~29岁低龄劳动力在室内工作的比例明显高于中、高龄劳动力，而45岁及以上高龄劳动力在户外工作的比例明显高于低、中龄劳动力。从户口性质来看，农业户口劳动力在户外工作的比例远远高于非农业户口劳动力的这一比例，而非农业户口劳动力在室内工作的比例远远高于农业户口劳动力。从地区差异来看，东部地区劳动力在室内工作的比例明显高于中、西部地区。

表3-5 全国及不同特征劳动力的工作场所

单位：%

工作场所的类型	全国 合计	性别 男	性别 女	年龄组 15~29岁	年龄组 30~44岁	年龄组 45岁及以上	户口性质 农业	户口性质 非农业	地区 东部	地区 中部	地区 西部
户外	41.46	44.33	37.56	25.55	38.36	57.45	50.69	14.19	32.28	47.76	44.90
室内	45.82	39.99	53.76	64.06	48.24	28.91	37.09	71.63	56.91	39.96	36.23
二者兼有	12.72	15.68	8.68	10.39	13.40	13.64	12.23	14.18	10.81	12.28	18.86
合计	100	100	100	100	100	100	100	100	100	100	100

从劳动力的从业状态差异来看（见表3-6），雇主在室内工作的比例最高，雇员次之；而务农劳动者在户外工作的比例最高。从劳动力的职业差异来看（见表3-7），负责人在室内工作的比例最高，商业服务业人员、办事及有关人员次之；农、林、牧、渔、水利业生产人员在户外工作的比例远远高于其他职业劳动力，非正式就业人员和生产运输设备操作及有关人员次之。从劳动力的工作单位类型差异来看（见表3-8），外资合资企业劳动力在室内工作的比例最高，事业单位、集体企业、民营私营企业、党政军机关次之；从事农业生产、副业生产的劳动力在户外工作的比例远远高于其他工作单位类型劳动力的这一比例。

表3-6 不同从业状态劳动力的工作场所

单位：%

工作场所类型	雇员	雇主	自雇	务农	合计
户外	17.15	12.18	32.91	85.99	43.60
室内	69.44	71.13	51.05	3.13	43.42
二者兼有	13.41	16.69	16.04	10.88	12.98
合计	100	100	100	100	100

表3-7　不同职业劳动力的工作场所

单位：%

工作场所类型	负责人	专业技术人员	办事及有关人员	商业服务业人员	农林牧渔水利业生产人员	生产运输设备操作及有关人员	非正式就业人员（保姆、医院看护等）	无职业者	合计
户外	3.63	16.66	12.50	11.81	86.33	29.51	37.09	29.48	41.46
室内	81.27	66.43	74.49	79.22	2.24	58.31	50.39	56.70	45.82
二者兼有	15.10	16.91	13.01	8.97	11.43	12.18	12.52	13.82	12.72
合计	100	100	100	100	100	100	100	100	100

表3-8　不同工作单位类型劳动力的工作场所

单位：%

工作场所类型	党政军机关	事业单位	国营企业	集体企业	民营私营企业	外资合资企业	个体工商业	从事农业生产	从事副业生产	其他	合计
户外	9.09	9.11	20.58	12.83	15.50	8.23	26.01	88.18	69.20	39.54	41.64
室内	70.90	78.24	60.65	77.16	73.40	83.02	60.83	1.05	12.94	26.20	46.03
二者兼有	20.01	12.65	18.77	10.01	11.10	8.75	13.16	10.77	17.86	34.26	12.33
合计	100	100	100	100	100	100	100	100	100	100	100

二　雇员的劳动状况

在有工作的劳动力中，雇员的比例接近一半（占46.80%），因此，本报告将对雇员的劳动状况做全面、细致的描述，其中包括他们的受雇及劳动合同签订情况、工资的计算方式及加班情况、权益保护情况、工作的条件及要求、决定权、参与及互动情况等。

（一）受雇及劳动合同的签订情况

此次调查结果显示，超过八成（为82.77%）的雇员有固定的雇主；只有7.20%的雇员为自己的家庭或家族企业工作，换言之，超过九成的雇员被非本家庭或家族以外的企业雇用。同时，雇员的受雇情况存在性别、年龄、户口性质和地区差异。

从个人特征来看（见表3-9），女性雇员有固定雇主的比例明显高于男性雇员，男性雇员受雇于家庭或家族企业的比例明显高于女性雇员；15~29岁和30~44岁低、中龄雇员有固定雇主的比例明显高于45岁及以上高龄雇员的这一比例。从户口性质及区域特征来看（见表3-10），非农业户口雇员有固定雇主的比例明显高于农业户口雇员的这一比例，而农业户口雇员受雇于家庭或家族企业的比例比非农业户口雇员高1.66个百分点；东、中部地区雇员有固定雇主及受雇于家庭或家族企业的比例均明显高于西部地区雇员的相应比例。

表3-9　全国及不同性别、年龄组雇员的受雇情况

单位：%

		全国	性别		年龄组		
		合计	男	女	15~29岁	30~44岁	45岁及以上
固定的雇主	有	82.77	79.28	88.48	85.64	83.05	78.46
	无	17.23	20.72	11.52	14.36	16.95	21.54
	合计	100	100	100	100	100	100
是否为自己的家庭(族)企业做	是	7.20	8.04	5.83	10.17	6.11	5.44
	否	92.80	91.96	94.17	89.83	93.89	94.56
	合计	100	100	100	100	100	100

表3-10　全国及不同户口性质、地区雇员的受雇情况

单位：%

		全国	户口性质		地区		
		合计	农业	非农业	东部	中部	西部
固定的雇主	有	82.77	77.17	89.67	85.24	82.40	74.14
	无	17.23	22.83	10.33	14.76	17.60	25.86
	合计	100	100	100	100	100	100
是否为自己的家庭(族)企业做	是	7.20	7.95	6.29	7.26	7.68	5.60
	否	92.80	92.05	93.71	92.74	92.32	94.40
	合计	100	100	100	100	100	100

在雇员的劳动合同签订方面，此次调查结果显示，只有不到一半（49.68%）的雇员目前签订了书面劳动合同，并且，基本上是与工作所在单位签订的劳动合同（占98.17%），只有1.83%的雇员是与中介劳务公司签订的劳动合同。从这些雇员的劳动合同类型来看，超过八成（为81.50%）签订

的是固定时段或短期劳动合同，签订永久劳动合同的比例仅为 18.50%。从最近一次劳动合同的签订时间长度来看，签订时长为 1.5 年以上 3 年及以下劳动合同的比例最高，其次为 1 年及以下时长的劳动合同，签订时长为 6 年及以上劳动合同的雇员比例最低，仅为 5.22%。具体来说，签订 1 年、2 年、3 年、5 年期劳动合同的比例相对较高，分别占签订劳动合同雇员的 34.76%、12.75%、32.94%、11.67%。从劳动合同签订的次数来看，超过四成（为 42.50%）的雇员是第一次与本单位签订劳动合同，第二次签订的雇员比例为 23.55%，二者合计将近 2/3，换言之，与本单位签订三次及以上劳动合同的雇员比例仅略高于 1/3。

除了各种特征雇员与工作单位签订劳动合同的比例都较高外，雇员劳动合同的签订情况存在个人特征、户口性质及地区差异。

从个人特征来看（见表 3-11），45 岁及以上高龄雇员签订书面劳动合同的比例明显最低（为 42.07%），15~29 岁、30~44 岁低、中龄雇员的这一比例皆超过一半（分别为 50.17%、53.28%）；男、女雇员签订书面劳动合同的比例几乎不存在差异。在签订合同的雇员中，女性雇员签订固定时段或短期劳动合同的比例比男性雇员高 5.46 个百分点，换言之，男性雇员签订永久劳动合同的比例明显高于女性雇员；同时，随着年龄的提高，雇员签订永久劳动合同的比例明显升高，45 岁及以上高龄雇员的这一比例（34.22%）比 15~29 岁低龄雇员（6.40%）高 27.82 个百分点。在签订固定时段或短期劳动合同的雇员中，最近一次与单位签订劳动合同的期限、与单位签订劳动合同的次数两方面也存在类似特点。即女性雇员的合同期限略低于男性雇员，她们最近一次与本单位签订合同的期限为三年及以下的比例（83.72%）明显高于男性雇员的这一比例（79.64%），女性雇员第一次与本单位签订劳动合同的比例也略高。30~44 岁中龄雇员最近一次与本单位签订劳动合同的期限为 3.5 年以上的比例（22.14%）明显较高，45 岁及以上高龄雇员多次与本单位签订劳动合同的比例相对较高。

从户口性质来看（见表 3-12），非农业户口雇员签订书面劳动合同及永久劳动合同的比例远远高于农业户口雇员的相应比例，即使是固定时段或短期合同，非农业户口雇员的合同签订期限也明显高于农业户口雇员，而且，非农

表3-11 全国及不同性别、年龄组雇员劳动合同的签订情况

单位：%

		全国	性别		年龄组		
		合计	男	女	15~29岁	30~44岁	45岁及以上
签订书面合同	是	49.68	49.63	49.75	50.17	53.28	42.07
	否	50.32	50.37	50.25	49.83	46.72	57.93
	合计	100	100	100	100	100	100
与谁签订书面合同	工作单位	98.17	98.10	98.30	97.24	98.39	99.10
	中介劳务公司	1.83	1.90	1.70	2.76	1.61	0.90
	合计	100	100	100	100	100	100
合同类型	固定时段或短期合同	81.50	79.43	84.89	93.60	80.21	65.78
	永久合同	18.50	20.57	15.11	6.40	19.79	34.22
	合计	100	100	100	100	100	100
最近一次与本单位签订合同的期限（年）	1年及以下	35.49	34.53	36.95	32.42	35.79	41.59
	1.5~3	45.77	45.11	46.77	52.94	42.07	40.67
	3.5~5	13.52	13.37	13.76	11.57	15.26	12.69
	6年及以上	5.22	6.99	2.52	3.07	6.88	5.05
	合计	100	100	100	100	100	100
	均值	2.79	2.93	2.57	2.53	3.06	2.57
第几次与本单位签订合同	第1次	42.50	40.76	45.12	61.13	32.60	29.39
	第2次	23.55	25.07	21.26	23.97	23.96	21.37
	第3~5次	24.37	24.28	24.51	12.67	31.20	30.73
	第6次及以上	9.58	9.89	9.11	2.23	12.24	18.51
	合计	100	100	100	100	100	100

表3-12 全国及不同户口性质、地区雇员劳动合同的签订情况

单位：%

		全国	户口性质		地区		
		合计	农业	非农业	东部	中部	西部
	合计	100	100	100	100	100	100
签订书面合同	是	49.68	35.90	66.66	51.54	47.27	49.30
	否	50.32	64.10	33.34	48.46	52.73	50.70
	合计	100	100	100	100	100	100
与谁签订书面合同	工作单位	98.17	97.92	98.34	97.87	99.13	96.77
	中介劳务公司	1.83	2.08	1.66	2.13	0.87	3.23
	合计	100	100	100	100	100	100

续表

		全国	户口性质		地区		
		合计	农业	非农业	东部	中部	西部
合同类型	固定时段或短期合同	81.5	94.45	72.91	85.62	78.53	72.83
	永久合同	18.5	5.55	27.09	14.38	21.47	27.17
	合计	100	100	100	100	100	100
最近一次与本单位签订合同的期限(年)	1年及以下	35.49	45.80	26.60	37.45	33.33	32.42
	1.5~3	45.77	42.36	48.71	48.10	41.56	46.89
	3.5~5	13.52	8.47	17.88	11.74	16.18	14.30
	6年及以上	5.22	3.37	6.81	2.71	8.93	6.39
	合计	100	100	100	100	100	100
	均值	2.79	2.27	3.24	2.50	3.14	3.14
第几次与本单位签订合同	第1次	42.50	47.99	37.74	41.79	42.94	44.59
	第2次	23.55	24.05	23.12	23.60	22.81	25.52
	第3~5次	24.37	19.20	28.85	25.08	23.44	23.67
	第6次及以上	9.58	8.76	10.29	9.53	10.81	6.22
	合计	100	100	100	100	100	100

业户口雇员多次与本单位签订劳动合同的比例也明显高于农业户口雇员。由此可见，非农业户口雇员工作的稳定性明显高于农业户口雇员。从地区差异来看，东部地区雇员签订书面劳动合同的比例最高，西部次之，中部最低。在签订书面劳动合同的雇员中，东部地区雇员签订固定时段或短期合同的比例最高，中部次之，西部最低。换言之，西部地区雇员签订永久劳动合同的比例最高。在签订固定时段或短期劳动合同的雇员中，中、西部雇员签订合同的期限为3.5年及以上的比例（25.11%、20.69%）高于东部地区雇员的这一比例（14.45%）；而东、中部地区雇员与本单位多次签订合同的比例略高于西部地区雇员。

（二）工资的计算及加班情况

雇员工资的计算方式及加班时间、加班工资也是此次调查关注的内容之一。调查结果显示，月薪制工资计算方式在雇员中的比例最高（59.39%），其次为按天计算工资和计件工资（分别为13.03%、11.20%），计时工资、提成或底薪加提成、绩效工资或底薪加绩效工资、年薪制等工资计算方式的雇员比例均较低。

雇员的工资计算方式存在着一定的性别、年龄、户口性质和地区差异。具体来说（见表3-13），女性雇员拥有月薪或计件工资的比例明显高于男性雇员的相应比例，而男性雇员按天计算工资的比例明显高过女性雇员的这一比例。15~29岁低龄劳动力拥有月薪的比例最低，他们拥有计件工资的比例略高，尤其是他们拥有提成或底薪加提成工资的比例明显高于中、高龄雇员。另外，45岁及以上高龄雇员按天计算工资的比例明显较高。非农业户口雇员拥有月薪的比例（77.53%）比农业户口雇员的这一比例（44.65%）高32.88个百分点，农业户口雇员计件或按天计算工资的比例则远远高于非农业户口雇员的相应比例。西部地区雇员拥有月薪的比例最高，中部次之，东部地区明显最低，但是，东部地区雇员计件计算工资的比例明显较高。

表3-13 全国及不同特征雇员主要工资计算方式的分布

单位：%

	全国	性别		年龄组			户口性质		地区		
	合计	男	女	15~29岁	30~44岁	45岁及以上	农业	非农业	东部	中部	西部
计件	11.20	9.48	14.00	13.08	11.57	8.01	17.77	3.12	14.76	8.16	5.94
计时	4.19	4.40	3.85	4.91	4.65	2.36	6.02	1.93	5.98	1.95	3.55
按天计算	13.03	16.43	7.47	11.18	11.10	19.15	19.65	4.88	13.29	13.10	11.81
有计件,有计时	1.00	1.12	0.81	1.61	0.80	0.61	1.56	0.32	1.16	1.05	0.24
月薪制	59.39	56.55	64.05	55.60	61.33	60.61	44.65	77.53	54.83	63.07	66.85
提成或底薪加提成	4.54	4.27	4.99	8.26	3.67	1.39	4.63	4.43	3.61	5.36	5.83
绩效工资或底薪加绩效工资	3.99	4.30	3.48	4.03	4.33	3.28	2.56	5.75	3.81	4.33	3.71
年薪制	2.13	2.74	1.12	0.95	2.07	3.77	2.43	1.75	2.21	2.24	1.47
其他	0.53	0.71	0.23	0.38	0.48	0.82	0.73	0.29	0.35	0.74	0.6
合计	100	100	100	100	100	100	100	100	100	100	100

从加班及加班的时间、工资来看，有超过1/3（38.42%）的雇员上个月加过班。但是，加班雇员中只有不到一半（45.57%）领取了加班工资，加班时间弥补请假时间、领取加班工资且弥补请假时间的比例非常低（分别为5.44%、2.03%）。尤其值得注意的是，接近一半（45.44%）的加班雇员无

任何补偿。在加班雇员中，人均上个月的加班时间为30.42小时，其中有报酬的加班时间仅略多于一半（人均领取报酬的小时数为15.82）。换言之，在上个月加班的雇员中，人均有14.60个小时的加班工作是没有任何报酬的。另外，在领取加班工资的雇员中，人均获得的加班工资为435.40元。

雇员的加班及加班的时间、加班工资存在一定的性别、年龄、户口性质和地区差异。具体来说（见表3-14），男性雇员上个月加班的比例明显高于女性雇员；在加班的雇员中，男性雇员领取加班工资的比例也略高于女性雇员；同时，上个月加班的小时数、有报酬的加班小时数及加班工资，皆是男性雇员高于女性雇员。从雇员的年龄特征来看，15~29岁低龄雇员上个月的加班比例最高，30~44岁中龄雇员次之，45岁及以上高龄雇员上个月加班的比例最低；在加班的雇员中，30~44岁中龄雇员领取加班工资的比例最高，15~29岁中龄雇员次之，45岁及以上高龄雇员的这一比例相对较低，并且，45岁及以

表3-14 全国及不同性别、年龄组雇员的加班情况

单位：%，小时，元

		全国	性别		年龄组（岁）		
		合计	男	女	15~29	30~44	45岁及以上
上个月是否加班	是	38.42	40.87	34.40	42.97	38.13	33.01
	否	61.58	59.13	65.60	57.03	61.87	66.99
	合计	100	100	100	100	100	100
加班情形的符合情况	加班时间弥补请假时间	5.44	5.21	5.90	5.91	6.39	2.54
	领取加班工资	45.57	46.40	43.95	45.16	47.83	41.20
	领取加班工资且弥补请假时间	2.03	2.27	1.56	3.28	1.60	0.84
	无任何补偿	45.44	44.95	46.39	43.77	43.25	53.21
	其他	1.52	1.17	2.20	1.88	0.93	2.22
	合计	100	100	100	100	100	100
上月加班小时数	均值	30.42	32.08	27.10	30.17	31.11	29.28
上月加班有报酬的小时数	均值	15.82	15.96	15.53	18.46	15.10	13.01
上月获得的加班工资	均值	435.40	477.95	343.78	527.24	400.63	334.24

以上高龄加班雇员无任何加班补偿的比例明显最高（为53.21%）；从上个月加班的平均时间来看，15~29岁、30~44岁低、中龄雇员的人均加班时间较多，但是，15~29岁低龄雇员上个月有报酬的人均加班时间及加班工资皆高于30~44岁中龄雇员。另外，45岁及以上高龄雇员上个月的人均加班时间、有报酬的加班时间及加班工资皆最低。

从户口性质来看（见表3-15），非农业户口雇员上个月加班的比例明显高于农业户口雇员的这一比例；但是，在上个月加班的雇员中，农业户口雇员领取加班工资的比例却明显高于非农业户口雇员，而非农业户口雇员上个月加班无任何补偿的比例明显高于农业户口雇员的这一比例；同时，农业户口雇员上个月的人均加班时间、有报酬的加班时间和加班工资都明显高于非农业户口雇员。从地区差异来看，西部地区雇员上个月加班的比例最高，东部次之，中部最低；在上个月加班的雇员中，东部地区雇员领取加班工资的比例最高，中部次之，西部最低；同时，东部地区雇员上个月人均加班小时数最多，西部次之，中部最低；西部地区雇员上个月有报酬的加班时间及加班工资均远低于中、东部地区。

表3-15 全国及不同户口性质、地区雇员的加班情况

单位：%，小时，元

		全国合计	户口性质 农业	户口性质 非农业	地区 东部	地区 中部	地区 西部
上个月是否加班	是	38.42	34.84	42.83	39.5	34.69	44.90
	否	61.58	65.16	57.17	60.5	65.31	55.10
	合计	100	100	100	100	100	100
加班情形的符合情况	加班时间弥补请假时间	5.44	3.53	7.36	5.84	4.73	5.69
	领取加班工资	45.57	56.01	35.10	50.03	43.05	35.83
	领取加班工资且弥补请假时间	2.03	1.76	2.30	3.00	0.64	1.78
	无任何补偿	45.44	36.33	54.58	39.18	50.39	55.96
	其他	1.52	2.37	0.66	1.95	1.19	0.74
	合计	100	100	100	100	100	100
上月加班小时数	均值	30.42	35.63	25.35	34.60	24.61	28.94
上月加班有报酬的小时数	均值	15.82	23.15	8.68	19.94	12.57	8.85
上月获得的加班工资	均值	435.40	468.51	380.34	489.91	405.18	241.30

（三）权益保护情况

在雇员的劳动权益保护方面，此次调查发现，全国及各地区雇员在过去两年里都或多或少地遇到过劳动报酬不合理、拖欠工资、作业环境恶劣、超时加班、工伤等问题（分别占 25.14%、10.82%、16.88%、27.05%、6.45%）。相比而言，遇到了超时加班和劳动报酬不合理问题的雇员比例较高，遇到工伤问题的雇员较少。同时，上述问题的解决情况也不尽如人意，未处理的比例很高，解决途径基本以个人与本单位协商为主。而且，西部地区雇员的权益保护状况相对较差。

从雇员过去两年里遇到的劳动报酬不合理问题来看（见表 3-16），全国多于 1/4 的雇员遇到过该问题，然而，该问题得到全部解决的雇员比例仅为 14.76%，未解决的雇员比例超过 2/3（为 66.96%），部分解决及正在处理中的雇员比例分别为 15.10%、3.18%。在该问题的解决渠道上，本人与本单位协商解决的比例相对较高（52.17%），集体与本单位协商次之（29.76%），其他方式解决的雇员也占有一定比例（18.07%）。从地区差异来看，西部地区雇员在过去两年里遇到劳动报酬不合理问题的比例最高，而该问题未解决的

表 3-16　不同地区雇员过去两年里遇到"劳动报酬不合理"的情况分布

单位：%

		东部	中部	西部	全国
是否遇到	有	23.19	26.27	29.52	25.14
	无	76.81	73.73	70.48	74.86
	合计	100	100	100	100
解决情况	部分解决	14.99	15.04	15.58	15.10
	全部解决	18.47	12.68	8.59	14.76
	正在处理中	3.42	2.81	3.35	3.18
	未解决	63.12	69.47	72.48	66.96
	合计	100	100	100	100
解决的渠道	集体与本单位协商	29.85	28.12	33.97	29.76
	个人与本单位协商	48.97	60.46	42.04	52.17
	其他方式	21.18	11.42	23.99	18.07
	合计	100	100	100	100

比例也明显高于东、中部地区雇员的这一比例。在该问题的解决渠道上，西部地区雇员采用个人与本单位协商的比例最低，而采用集体与本单位协商及其他方式解决的比例最高。

从雇员过去两年里遇到的拖欠工资问题来看（见表3－17），全国多于1/10的雇员遇到过该问题，该问题得到全部解决的雇员比例接近一半（48.04%），但是，该问题未解决的雇员比例也超过三成（31.67%），部分解决及正在处理中的雇员比例分别为13.02%、7.28%。在该问题的解决渠道上，本人与本单位协商解决的比例相对较高（60.52%），集体与本单位协商次之（27.81%），其他方式解决的雇员比例较低（11.67%）。从地区差异来看，西部地区雇员在过去两年里遇到拖欠工资问题的比例最高，而该问题未解决的比例东部最高。在该问题的解决渠道上，东部地区雇员采用集体与本单位协商的比例相对较高，而中部地区雇员在解决该问题时采用个人与本单位协商的比例较高，西部地区雇员采用其他方式的比例较高。

表3－17 不同地区雇员过去两年里遇到"拖欠工资"的情况分布

单位：%

		东部	中部	西部	全国
是否遇到	有	10.43	9.47	16.16	10.82
	无	89.57	90.53	83.84	89.18
	合计	100	100	100	100
解决情况	部分解决	13.25	12.5	13.31	13.02
	全部解决	40.67	56.95	51.67	48.04
	正在处理中	8.36	4.06	9.95	7.28
	未解决	37.71	26.49	25.08	31.67
	合计	100	100	100	100
解决的渠道	集体与本单位协商	31.15	23.78	27.39	27.81
	个人与本单位协商	56.28	68.20	56.79	60.52
	其他方式	12.57	8.02	15.82	11.67
	合计	100	100	100	100

从雇员过去两年里遇到的作业环境恶劣问题来看（见表3－18），虽然只有16.68%的雇员遇到过该问题，但是，该问题得到全部解决的比例仅为

19.26%，未解决的雇员比例接近六成（59.41%），部分解决及正在处理中的雇员比例分别为17.62%、3.71%。在该问题的解决渠道上，本人与本单位协商解决的比例相对较高（47.63%），集体与本单位协商次之（为36.54%），其他方式解决的雇员也占有一定比例（为15.82%）。从地区差异来看，西部地区雇员在过去两年里遇到作业环境恶劣问题的比例最高，该问题全部解决的比例明显高于东、中部地区雇员的这一比例。在该问题的解决渠道上，西部地区雇员采用集体与本单位协商的比例较高，而采用个人与本单位协商及其他方式解决的比例略低于东、中部地区雇员的相应比例。

表3-18 不同地区雇员过去两年里遇到"作业环境恶劣"的情况分布

单位：%

		东部	中部	西部	全国
是否遇到	有	15.66	16.36	21.63	16.68
	无	84.34	83.64	78.37	83.32
	合计	100	100	100	100
解决情况	部分解决	16.52	20.26	15.01	17.62
	全部解决	18.08	17.46	26.52	19.26
	正在处理中	4.84	2.63	2.86	3.71
	未解决	60.56	59.65	55.61	59.41
	合计	100	100	100	100
解决的渠道	集体与本单位协商	34.71	37.49	39.31	36.54
	个人与本单位协商	50.79	44.06	46.66	47.63
	其他方式	14.50	18.45	14.03	15.83
	合计	100	100	100	100

从雇员过去两年里遇到的超时加班问题来看（见表3-19），全国多于1/4的雇员遇到过该问题，然而，该问题得到全部解决的雇员比例仅为27.54%，未解决的雇员比例高达59.05%，部分解决及正在处理中的雇员比例分别为10.95%、2.46%。在该问题的解决渠道上，本人与本单位协商解决的比例相对较高（62.40%），集体与本单位协商次之（26.86%），其

他方式解决的雇员也占有一定比例(10.74%)。从地区差异来看,西部地区雇员在过去两年里遇到超时加班问题的比例最高,且该问题全部解决的比例也最高(31.06%),并且,以其他方式解决的比例相对最高。东部地区雇员遇到该问题的比例相对较低,但是,该问题未解决的比例最高(62.49%)。

表3-19 不同地区雇员过去两年里遇到"超时加班"的情况分布

单位:%

		东部	中部	西部	全国
是否遇到	有	25.05	26.92	35.28	27.05
	无	74.95	73.08	64.72	72.95
	合计	100	100	100	100
解决情况	部分解决	7.91	12.43	16.12	10.95
	全部解决	26.69	27.01	31.06	27.54
	正在处理中	2.91	2.41	1.35	2.46
	未解决	62.49	58.15	51.47	59.05
	合计	100	100	100	100
解决的渠道	集体与本单位协商	26.65	27.68	25.76	26.86
	个人与本单位协商	61.71	64.45	60.03	62.40
	其他方式	11.64	7.87	14.21	10.74
	合计	100	100	100	100

雇员过去两年里受过工伤的比例约为6.45%[1](见表3-20),该问题全部解决的比例超过六成(68.81%),但是,未解决的比例也高达21.06%,解决途径基本都是个人与本单位协商(为91.16%)。从地区差异来看,东部地区雇员遇到工伤问题的比例明显高于中、西部地区,其全部解决的比例也相对较高(为72.19%),个人与本单位协商解决的比例也最高。西部地区雇员遇到工伤问题的比例相对较低,但是,该问题未解决的比例最高,采用其他方式解决的比例也远远高于东、中部地区雇员的这一比例。

---

[1] 这里的工伤是被访者自己认为的"受到"工伤,而非得到鉴定的"工伤"。

表 3-20　不同地区雇员过去两年里遇到"工伤"的情况分布

单位：%

		东部	中部	西部	全国
是否遇到	有	7.46	5.42	5.48	6.45
	无	92.54	94.58	94.52	93.55
	合计	100	100	100	100
解决情况	部分解决	8.73	4.27	23.53	8.96
	全部解决	72.19	70.10	47.15	68.81
	正在处理中	1.29	0.97	1.06	1.17
	未解决	17.79	24.66	28.26	21.06
	合计	100	100	100	100
解决的渠道	集体与本单位协商	2.94	3.38	4.85	3.26
	个人与本单位协商	93.29	92.13	75.34	91.16
	其他方式	3.77	4.50	19.81	5.58
	合计	100	100	100	100

（四）工作要求、条件及工作状况

1. 工作对劳动技能的要求

接近六成（59.96%）的雇员反映现在的工作需要专门的培训或训练，同时，为了掌握该工作的技能需要花费一个月以内时间的占45.13%，需要花费一个月到一年时间的占28.94%，需要花费一年以上的占25.93%。在从事目前工作的雇员中，接近1/4（24.63%）的雇员获得过国家职业标准的资格认证；在获得国家职业标准资格认证的雇员中，以初级和中级的职业资格等级为主（占61.41%）。

不同性别、年龄、户口性质和地区雇员的目前工作对劳动技能要求存在着一定差异。具体来说（见表3-21），男性雇员现在工作需要专门的培训或训练的比例高于女性雇员的这一比例，男性雇员为掌握工作技能花费的时间也多于女性，他们为掌握这一技能花费一年及以上时间的比例比女性雇员的这一比例高13.06个百分点，他们获得国家职业标准资格认证的比例也高于女性，获得的国家职业标准资格的级别也高于女性雇员，即男性雇员获得中级（职业

表3-21 全国及不同性别、年龄组雇员的培训及职业资格情况

单位：%

		全国	性别		年龄组		
		合计	男	女	15~29岁	30~44岁	45岁及以上
现工作是否需要专门的培训或训练	需要	59.96	62.76	55.37	63.42	62.33	50.85
	不需要	40.04	37.24	44.63	36.58	37.67	49.15
	合计	100	100	100	100	100	100
为掌握该工作的技能花费的时间	一天	14.38	11.95	18.37	10.18	13.07	22.43
	几天	10.52	7.76	15.04	10.59	9.89	11.65
	大约一周	9.91	8.54	12.16	11.98	9.41	8.19
	不到一个月	10.32	9.35	11.90	13.43	9.24	8.33
	一到三个月	18.69	19.71	17.02	22.79	18.19	14.27
	三个月到一年	10.25	11.81	7.69	10.87	11.43	7.14
	一年以上	13.37	15.99	9.07	11.86	14.37	13.42
	三年以上	12.56	14.89	8.75	8.30	14.40	14.57
	合计	100	100	100	100	100	100
从事该工作是否获得过国家职业标准的资格认证	是	24.63	26.67	21.28	20.25	28.44	22.99
	否	61.70	61.14	62.65	67.59	58.35	60.52
	不知道（该工作是否有国家职业标准）	9.83	8.74	11.60	8.35	9.72	11.96
	不适用（该工作尚无国家职业标准）	3.84	3.45	4.47	3.82	3.49	4.53
	合计	100	100	100	100	100	100
职业资格等级	初级（职业资格五级）	28.50	23.66	38.43	43.35	25.91	17.56
	中级（职业资格四级）	32.91	35.69	27.23	24.01	38.14	30.69
	高级（职业资格三级）	15.21	16.18	13.21	7.11	14.85	25.41
	技师（职业资格二级）	3.33	4.01	1.94	3.18	2.86	4.63
	高级技师（职业资格一级）	3.20	3.62	2.35	1.16	2.90	6.29
	不清楚	9.66	9.8	9.35	12.09	9.11	8.15
	不适用	7.19	7.04	7.49	9.10	6.23	7.27
	合计	100	100	100	100	100	100

资格四级）、高级（职业资格三级）、技师（职业资格二级）、高级技师（职业资格一级）认证的比例皆高于女性雇员的相应比例。从雇员的年龄组差异来看，45岁及以上高龄雇员现在工作需要专门的培训或训练的比例最低，

30～44岁中龄雇员次之，15～29岁低龄雇员现在工作需要专门的培训或训练的比例略高。30～44岁中龄雇员为掌握工作技能花费一年以上时间的比例（28.77%）最高，45岁及以上高龄雇员为掌握工作技能花费一个月及以下的比例最高（50.60%）。30～44岁中龄雇员获得国家职业标准的资格认证比例接近三成，相对最高，45岁及以上高龄雇员次之，15～29岁低龄雇员的这一比例相对较低。同时，45岁及以上高龄雇员获得国家职业标准资格中级（职业资格四级）、高级（职业资格三级）、技师（职业资格二级）、高级技师（职业资格一级）的认证比例皆明显最高。

　　从雇员户口性质的差异来看（见表3-22），非农业户口雇员现在工作需要专门的培训或训练的比例远远高于农业户口雇员。他们为掌握工作技能花费的时间也明显多于农业户口雇员，他们为掌握这一技能花费一个月以上时间的比例比农业户口雇员的这一比例高19.62个百分点。非农业户口获得国家职业标准的资格认证的比例比农业户口雇员高25.85个百分点，他们获得国家职业标准资格中级（职业资格四级）、高级（职业资格三级）、技师（职业资格二级）、高级技师（职业资格一级）的认证比例也皆明显高于农业户口雇员的相应比例。从雇员的地区差异来看，西部地区雇员现在工作需要专门的培训或训练的比例最高，中部地区雇员次之，东部地区雇员的这一比例最低。西部地区雇员为掌握工作技能花费的时间相对较多，他们为掌握这一技能花费一年以上时间的比例（31.24%）明显高于东、中部地区雇员的这一比例（分别为23.18%、27.82%）。同时，西部地区雇员获得国家职业标准的资格认证的比例明显最高，中部地区雇员次之，东部地区雇员的这一比例最低。中部地区雇员获得国家职业标准资格中级（职业资格四级）、高级（职业资格三级）、高级技师（职业资格一级）的认证比例皆最高，西部地区雇员获得职业标准资格初级的比例最高。

　　在工作过程中，18.66%的雇员经常需要繁重的体力劳动，30.52%的雇员经常需要频繁地移动身体位置，36.05%的雇员经常需要快速反应的思考或脑力劳动，而工作过程中从不需要上述要求的雇员比例仅分别为37.67%、30.53%、16.30%。同时，在工作过程中，不同性别、年龄、地区雇员的工作要求存在一定差异。

表3-22 全国及不同户口性质、地区雇员的培训及职业资格情况

单位：%

		全国	户口性质		地区		
		合计	农业	非农业	东部	中部	西部
现工作是否需要专门的培训或训练	需要	59.96	49.14	73.30	55.70	62.56	69.18
	不需要	40.04	50.86	26.70	44.30	37.44	30.82
	合计	100	100	100	100	100	100
为掌握该工作的技能花费的时间	一天	14.38	19.24	8.40	14.45	14.68	13.26
	几天	10.52	12.01	8.69	10.83	11.54	6.40
	大约一周	9.91	11.27	8.24	11.26	7.65	11.13
	不到一个月	10.32	11.41	8.98	11.51	8.75	10.16
	一到三个月	18.69	18.6	18.79	19.24	17.81	19.05
	三个月到一年	10.25	9.33	11.39	9.53	11.75	8.76
	一年以上	13.37	12.22	14.78	12.52	13.45	16.44
	三年以上	12.56	5.92	20.73	10.66	14.37	14.80
	合计	100	100	100	100	100	100
从事该工作是否获得过国家职业标准的资格认证	是	24.63	13.05	38.90	19.06	28.85	34.29
	否	61.70	72.62	48.26	64.65	59.23	57.36
	不知道（该工作是否有国家职业标准）	9.83	10.92	8.48	11.80	8.74	5.21
	不适用（该工作尚无国家职业标准）	3.84	3.41	4.36	4.49	3.18	3.14
	合计	100	100	100	100	100	100
职业资格等级	初级（职业资格五级）	28.50	36.44	25.22	26.98	28.67	31.38
	中级（职业资格四级）	32.91	26.15	35.71	33.66	33.98	28.73
	高级（职业资格三级）	15.21	8.72	17.89	14.80	15.21	16.10
	技师（职业资格二级）	3.33	2.90	3.51	1.71	4.23	4.68
	高级技师（职业资格一级）	3.20	0.78	4.20	2.99	4.05	1.61
	不清楚	9.66	12.92	8.31	10.86	6.62	14.38
	不适用	7.19	12.09	5.16	9.00	7.24	3.12
	合计	100	100	100	100	100	100

具体来说（见表3-23），从雇员的性别差异来看，男性雇员在工作中经常需要繁重的体力劳动、频繁地移动身体位置、快速反应的思考或脑力劳动的比例皆高于女性雇员的相应比例，而女性雇员从无上述要求的比例则明显高于

男性雇员相应比例。从雇员的年龄组差异来看，45岁及以上高龄雇员在工作过程中经常需要繁重的体力劳动、频繁地移动身体位置的比例略高于15~29岁、30~44岁低、中龄雇员的相应比例，而15~29岁低龄雇员在工作过程中经常需要快速反应的思考或脑力劳动的比例相对较高。在工作过程中，不同地区对雇员的上述要求差异不大，西部地区雇员工作过程中经常需要频繁地移动身体位置、快速反应的思考或脑力劳动的比例略高，中部地区雇员在工作过程中经常需要繁重的体力劳动的比例略高。

表3-23 全国及不同特征雇员工作过程的要求情况

单位：%

		全国	性别		年龄组			地区		
		合计	男	女	15~29	30~44	45岁及以上	东部	中部	西部
繁重的体力劳动	经常	18.66	23.74	10.34	12.98	19.23	25.01	18.28	19.66	17.27
	有时	17.45	19.33	14.38	19.56	17.66	14.29	18.04	16.96	16.57
	很少	26.22	26.52	25.75	27.90	26.26	23.97	25.39	27.67	25.36
	从不	37.67	30.41	49.53	39.56	36.85	36.73	38.29	35.71	40.80
	合计	100	100	100	100	100	100	100	100	100
频繁地移动身体位置	经常	30.52	33.32	25.92	25.68	32.29	33.42	29.64	31.08	32.34
	有时	17.99	18.92	16.47	20.78	16.92	16.42	16.53	20.4	16.79
	很少	20.96	20.87	21.11	21.55	20.32	21.44	21.68	20.17	20.43
	从不	30.53	26.88	36.50	31.99	30.47	28.72	32.15	28.35	30.44
	合计	100	100	100	100	100	100	100	100	100
快速反应的思考或脑力劳动	经常	36.05	38.20	32.53	38.33	36.81	31.61	32.82	37.40	44.83
	有时	26.47	26.94	25.70	29.52	25.76	23.83	26.11	26.98	26.40
	很少	21.18	20.94	21.56	19.07	20.98	24.33	22.24	20.96	17.62
	从不	16.30	13.92	20.21	13.08	16.45	20.23	18.83	14.66	11.15
	合计	100	100	100	100	100	100	100	100	100

2. 工作条件

雇员的工作单位或企业包吃包住的比例不高（见表3-24），其中，略多于1/4（为26.34%）雇员的工作单位或企业包吃，15.71%雇员的工作单位或企业包住。相对而言，东部地区雇员工作单位包吃、包住的比例较高。

从雇员工作单位或企业的工会设置情况来看（见表3-25），工作单位有工会的雇员比例不到四成（为38.21%），在有工会的雇员中，不到2/3（为62.28%）的雇员上年参加过工会活动，同时，有56.95%的雇员认为工会对自己有帮助。从地区差异来看，中部地区雇员的工作单位或企业有工会的比例最高，同时，他们上年参加过工会活动且认为工会对自己有帮助的比例皆最高。

表3-24 全国及不同地区雇员在工作单位的吃住情况

单位：%

		东部	中部	西部	全国
工作单位是否包吃	是	30.39	23.31	19.14	26.34
	否	69.61	76.69	80.86	73.66
	合计	100	100	100	100
工作单位是否包住	是	16.07	15.24	15.62	15.71
	否	83.93	84.76	84.38	84.26
	合计	100	100	100	100

表3-25 全国及不同地区雇员所在单位的工会及参与情况

单位：%

		全国	东部	中部	西部
单位或企业是否有工会	有	38.21	33.26	43.44	42.59
	没有	56.02	60.64	51.52	50.87
	不清楚	5.77	6.10	5.04	6.54
	合计	100	100	100	100
上年是否参加过工会活动	是	62.28	55.27	69.33	63.08
	否	37.72	44.73	30.67	36.92
	合计	100	100	100	100
工会对被访者是否有帮助	有	56.95	50.51	63.08	58.71
	无	43.05	49.49	36.92	41.29
	合计	100	100	100	100

3. 工作状况

在工作中，大部分（占77.04%）雇员没有直接下属（见表3-26），他们的工作内容、工作进度安排、工作量及工作强度完全由自己决定的比例都不高，而完全由他人决定的情况占有较高比例。从雇员的地区差异来看，西部地区雇员有直接下属的比例相对较高，同时，西部地区雇员的工作内容完全或部分由自己决定的比例较高，东部地区雇员在工作进度、工作量及工作强度的安排上完全由自己决定的比例较高。

表 3-26 全国及不同地区雇员的工作决定性的情况

单位：%

		全国	东部	中部	西部
是否有直接下属	是	17.18	16.53	16.92	20.43
	否	77.04	78.71	76.63	71.76
	不适用	5.78	4.76	6.45	7.81
	合计	100	100	100	100
工作任务的内容	完全由自己决定	16.22	15.02	17.66	16.75
	部分由自己决定	36.28	36.13	34.87	40.9
	完全由他人决定	47.51	48.85	47.47	42.35
	合计	100	100	100	100
工作进度的安排	完全由自己决定	26.9	29.31	24.27	24.97
	部分由自己决定	34.15	31.63	35.91	39.01
	完全由他人决定	38.95	39.06	39.82	36.01
	合计	100	100	100	100
工作量/工资强度	完全由自己决定	25.03	26.08	24.68	21.96
	部分由自己决定	33.33	32.02	34.02	36.50
	完全由他人决定	41.64	41.90	41.30	41.54
	合计	100	100	100	100

在工作中，雇员与不同对象的工作往来有很大差异。具体来说（见表3-27），超过七成（为71.36%）的雇员经常与平级同事打交道，雇员与顾客或服务对象、上级领导经常打交道的比例也相对较高（分别为37.01%、31.94%），与各种来客经常打交道的比例为20.03%，而与客户或供应商、上下级部门或单位经常打交道的比例尚不足两成（分别为17.32%、16.02%、11.94%）。在与工作对象的互动中，不同地区雇员存在一定差异，西部地区雇员与顾客或服务对象、客户或供应商、下级同事、各种来客、上级领导、上下级部门或单位经常打交道的比例皆为最高，东部地区雇员与顾客或服务对

象、客户或供应商及各种来客经常打交道的比例明显最低，而中部地区雇员与平级同事经常打交道的比例明显最低。

表3-27 全国及不同地区雇员与工作交往对象的互动频率

单位：%

		全国	东部	中部	西部			全国	东部	中部	西部
顾客或服务对象	经常	37.01	31.58	40.56	48.05	下级同事	经常	27.89	26.6	26.18	37.83
	有时	10.23	10.64	10.00	9.28		有时	9.35	7.76	11.05	10.71
	很少	12.80	13.16	13.16	10.35		很少	7.57	7.43	7.53	8.24
	从不	21.85	28.24	15.70	14.52		从不	6.51	6.55	6.67	5.87
	不适用	18.11	16.38	20.58	17.80		不适用	48.68	51.66	48.57	37.35
	合计	100	100	100	100		合计	100	100	100	100
客户或供应商	经常	17.32	15.94	18.09	20.55	平级同事	经常	71.36	73.29	67.82	73.95
	有时	10.11	11.14	8.07	11.92		有时	14.56	14.14	16.17	11.61
	很少	15.74	15.06	17.23	14.13		很少	5.73	5.23	5.97	6.98
	从不	28.85	33.32	24.78	23.03		从不	2.58	2.87	2.05	2.99
	不适用	27.98	24.54	31.83	30.37		不适用	5.77	4.47	7.99	4.47
	合计	100	100	100	100		合计	100	100	100	100
各种来客	经常	20.03	15.28	22.04	32.8	上级部门或单位	经常	16.02	15.79	14.97	19.96
	有时	13.76	15.44	11.58	13.44		有时	22.99	20.27	25.7	25.85
	很少	18.65	18.05	19.92	17.34		很少	23.17	23.01	23.01	24.3
	从不	26.82	31.97	22.93	17.88		从不	18.67	21.91	15.67	14.57
	不适用	20.75	19.26	23.53	18.55		不适用	19.15	19.02	20.65	15.32
	合计	100	100	100	100		合计	100	100	100	100
上级领导	经常	31.94	30.92	30.96	38.71	下级部门或单位	经常	11.94	11.82	10.66	16.05
	有时	28.03	26.76	29.24	29.55		有时	12.37	10.55	15.01	11.86
	很少	21.29	22.08	21.36	17.98		很少	13.77	12.42	13.83	18.82
	从不	10.93	14.12	7.88	7.20		从不	15.66	16.20	15.00	15.44
	不适用	7.81	6.12	10.54	6.56		不适用	46.26	49.01	45.5	37.83
	合计	100	100	100	100		合计	100	100	100	100

三 雇主的经营状况

在有工作的劳动力中，雇主的比例占5.30%，本报告将对雇主开业之初的经营形式、原因、经营以及与政府打交道的情况、雇员情况做一简要描述。

(一) 经营形式、原因

调查结果显示（见表3-28），在开业之初，近九成（87.99%）雇主的经营形式为个体户，私营企业的比例仅为8.41%，民办非企业及其他形式的比例更低。对于目前的经营，有正式营业执照的比例较高（为71.44%）。雇主把有类似经验作为从事目前经营重要原因的比例最高（40.44%），而把有技术背景、没有更好的工作、亲朋好友提供资源作为最重要原因的比例也相对较高（分别占17.71%、15.15%、13.76%）。

从地区差异来看（见表3-28），西部地区雇主开业之初的经营形式为个体户的比例最高，中、西部地区雇主从事目前经营以有类似经验为最重要原因的比例较高，而东部地区雇主从事目前经营以有技术背景为最重要原因的比例最高，东、中部地区雇主从事目前经营以亲朋好友提供资源为最重要原因的比例明显高于西部地区雇主的这一比例。

表3-28 全国及不同地区雇主的经营形式、原因

单位：%

		东部	中部	西部	全国
开业之初的经营形式	个体户	84.43	87.96	95.21	87.99
	私营企业	12.12	7.14	4.79	8.41
	民办非企业	0.68	3.83	0	2.14
	其他	2.77	1.07	0	1.46
	合计	100	100	100	100
营业执照	有	55.01	81.45	74.43	71.44
	无	44.99	18.55	25.57	28.56
	合计	100	100	100	100
从事此经营的最重要原因	有类似经验	31.17	45.68	43.08	40.44
	有技术背景	22.98	16.51	10.90	17.71
	亲朋提供资源	14.83	15.01	7.93	13.76
	开业容易	3.70	4.90	8.00	5.02
	没有更好的工作	15.96	13.68	17.92	15.15
	政府支持	1.33	0.23	0	0.56
	失去土地	0.91	0	0.20	0.33
	其他	9.12	3.99	11.97	7.03
	合计	100	100	100	100

（二）经营及与政府打交道的情况

在生意开始时，接近2/3（占64.16%）的雇主注册资本或投入资金在5万元以下，5万~50万元之间的占32.33%。雇主资金的主要来源是个人或家庭（占73.88%），本人或配偶亲属次之（占16.57%），其他资金来源所占比例都很低。从目前的经营情况来看，雇主的平均资产总额达到45.78万元，平均负债7.31万元，用工成本占总产值的比例平均为30.51%，税费占生意收入的比例平均为6.23%。

从地区差异来看（见表3-29），西部地区雇主生意开始时的注册资本或投入资金较少，5万元以下的比例为76.31%，比东中部地区雇主的这一比例（分别为60.68%、62.4%）高十几个百分点。中部地区雇主生意开始时的注册资本或投入资金最主要来自本人或家庭的比例最高，西部地区雇主最主要来自本人或配偶亲属及银行贷款的比例较高，东部地区雇主最主要来自生意伙伴的比例相对较高。目前，中部地区雇主的人均资产总额最高（均值为55.05万元），东部地区雇主次之（均值为42.57万元），西部地区雇主最低（均值为25.61万元），各地区负债雇主相差不大，不同的是，东部地区雇主用工成本占总产值的平均比例最高（均值为33.63%），中部地区雇主税费占生意收入的平均比例最高（均值为7.56%）。

表3-29 全国及不同地区雇主的运营资金及资产、负债情况

单位：%，万元

		东部	中部	西部	全国
生意开始时的注册资本或投入资金为	0.5万元以下	12.98	20.93	33.55	20.39
	0.5~1	13.83	8.77	13.10	11.18
	1~5	33.87	32.70	29.66	32.59
	5~10	14.64	19.27	10.12	16.19
	10~50	18.98	15.98	10.97	16.14
	50~100	2.55	0.86	1.38	1.51
	100万元及以上	3.15	1.49	1.22	2.00
	合计	100	100	100	100

续表

		东部	中部	西部	全国
注册资本或投入资金的最主要来源	个人或家庭	74.18	77.53	62.45	73.88
	本人或配偶亲属	17.84	13.53	23.09	16.57
	朋友	3.19	5.23	5.64	4.62
	生意伙伴	0.51	0	0.48	0.25
	其他社会关系	0.72	0	1.59	0.51
	银行贷款	2.38	3.71	5.68	3.60
	其他	1.18	0	1.07	0.57
	合计	100	100	100	100
资产总额	均值	42.57	55.05	25.61	45.78
负债	均值	7.77	6.83	7.77	7.31
用工成本占总产值比例	均值	33.63	28.93	26.97	30.51
税费占生意收入的比例	均值	4.21	7.56	6.22	6.23

雇主在经营的过程中，与政府打交道的情况并不多，上年基本没与政府打交道比例最高（64.52%），平均每月1次的比例次高（18.24%），平均次数为5次及以上的比例仅为7.38%。从地区差异来看（见表3-30），西部地区雇主上年每个月在生意上与政府打交道的平均次数最多，中部地区雇主次之，而东部地区雇主的这一次数相对较少。

表3-30 全国及不同地区雇主与政府打交道的状况

单位：%

		东部	中部	西部	全国
上年每个月在生意上与政府打交道的平均次数	0次	70.32	60.16	65.94	64.52
	1次	13.14	22.77	14.94	18.24
	2次	7.19	4.83	1.13	5.00
	3~4次	2.64	4.95	9.02	4.86
	5次及以上	6.71	7.29	8.97	7.38
	合计	100	100	100	100

（三）雇用情况

雇主雇用的员工人数并不多（人均雇用7.56人），其中人均雇用亲属

0.94人，人均雇用男、女雇员分别为4.26人、3.19人。从地区差异来看（见表3-31），西部地区雇主的雇员人数最少，东部地区雇主次之，中部地区雇主雇用的人数相对较多。中部地区雇主雇用的亲属人数较多，雇用的男性员工人数也较多，东、中部雇主雇用的女性员工人数略多于西部地区雇主。

表3-31 全国及不同地区雇主雇佣员工的平均数量

单位：人

	东部	中部	西部	全国
雇员人数	7.25	8.63	5.28	7.56
雇用亲属人数	0.83	1.11	0.79	0.94
男性雇员人数	3.86	5.09	2.96	4.26
女性雇员人数	3.38	3.31	2.28	3.19

四 有工作但上周不在岗者的状况

在雇员中，有11.39%上周没有去工作。对于这些有工作但上周不在岗的雇员，本报告对他们上周不在岗的原因、不在岗工作的性质等方面做出了描述。

雇员有工作但上周不在岗的原因以正常休假（调休或寒暑假）最多（占52.27%），由于计划改变、原材料短缺、没有订单等暂时不能开工也是相对重要的原因（占10.57%），而因为工作时间比较宽松、等着开始新工作、为照顾小孩、为照顾家中其他人、天气原因影响工作、休产假或待产、伤病、上学或培训的比例都不高（分别为3.37%、6.41%、3.11%、2.41%、5.70%、3.54%、5.47%、0.61%）。

从地区差异来看（见表3-32），西部地区雇员由于计划改变、原材料短缺、没有订单等暂时不能开工而上周不在岗的比例较高，东部地区雇员由于天气原因影响工作、工作时间和要求比较宽松、为了照顾家中其他人而上周不在岗的比例略高，而正常休假（调休或寒暑假）的比例最低。

表3-32　全国及不同地区有工作但上周不在岗者原因分布

单位：%

	东部	中部	西部	全国
由于计划改变、原材料短缺、没有订单等暂时不能开工	11.89	8.77	12.57	10.57
工作时间和要求比较宽松	4.64	3.32	1.03	3.37
等着开始一份新的工作	3.57	7.78	8.54	6.41
为了照顾小孩	2.41	3.15	4.36	3.11
为了照顾家中其他人	3.79	1.61	1.74	2.41
天气原因影响工作	7.90	5.43	2.04	5.70
休产假或待产	4.51	3.96	0.57	3.54
伤病	5.87	5.65	4.19	5.47
上学或培训	1.13	0	1.12	0.61
正常休假（调休或寒暑假）	47.55	55.03	54.54	52.27
其他	6.74	5.30	9.30	6.54
合计	100	100	100	100

同时，大部分上周不在岗的雇员拥有一份全职工作（占79.77%），虽然上周不在岗，但是79.60%的人是有工资的，没有工资的比例为20.40%。27.58%的上周不在岗雇员反映雇主已经明确给出回去工作的时间，63.60%的上周不在岗雇员听到一些将在半年内返回工作岗位的消息。如果上周被通知继续工作，85.01%的上周不在岗雇员能够返回工作岗位。另外，7.43%的上周不在岗雇员在过去四周内找过其他工作。

五　无工作者的状况

（一）无工作者的特征

此次调查显示，我国劳动年龄人口中无工作的比例为26.16%。[①] 因此，本报告对有工作者与无工作者的基本特征做一对比。具体来说（见表3-33），

---

① 无工作人口中除了了失业人口、有就业意愿却从未就业的人口以外，还包括丧失劳动能力的人口、离退休人口、在学人口、家务劳动者、无就业意愿且未工作的人口。因此，无工作人口的比例应远高于调查失业率。本部分的描述与分析旨在了解无工作人口的特征、主要生活来源、求职意愿等。

无工作者中的女性比例明显较高,比有工作者中的女性高出15.62个百分点。无工作者中非农业户口劳动年龄人口比例较高,比有工作者的这一比例高6.86个百分点。从年龄特征来看,无工作者中,近一半为45岁及以上的高龄劳动年龄人口,超过三成的为15~29岁低龄劳动年龄人口,而30~44岁中龄劳动年龄人口无工作的比例明显较低,与有工作者的年龄分布相比具有明显的年龄互补特征(见图3-1)。具体来说,无工作者的年龄主要集中在低龄段和高龄段,而这两个年龄段有大量的就学人口和离退休及健康状况较差甚至在一定程度上失去劳动能力的人口。从地区差异来看,超过一半的无工作者主要分布在中部地区,东部地区次之,西部地区的这一比例仅为13.37%,这一分布的离散程度明显大于有工作者在三大区域的分布。

表3-33 全国无工作与有工作者的特征比较

单位:%

		有工作者	无工作者			有工作者	无工作者
性别	男	59.31	33.69	户口性质	农业	74.11	67.25
	女	40.69	66.31		非农业	25.89	32.75
	合计	100	100		合计	100	100
年龄组	15~29岁	22.26	30.95	地区	东部	38.34	32.88
	30~44岁	43.11	26.92		中部	46.38	53.75
	45岁及以上	34.63	42.13		西部	15.28	13.37
	合计	100	100		合计	100	100

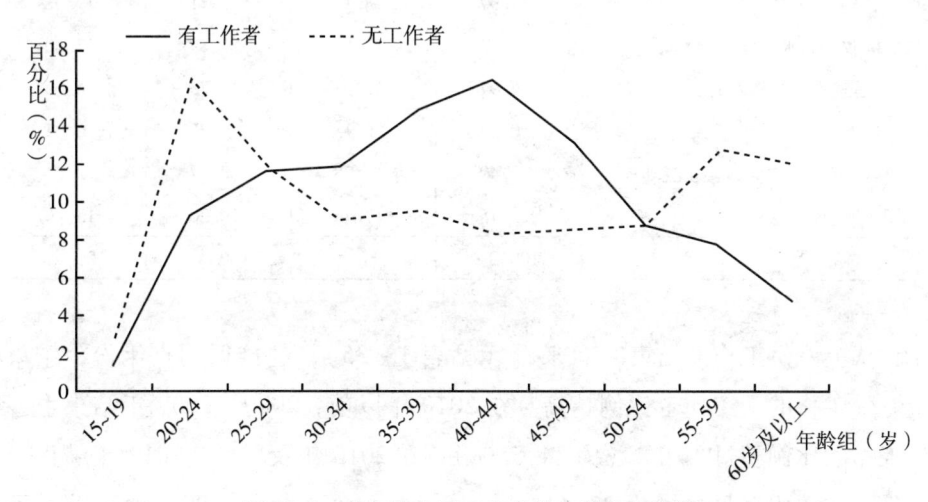

图3-1 有工作与无工作者的年龄分布特征

（二）无工作者上一份工作的情况

此次调查询问了无工作者上一份工作的各种信息，其中包括职业、结束时间及结束原因。

无工作者上一份工作的职业分布比较分散（见表3-34），其中为专业、技术人员，商业、服务业人员，农、林、牧、渔、水利业生产人员，生产、运输设备操作及有关人员，无固定职业者的比例较高，分别为19.23%、19.02%、17.60%、14.66%、15.26%。从地区差异来看，东部地区无工作者上一份工作为专业、技术人员，生产、运输设备操作及有关人员的比例明显较高，而西部地区无工作者上一份工作为商业、服务业人员，农、林、牧、渔、水利业生产人员的比例相对较高，中部地区无工作者上一份工作为无固定职业的比例较高。

表3-34 全国及各地区无工作者上一份工作的职业分布

单位：%

	东部	中部	西部	全国
负责人	2.87	3.12	3.18	3.04
专业、技术人员	20.75	18.73	17.51	19.23
办事及有关人员	10.18	7.18	5.94	8.00
商业、服务业人员	17.97	18.15	25.11	19.02
农、林、牧、渔、水利业生产人员	13.58	18.50	23.89	17.60
生产、运输设备操作及有关人员	16.97	13.97	11.75	14.66
军人	0.44	0.13	0.25	0.25
非正式就业人员（保姆、医院看护）	3.49	2.78	2.17	2.94
无固定职业者	13.75	17.44	10.20	15.26
合计	100	100	100	100

从上一份工作的结束时间来看（见表3-35），越接近调查年份，结束上一份工作的无工作者比例越高。在2010年以前，2000~2009年结束上一份工作的比例超过了1/3（为34.55%）；在2010年及以后，2012年结束上一份工作的比例最高（为23.44%）。这一特点在东、中、西部地区差异不

大，只是西部地区无工作者上一份工作的结束时间为2012年的比例较高。

从上一份工作的结束原因来看（见表3-35），超过四成（为40.09%）的无工作者是因为个人或家庭原因而结束上一份工作的，年龄、健康及退休也是无工作的重要原因，合计占27.75%，因自己辞职而结束上一份工作的占11.85%，而因被辞退或开除的比例很低（0.53%），因企业或单位裁员、倒闭的占7.00%，因季节性、阶段性工作已经完成而结束上一份工作的占5.18%，因生意不好放弃经营的占2.18%。从地区差异来看，东部地区无工作者自己辞职而结束上一份工作的比例较高，中部地区无工作者由于年龄、健康及退休、企业或单位倒闭等原因而结束上一份工作的比例较高，西部地区无工作者由于季节性、阶段性工作已经完成而结束上一份工作的比例相对较高，各地区因个人或家庭等其他原因而结束上一份工作的比例相差不大。

表3-35 全国及各地区无工作者上一份工作的情况

单位：%

		东部	中部	西部	全国
结束时间	1999年以前	2.56	1.73	4.28	2.34
	1990~1999年	9.30	8.68	8.71	8.89
	2000~2009年	34.74	34.92	32.56	34.55
	2010年	11.44	12.08	7.36	11.24
	2011年	17.33	20.66	20.49	19.54
	2012年	24.63	21.93	26.60	23.44
	合计	100	100	100	100
结束的原因	个人或家庭原因	39.00	40.58	40.94	40.09
	返回学校	1.20	0.90	0.69	0.97
	健康原因	8.63	11.50	11.63	10.57
	退休	12.24	10.92	11.13	11.38
	季节性、阶段性工作已经完成	4.74	4.79	7.83	5.18
	选择提早退休	1.59	0.97	0.84	1.16
	合同到期	1.11	0.95	1.07	1.02
	企业/单位裁员	1.45	1.15	0.56	1.17
	企业/单位倒闭	4.99	6.38	5.71	5.83

续表

		东部	中部	西部	全国
结束的原因	被辞退/开除	0.46	0.62	0.29	0.53
	自己辞职	14.73	10.31	10.85	11.85
	生意不好，放弃经营	2.60	2.15	1.23	2.18
	年纪大了，身体状况不好	3.19	5.86	3.37	4.64
	土地被征收	1.30	0.11	1.41	0.68
	其他	2.77	2.81	2.45	2.75
	合　计	100	100	100	100

（三）主要生活来源

超过一半（为51.39%）无工作者的主要生活来源是其他家庭成员的收入，上学而由父母抚养的比例也相对较高（为29.11%），以退休金、临时性工作收入、积蓄为主要生活来源的无工作者也占有一定比例（分别为7.95%、7.11%、5.83%），以亲友接济、社会救济为主要生活来源的无工作者所占比例很低（分别为2.28%、1.59%），而以下岗生活费、失业救济金、借债、租金收入为主要生活来源的无工作者微乎其微（分别为0.73%、0.50%、0.56%、0.71%）。

从地区差异来看（见表3-36），中部地区无工作以其他家庭成员收入、上学而由父母抚养、临时性工作收入为主要生活来源的比例相对较低，而依靠积蓄和亲友接济的比例相对较高；西部地区无工作者以临时性工作收入、社会救济、租金收入为主要生活来源的比例相对较高，而以离退休金为主要生活来源的比例相对较低。

表3-36　全国及各地区无工作者的生活来源情况

单位：%

		东部	中部	西部	全国			东部	中部	西部	全国
离退休金	否	91.35	91.67	94.51	92.05	积蓄	否	95.13	93.17	95.48	94.17
	是	8.65	8.33	5.49	7.95		是	4.87	6.83	4.52	5.83
	合计	100	100	100	100		合计	100	100	100	100
下岗生活费	否	99.33	99.10	99.66	99.27	亲友接济	否	98.14	97.34	98.09	97.72
	是	0.67	0.90	0.34	0.73		是	1.86	2.66	1.91	2.28
	合计	100	100	100	100		合计	100	100	100	100

续表

		东部	中部	西部	全国			东部	中部	西部	全国
失业救济金	否	99.29	99.49	99.92	99.50	临时性工作收入	否	92.97	93.46	91.02	92.89
	是	0.71	0.51	0.08	0.50		是	7.03	6.54	8.98	7.11
	合计	100	100	100	100		合计	100	100	100	100
社会救济	否	98.91	98.26	97.94	98.41	其他家庭成员的收入	否	51.15	45.55	53.28	48.61
	是	1.09	1.74	2.06	1.59		是	48.85	54.45	46.72	51.39
	合计	100	100	100	100		合计	100	100	100	100
借债	否	99.31	99.60	99.19	99.44	上学，由父母抚养	否	65.61	75.76	65.74	70.89
	是	0.69	0.40	0.81	0.56		是	34.39	24.24	34.26	29.11
	合计	100	100	100	100		合计	100	100	100	100
租金收入	否	99.42	99.36	98.83	99.29	其他	否	95.41	92.85	92.83	93.65
	是	0.58	0.64	1.17	0.71		是	4.59	7.15	7.17	6.35
	合计	100	100	100	100		合计	100	100	100	100

（四）求职情况

找过工作的无业者比例很低，即仅有15.09%无工作者有过求职经历。从地区差异来看，东部地区无业找过工作的比例最高（15.44%），中部地区次之（15.11%），西部地区的这一比例最低（14.40%）。

在过去两年，有求职经历的无工作者的求职途径比较丰富。其中，无工作者找朋友或亲戚求职的比例最高（占40.96%），其次是通过直接与某雇主或自雇联系、面试（占26.92%），再次是通过看相关广告（占19.17%），通过发简历或申请、参加人才招聘会、找职业中介机构、找学校的就业指导中心及其他方式求职的也占有一定比例（分别为9.60%、8.20%、5.90%、2.91%、1.61%）。

从地区差异来看（见表3-37），中部地区无工作者通过找朋友或亲戚、参加人才招聘会、看相关广告等途径求职的比例相对较高，而通过直接与雇主或自雇联系、面试求职的比例相对较低；西部地区无工作者通过找就业指导中心求职的比例相对较高，而通过找职业中介机构求职的比例相对较低。

表 3-37　全国及各地区无工作者的求职途径

单位：%

		东部	中部	西部	全国
直接与某雇主或自雇联系、面试	否	71.46	74.95	70.30	73.08
	是	28.54	25.05	29.70	26.92
	合计	100	100	100	100
找职业中介机构	否	91.85	93.97	98.99	94.10
	是	8.15	6.03	1.01	5.90
	合计	100	100	100	100
参加人才招聘会	否	94.72	89.65	92.92	91.80
	是	5.28	10.35	7.08	8.20
	合计	100	100	100	100
找朋友或亲戚	否	60.93	57.81	59.27	59.04
	是	39.07	42.19	40.73	40.96
	合计	100	100	100	100
找学校的就业指导中心	否	97.49	97.54	94.88	97.09
	是	2.51	2.46	5.12	2.91
	合计	100	100	100	100
发简历或申请	否	89.51	90.29	92.54	90.40
	是	10.49	9.71	7.46	9.60
	合计	100	100	100	100
看相关广告	否	82.05	78.92	84.57	80.83
	是	17.95	21.08	15.43	19.17
	合计	100	100	100	100
其他与找工作相关的活动	否	98.41	98.10	99.31	98.39
	是	1.59	1.90	0.69	1.61
	合计	100	100	100	100
什么都没做	否	90.99	93.73	93.35	92.79
	是	9.01	6.27	6.65	7.21
	合计	100	100	100	100

从求职者的工作意愿来看（见表 3-38），若上周有工作机会，超过六成（62.36%）的有求职经历的人可以开始工作，并且，东部地区求职者的这一比例明显较高；对于希望的工作性质，找全职及非全职工作的人数比例相当，并且，东部地区求职者希望找全职工作的比例最高，西部地区求职者希望找非全职工作的比例最高，而中部地区求职者持无所谓态度的比例最高。

表 3-38　全国及各地区求职者对工作的意愿

单位：%

		东部	中部	西部	全国
若上周给您一个工作机会,您是否可以开始工作	是	67.43	60.04	59.75	62.36
	否	32.57	39.96	40.25	37.64
	合计	100	100	100	100
您在找全职工作吗	是	52.06	44.50	35.14	45.41
	否	39.15	45.23	55.64	44.96
	无所谓	8.79	10.27	9.22	9.63
	合计	100	100	100	100

（五）未找工作的原因及对工作的意愿

在无工作者中，没有找工作经历的劳动者比例较高（占 84.91%）。从地区差异来看，东、中、西部地区基本差异不大，均在 85% 左右。

在无工作者未找工作的原因中，因正在上学或培训而未求职的比例最高（为 34.22%）；其次是为了照顾小孩、其他家人而未求职（分别为 27.61%、13.55%）；再次是因自身健康状况的限制、年龄太老（分别为 10.67%、11.58%）；因没有合适的工作、找不到任何工作、缺乏学历技能经验、年龄太轻而未求职的也占有一定比例（分别为 8.10%、4.24%、6.84%、4.63%）。

从地区差异来看（见表 3-39），中部地区无工作者为了照顾小孩、受自身健康状况限制而未求职的比例相对较高，而因正在上学或培训而未工作的比例明显较低；东部地区无工作者因没有合适的工作、找不到任何工作、缺乏学历技能经验、为了照顾其他家人而未求职的比例最低；西部地区未工作者因年龄太老、为了照顾小孩而未求职的比例最低。

从未求职者的工作意愿来看（见表 3-40），现在想要一份工作的不到三成（为 29.93%），超过一半（58.70%）的无工作者现在不想要工作，另有 11.37% 的无工作者要看情况决定。并且，只有 17.15% 的无工作者打算在接下来的一年内找工作，72.11% 的无工作者没有这一打算，另有 10.74% 的无工作者要看情况决定。从地区差异来看（见表 3-40），西部地区无工作者现在想要一份工作，以及打算在接下来的一年内找工作的比例最高，中部地区无工作者次之，东部地区无工作者的上述二者比例最低。

表3-39　全国及各地区无工作者的未找工作的原因

单位：%

		东部	中部	西部	全国			东部	中部	西部	全国
没有合适的工作	否	92.60	91.67	91.34	91.90	为了照顾小孩	否	73.09	70.89	75.68	72.39
	是	7.40	8.33	8.66	8.10		是	26.91	29.11	24.32	27.61
	合计	100	100	100	100		合计	100	100	100	100
找不到任何工作	否	97.50	94.91	95.13	95.76	为了照顾其他家人	否	88.58	85.66	84.96	86.45
	是	2.50	5.09	4.87	4.24		是	11.42	14.34	15.04	13.55
	合计	100	100	100	100		合计	100	100	100	100
缺乏学历/技能/经验	否	96.74	91.48	91.71	93.16	正在上学或培训	否	58.97	71.89	59.67	65.78
	是	3.26	8.52	8.29	6.84		是	41.03	28.11	40.33	34.22
	合计	100	100	100	100		合计	100	100	100	100
年龄太轻	否	94.80	95.94	94.68	95.37	受自身健康状况的限制	否	90.87	87.86	91.01	89.33
	是	5.20	4.06	5.32	4.63		是	9.13	12.14	8.99	10.67
	合计	100	100	100	100		合计	100	100	100	100
年龄太老	否	87.15	87.90	92.37	88.42	其他	否	96.10	93.85	95.04	94.75
	是	12.85	12.10	7.63	11.58		是	3.90	6.15	4.96	5.25
	合计	100	100	100	100		合计	100	100	100	100

注：无工作者未找工作的原因为多项选择题，本表汇总了每个选项的出现情况，各选项之间不具有可加性。

表3-40　全国及各地区无工作者对工作的意愿

单位：%

		东部	中部	西部	全国
现在想要一份工作吗	是	27.60	30.93	31.15	29.93
	否	62.12	58.25	53.83	58.70
	看情况	10.28	10.82	15.02	11.37
	合计	100	100	100	100
是否打算在接下来的一年内找工作	是	15.90	17.11	19.57	17.15
	否	75.46	71.74	67.09	72.11
	看情况	8.64	11.15	13.34	10.74
	合计	100	100	100	100

小　　结

本部分要点总结如下。

1. 从工作时间来看，六成以上的劳动力每周或上周工作的时间超过50

小时，七成左右的劳动力每月或上个月的工作时间为 28 天以上，相当于月只有 2~3 天的休息时间，超过一半的劳动力上年的工作时间为 12 个月。劳动力的工作时间存在一定的性别、年龄、城乡和地区差异。不同特征劳动力的工作时间存在一定差异。从地区差异来看，东部地区劳动力的工作时间较长，且工作稳定性较高，一般周（及上周）工作的平均小时数明显高于中、西部地区，一般月（及上月）工作的平均天数也略高于中、西部地区，上年工作的平均月数及工作 12 个月的比例皆高于中、西部地区。从劳动力的从业状态来看，自雇劳动者一般周（或上周）工作的小时数最多，雇主次之，雇员和务农者周工作时间相对较短；雇主一般月（或上月）工作的天数最多，自雇劳动者次之，雇员和务农者的月工作天数相对较少；雇主上年工作的月数相对较多。

2. 中国劳动力的工作场所没有明显差别，即以户外与室内为工作场所的劳动力比例相差不大，二者兼而有之的略多于 1/10。从地区差异来看，东部地区劳动力在室内工作的比例明显高于中、西部地区，而在户外工作的比例远远低于中、西部地区。雇主在室内工作的比例最高，雇员次之，自雇劳动者再次；而务农劳动者在户外工作的比例最高。

3. 超过八成（为 82.77%）的雇员有固定的雇主；只有 7.20% 的雇员受雇于家庭或家族企业，换言之，超过九成的雇员被家庭或家族以外的企业雇用。东、中部地区雇员有固定雇主及受雇于家庭或家族企业的比例都明显高于西部地区雇员的相应比例。在劳动合同签订方面，只有不到一半（49.68%）的雇员目前签订了书面劳动合同，并且，基本上是与工作所在单位签订的劳动合同（占 98.17%），只有 1.83% 的雇员是与中介劳务公司签订的劳动合同。从劳动合同类型来看，超过八成（为 81.50%）雇员签订的是固定时段或短期劳动合同，签订永久劳动合同的比例仅为 18.50%；从最近一次劳动合同的签订时间长度来看，签订时长为 1.5 年以上 3 年及以下劳动合同的比例最高，其次为 1 年及以下时长的劳动合同，签订时长为 6 年及以上劳动合同的雇员比例最低，仅为 5.22%。月薪制工资计算方式在雇员中的比例最高（59.39%），其次为按天计算工资和计件工资，计时工资、提成或底薪加提成、绩效工资或底薪加绩效工资、年薪制等工资计算方式的雇员比例都不高。有超过 1/3（38.42%）的雇员上个月加过班，但是，加班雇员中只有不到一半（45.57%）领取了加班工资，加班时间弥补请假时间、领取加班工资且弥补请假时间的比例非常低（分别为 5.44%、2.03%）。尤其值得注意的是，接近一半（45.44%）的加班雇员无任何补偿。在加班雇员中，人均上个月的加班时间为 30.42 小时，其中有报酬的加班时间仅略多于一半（人均领取报酬的小时数为 15.82）。换言之，在上个月加班的雇员中，人均有 14.62 个小时的加班工作是没有任何报酬的。另外，人均获得的加班工资为 435.40 元。

4. 全国及各地区雇员在过去两年里都或多或少地遇到过劳动报酬不合理、拖欠工资、作业环境恶劣、超时加班、工伤等问题（分别占 25.14%、10.82%、16.88%、27.05%、6.45%）。相比而言，遇到了超时加班和劳动报酬不合理问题的雇员比例较高，遇到工伤问题的雇员较少。同时，上述问题的解决情况也不尽如人意，未处理的比例很高；解决途径基本以个人与本单位协商为主；而且，西部地区雇员的权益保护状况相对较差。接近六成（59.96%）的雇员反映现在的工作需要专门的培训或训练，同时，为了掌握该工作的技能需要花费一个月以内时间的占 45.13%，需要花费一个月到一年时间的占 28.94%，需要花费一年以上的占 25.93%。在从事目前工作的雇员中，接近四分之一（24.63%）的雇员获得过国家职业标准的资格认证；在获得国家职业标准资格认证的雇员中，以初级和中级的职业资格等级为主（占 61.41%）。在工作过程中，18.66% 的雇员经常需要繁重的体力劳动，30.52% 的雇员经常需要频繁地移动身体位置，36.05% 的雇员经常需要快速反应的思考或脑力劳动，而工作过程中从不需要上述要求雇员的比例仅分别为 37.67%、30.53%、16.30%。

5. 雇员的工作单位或企业包吃包住的比例不高，其中，略多于 1/4（为 26.34%）的雇员的工作单位或企业包吃，略多于三成（为 30.39%）的雇员的工作单位或企业包住。相对而言，东部地区雇员工作单位包吃、包住的比例较高。工作单位有工会的雇员的比例不到四成（为 38.21%），在有工会的雇员中，不到 2/3（为 62.28%）的雇员上年参加过工会活动，同时，有 56.95% 的雇员认为工会对自己有帮助。同时，中部地区雇员的工作单位或企业有工会的比例最高,他们上年参加过工会活动且认为工会对自己有帮助的比例也最高。在工作中,大部分(占77.05%)的雇员没有直接下属,他们工作任务的内容、工作进度的安排、工作量及工作强度完全由自己决定的比例都不高,而完全由他人决定的情况占有较高比例。在工作中,雇员与不同对象的工作往来有所不同,雇员与之打交道最多的是平级同事,超过七成(为71.36%)的雇员经常与平级同事打交道。雇员与顾客或服务对象、上级领导经常打交道的比例也相对较高(分别为37.01%、31.94%),与各种来客经常打交道的比例为20.03%,而与客户或供应商,上、下级部门或单位经常打交道的比例尚不足两成(分别为17.32%、16.02%、11.94%)。

6. 在开业之初,近九成(87.99%)雇主的经营形式为个体户,私营企业的比例仅为8.41%,民办非企业及其他形式的比例更低。对于目前的经营,有正式营业执照的比例较高(为71.44%)。雇主们从事目前经营的最重要原因以有类似经验为最多(为40.44%),以有技术背景、没有更好的工作、亲朋好友提供资源为最重要原因的比例也相对较高(分别占17.71%、15.15%、13.76%)。从地区差异来看,西部地区雇主开业之初的经营形式为个体户的比例最高,中、西部地区雇主从事目前经营以有类似经验为最重要原因的比例较高,而东部地区雇主从事目前经营以有技术背景为最重要原因的比例最高,东、中部地区雇主从事目前经营以亲朋好友提供资源为最重要原因的比例明显高于西部地区雇主的这一比例。在生意开始时,接近2/3(占64.16%)的雇主注册资本或投入资金在5万元以下,5万~50万元之间的占32.33%。雇主资金的主要来源是个人或家庭(占73.885),本人或配偶亲属次之(占16.57%),其他资金来源所占比例都很低。从目前的经营情况来看,雇主的平均资产总额达到45.78万元,平均负债7.31万元,用工成本占总产值的比例平均为30.51%,税费占生意收入的比例平均为6.23%。雇主在经营的过程中,与政府打交道的情况并不多,上年每个月在生意上与政府打交道的平均次数为0次的比例最高(为64.52%),平均次数为1次的比例次高(为18.24%),平均次数为5次及以上的比例仅为7.38%。雇主雇用的员工人数并不多(人均雇用7.56人),其中人均雇用亲属0.94人,人均雇用男、女雇员分别为4.26人、3.19人。

7. 在雇员中，有 11.39% 上周没有去工作，他们上周不在岗的原因以正常休假（调休或寒暑假）为最多（占 52.27%），由于计划改变、原材料短缺、没有订单等暂时不能开工也是相对重要的原因（占 10.57%），而因为工作时间和要求比较宽松、等着开始一份新的工作、为了照顾小孩、为了照顾家中其他人、天气原因影响工作、休产假或待产、伤病、上学或培训的比例都不高（分别为 3.37%、6.41%、3.11%、2.41%、5.70%、3.54%、5.47%、0.61%）。

8. 我国劳动年龄人口中无工作的比例为 26.16%。超过一半（为 51.39%）无工作者的主要生活来源是其他家庭成员的收入，上学而由父母抚养的比例也相对较高（为 29.11%），以退休金、临时性工作收入、积蓄为主要生活来源的无工作者也占有一定比例（分别为 7.95%、7.11%、5.83%），以亲友接济、社会救济为主要生活来源的无工作者所占比例很低（分别为 2.28%、1.59%），而以下岗生活费、失业救济金、借债、租金收入为主要生活来源的无工作者微乎其微（分别为 0.73%、0.50%、0.56%、0.71%）。找过工作的无工作者比例很低，即仅有 15.09% 无工作者有过求职经历。在过去两年，无工作者的求职经历比较丰富。其中，无工作者找朋友或亲戚求职的比例最高（占 40.96%），其次是通过直接与某雇主或自雇联系、面试（占 26.92%），再次是通过看相关广告（占 19.17%），通过发简历或申请、参加人才招聘会、找职业中介机构、找学校的就业指导中心及其他方式求职的也占有一定比例（分别为 9.60%、8.20%、5.90%、2.91%、1.61%）。在无工作者中，没有找工作经历的劳动者比例较高（占 84.91%）。在无工作者未找工作的原因中，因正在上学或培训而未求职的比例最高（为 34.22%）；其次是为了照顾小孩、其他家人而未求职（分别为 27.61%、13.55%）；再次是因自身健康状况的限制、年龄太老（分别为 10.67%、11.58%）；因没有合适的工作、找不到任何工作、缺乏学历技能经验、年龄太轻而未求职的也占有一定比例（分别为 8.10%、4.24%、6.84%、4.63%）。从未求职者的工作意愿来看，现在想找一份工作的不到三成（为 29.93%），超过一半（58.70%）的无工作者现在不想要工作，另有 11.37% 的无工作者要看情况决定。并且，只有 17.15% 的无工作者打算在接下来的一年内找工作，72.11% 的无工作者没有这一打算，另有 10.74% 的无工作者要看情况决定。

第四章
中国劳动力的社会网络及求职、创业过程

一 社会网络及参与情况

此次调查设计了劳动力个体的社会关系网、社会支持、社会交往与社会参与等相关项目，以下将对他们的社会关系、社会交往与参与、与非本地人的交往情况进行描述。

（一）社会关系

从本地社会关系的情况来看，接近九成的劳动力（87.88%）在本地有关系密切且可以从中获得支持和帮助的朋友或熟人，而在本地一个朋友都没有的比例为12.12%；九成以上的劳动力在本地有可以诉说心事、可以讨论重要问题的朋友或熟人，二者的比例分别为91.96%、90.68%，而在本地没有一个可以诉说心事、可以讨论重要问题的朋友或熟人的比例分别为8.04%、9.32%；只有不到3/4（为74.17%）的劳动力在本地有可以向其借钱（超过5000元）的朋友或熟人，而在本地一个这样的朋友都没有的比例高达25.83%。可见，虽然劳动力在本地大多可以获得朋友或熟人的精神支持，但能够从中获得经济支持的状况并不乐观。

不同个人特征劳动力的当地社会关系情况存在着明显的差异。具体来说（见表4-1），女性劳动力在本地没有可以得到支持和帮助、可以诉说心事、可以讨论重要问题、可以向其借钱（超过5000元）的朋友或熟人的比例明显高于男性劳动力的相应比例，同时，男性劳动力在上述四方面拥有的朋友或熟人数量也明显高于女性劳动力。从年龄组差异来看，45岁及以上高龄劳动力

在本地没有可以得到支持和帮助、可以诉说心事、可以讨论重要问题的朋友或熟人的比例明显高于 15~29 岁、30~44 岁低中龄劳动力的相应比例，15~29 岁低龄劳动力在本地没有可以向其借钱（超过 5000 元）的朋友或熟人的比例明显高于其他两个年龄组。然而，45 岁及以上高龄劳动力在本地拥有可以得到支持和帮助的朋友或熟人的数量为 16 人以上的比例明显高于 15~29 岁、30~44 岁低中龄劳动力的相应比例，而可以诉说心事、可以讨论重要问题、可以向其借钱（超过 5000 元）的朋友或熟人的数量为 10 个以上的比例也明显高于 15~29 岁、30~44 岁低中龄劳动力的相应比例。

表 4-1　全国及不同性别、年龄组劳动力的社会支持情况

单位：%

		全国	性别		年龄组		
		合计	男	女	15~29 岁	30~44 岁	45 岁及以上
本地可得到支持或帮助的朋友或熟人数量	一个也没有	12.12	9.99	14.33	7.30	9.84	19.39
	1~5 个	37.60	35.18	40.12	39.18	41.42	32.00
	6~10 个	20.72	21.38	20.03	23.65	20.70	17.77
	11~15 个	8.28	8.65	7.89	9.12	7.69	8.05
	16 个及以上	21.28	24.80	17.63	20.75	20.35	22.79
	合　计	100	100	100	100	100	100
本地可诉说心事的朋友或熟人数量	一个也没有	8.04	8.57	7.46	7.05	7.91	9.34
	1~3 个	58.6	55.25	62.26	60.79	63.02	50.88
	4~6 个	19.33	19.71	18.91	20.82	16.93	20.39
	7~9 个	4.96	5.65	4.21	4.97	4.34	5.68
	10 个及以上	9.07	10.82	7.16	6.37	7.80	13.71
	合　计	100	100	100	100	100	100
本地可讨论重要问题的朋友或熟人数量	一个也没有	9.32	8.77	9.93	6.64	9.28	12.50
	1~3 个	61.61	58.06	65.47	62.27	66.24	55.41
	4~6 个	17.21	18.50	15.80	18.85	15.64	17.13
	7~9 个	4.47	5.45	3.41	5.39	2.79	5.38
	10 个及以上	7.39	9.22	5.39	6.85	6.05	9.58
	合　计	100	100	100	100	100	100
本地可向其借钱（5000 元及以上）的朋友或熟人数量	一个也没有	25.83	23.75	28.09	36.92	15.56	24.95
	1~3 个	45.88	43.38	48.60	42.67	51.05	43.54
	4~6 个	15.09	16.58	13.47	11.72	17.42	16.29
	7~9 个	4.15	4.76	3.49	3.16	5.14	4.16
	10 个及以上	9.05	11.53	6.35	5.53	10.83	11.06
	合　计	100	100	100	100	100	100

不同社会特征劳动力的当地社会关系情况也存在着一定的差异。具体来说（见表4-2），居于村委会的劳动力在本地没有可以得到支持和帮助、可以诉说心事、可以讨论重要问题、可以向其借钱（超过5000元）的朋友或熟人的比例明显低于居于居委会劳动力的相应比例，可以向其借钱（超过5000元）的朋友或熟人数量为6人以上的比例（12.08%）明显低于居于居委会劳动力的这一比例（15.18%）。从地区差异来看，东部地区劳动力在本地没有可以得到支持和帮助、可以讨论重要问题、可以向其借钱（超过5000元）的朋

表4-2 全国及不同社区、地区劳动力的社会支持情况

单位：%

		全国	社区		地区		
		合计	村委	居委	东部	中部	西部
本地可得到支持或帮助的朋友或熟人数量	一个也没有	12.12	12.60	11.28	12.31	11.95	12.24
	1~5个	37.60	37.10	38.48	38.88	37.74	34.24
	6~10个	20.72	19.90	22.17	20.73	20.06	22.72
	11~15个	8.28	8.52	7.85	7.33	8.81	8.80
	16及以上	21.28	21.88	20.22	20.75	21.44	22.00
	合计	100	100	100	100	100	100
本地可诉说心事的朋友或熟人数量	一个也没有	8.04	8.71	6.87	8.08	8.54	6.41
	1~3个	58.60	57.49	60.55	59.48	58.03	58.39
	4~6个	19.33	19.30	19.37	18.74	19.19	21.06
	7~9个	4.96	4.60	5.60	4.74	5.11	4.99
	10个及以上	9.07	9.90	7.61	8.96	9.13	9.15
	合计	100	100	100	100	100	100
本地可讨论重要问题的朋友或熟人数量	一个也没有	9.32	10.20	7.79	9.68	9.31	8.55
	1~3个	61.61	61.30	62.13	62.70	61.21	60.33
	4~6个	17.21	16.96	17.65	16.44	17.2	18.98
	7~9个	4.47	3.96	5.38	4.27	4.61	4.52
	10个及以上	7.39	7.58	7.05	6.91	7.67	7.62
	合计	100	100	100	100	100	100
本地可向其借钱（5000元及以上）的朋友或熟人数量	一个也没有	25.83	28.56	21.03	26.45	24.22	29.40
	1~3个	45.88	44.71	47.93	46.28	46.76	42.22
	4~6个	15.09	14.65	15.86	14.21	15.43	16.03
	7~9个	4.15	3.74	4.88	4.00	4.21	4.33
	10个及以上	9.05	8.34	10.30	9.06	9.38	8.02
	合计	100	100	100	100	100	100

友或熟人的比例明显低于中、西部地区劳动力的相应比例，他们在本地可以得到支持和帮助的朋友或熟人数量为 10 人以上，可以诉说心事、可以讨论重要问题的朋友或熟人数量为 6 人以上的比例分别为 28.08%、13.70%、11.18%，明显低于中西部地区劳动力的相应比例（分别为 30.25%、14.24%、12.28% 和 30.80%、14.14%、12.14%）。

不同从业状态劳动力的当地社会关系情况差别很大，具体来说（见表 4-3），雇主在本地有可以得到支持和帮助、可以讨论重要问题、可以向其借钱（超过 5000 元）的朋友或熟人的比例明显高于其他从业状态劳动力的相应比

表 4-3　不同从业状态劳动力的社会支持情况

单位：%

	从业状态	雇员	雇主	自雇	务农	合计
本地可得到支持或帮助的朋友或熟人数量	一个也没有	8.30	5.73	12.27	14.39	10.83
	1~5 个	40.92	34.40	34.76	33.02	37.00
	6~10 个	22.46	21.08	20.45	20.28	21.36
	11~15 个	7.59	12.35	8.89	8.79	8.43
	16 个及以上	20.73	26.44	23.64	23.52	22.38
	合计	100	100	100	100	100
本地可诉说心事的朋友或熟人数量	一个也没有	7.26	8.40	9.22	9.35	8.28
	1~3 个	63.17	57.14	54.57	52.37	58.08
	4~6 个	17.49	17.85	21.52	20.02	18.86
	7~9 个	4.69	5.02	4.91	5.52	5.02
	10 个及以上	7.39	11.59	9.78	12.74	9.76
	合计	100	100	100	100	100
本地可讨论重要问题的朋友或熟人数量	一个也没有	8.34	7.35	10.80	11.03	9.50
	1~3 个	64.92	60.12	62.36	59.06	62.32
	4~6 个	16.13	19.84	17.01	16.94	16.72
	7~9 个	4.85	5.04	3.57	3.94	4.40
	10 个及以上	5.76	7.65	6.25	9.03	7.06
	合计	100	100	100	100	100
本地可向其借钱（5000 元及以上）的朋友或熟人数量	一个也没有	17.74	6.52	16.52	23.98	19.14
	1~3 个	51.54	42.14	42.97	46.42	48.24
	4~6 个	15.96	23.63	21.20	16.50	17.19
	7~9 个	5.09	7.83	4.40	3.85	4.73
	10 个及以上	9.67	19.88	14.91	9.25	10.70
	合计	100	100	100	100	100

例，他们可以得到支持和帮助的朋友或熟人数量为 10 人以上、可以向其借钱（超过 5000 元）的朋友或熟人的数量超过 6 人的比例（分别为 38.79%、27.71%）也明显高于其他从业状态劳动力的相应比例，在上述两方面的朋友或熟人超过 10 人及 6 人的雇员比例分别为 28.32%、14.76%，自雇劳动者比例分别为 32.53%、19.31%。务农者比例分别为 32.31%、13.10%。务农者本地没有可以得到支持和帮助的朋友或熟人的比例（14.39%）相对最高，务农者在当地没有可以诉说心事、可以讨论重要问题的朋友比例（分别为 9.35%、11.03%）也相对最高，同时，务农者在当地没有可以向其借钱（超过 5000 元）的朋友或熟人的比例（23.98%）远远高于雇主、自雇劳动者、雇员的这一比例（分别为 6.52%、16.52%、17.74%）。

不同受教育程度劳动力的当地社会关系情况具有一定的规律性，即受教育程度越高，劳动力在本地有可以得到支持和帮助、可以诉说心事、可以讨论重要问题、可以向其借钱（超过 5000 元）的朋友或熟人的比例就越高。具体来说（见表 4-4），小学未毕业受教育程度劳动力在本地有可以得到支持和帮助、可以诉说心事、可以讨论重要问题、可以向其借钱（超过 5000 元）的朋友或熟人的比例（分别为 77.69%、85.90%、82.48%、69.11%）远远低于大学本科及以上受教育程度劳动力的相应比例（分别为 96.05%、95.16%、97.26%、91.35%）。同时，大学本科及以上受教育程度劳动力在本地可以向其借钱（超过 5000 元）的朋友或熟人数量超过 6 人的比例相对最高（22.74%），而高中受教育程度劳动力在本地可以得到支持和帮助、可以诉说心事、可以讨论重要问题的朋友或熟人数量超过 6 人的比例（分别为 54.81%、17.00%、15.73%）明显高于其他受教育程度劳动力。

从不同时空条件下在外就餐的情况中可以在一定程度上了解劳动力的社会交往状况。此次调查结果显示（见表 4-5），四成左右的劳动力从不在外就餐。具体来说，从不在工作日、休息日或请人、被请、陪朋友的情况下在外就餐的劳动力的比例分别为 35.97%、39.15%、43.79%、38.37%、38.66%；同时，在上述时间或场合下很少在外就餐的比例也相对较高，分别为 21.33%、23.44%、27.53%、28.06%、26.15%，较多甚至经常在工作日、

表 4-4 不同受教育程度劳动力的社会支持情况

单位：%

	受教育程度	小学未毕业	小学	初中	高中	职高/技校/中专	大专	大本及以上	合计
本地可得到支持或帮助的朋友或熟人数量	一个也没有	22.31	15.05	9.84	8.63	7.82	5.19	3.95	11.6
	1~5个	34.74	38.98	38.09	36.56	39.52	40.80	33.99	37.85
	6~10个	14.78	19.56	21.56	21.31	22.97	23.78	31.59	20.95
	11~15个	8.03	7.87	8.67	8.80	8.33	7.52	6.61	8.27
	16个及以上	20.14	18.54	21.84	24.70	21.36	22.73	23.86	21.33
	合计	100	100	100	100	100	100	100	100
本地可诉说心事的朋友或熟人数量	一个也没有	14.10	9.77	7.45	6.27	4.00	4.93	4.84	7.98
	1~3个	49.92	60.57	59.30	54.8	62.76	66.14	57.78	58.74
	4~6个	20.92	17.5	19.03	21.93	20.81	17.04	23.92	19.38
	7~9个	3.41	4.01	5.50	5.99	4.51	5.55	4.82	4.96
	10个及以上	11.65	8.15	8.72	11.01	7.92	6.34	8.64	8.94
	合计	100	100	100	100	100	100	100	100
本地可讨论重要问题的朋友或熟人数量	一个也没有	17.52	11.40	8.97	6.48	5.11	3.21	2.74	9.18
	1~3个	54.68	62.70	62.63	56.70	67.64	67.88	63.73	61.84
	4~6个	16.39	15.64	16.64	21.09	18.16	16.84	19.79	17.15
	7~9个	3.53	3.90	4.27	6.10	3.28	5.72	6.82	4.48
	10个及以上	7.88	6.36	7.49	9.63	5.81	6.35	6.92	7.35
	合计	100	100	100	100	100	100	100	100
本地可向其借钱（5000元及以上）的朋友或熟人数量	一个也没有	30.89	28.77	27.82	27.32	14.71	10.82	8.65	25.76
	1~3个	43.34	44.82	45.82	43.20	55.29	51.36	48.23	45.99
	4~6个	15.32	15.27	13.76	15.41	15.52	17.83	20.38	15.05
	7~9个	2.09	3.57	4.11	4.67	3.83	6.75	8.47	4.19
	10个及以上	8.36	7.57	8.49	9.40	10.65	13.24	14.27	9.01
	合计	100	100	100	100	100	100	100	100

休息日或请人、被请、陪朋友的情况下在外就餐的劳动力也占有少量比例，分别为 12.76%、8.90%、5.28%、7.17%、8.97%。

从地区差异来看（见表 4-5），东部地区劳动力工作日、休息日从不在外就餐的比例都相对略高，而从不在请人、被请、陪朋友的情况下在外就餐的比例相对略低；中部地区劳动力从不在请人、被请、陪朋友的情况下在外就餐的比例相对略高；西部地区劳动力在各种情况下较多或经常在外就餐的比例都相对最高，他们在工作日、休息日或请人、被请、陪朋友的情况下在外就餐的比

表4-5 全国及不同地区劳动力在外就餐的情况

单位：%

		东部	中部	西部	全国
工作日在外就餐情况	从 不	37.46	36.11	32.10	35.97
	很 少	21.93	22.04	17.76	21.33
	有 时	11.81	8.33	9.87	9.81
	较 多	4.05	3.74	4.47	3.96
	经 常	9.60	7.46	11.16	8.80
	不适用	15.15	22.32	24.64	20.13
	合 计	100	100	100	100
休息日在外就餐情况	从 不	41.78	37.98	36.79	39.15
	很 少	24.31	23.86	20.14	23.44
	有 时	12.19	9.64	12.12	10.94
	较 多	3.19	3.25	3.80	3.31
	经 常	5.79	5.19	6.39	5.59
	不适用	12.74	20.08	20.76	17.57
	合 计	100	100	100	100
请人在外就餐情况	从 不	42.94	44.46	43.64	43.79
	很 少	28.18	28.14	24.21	27.53
	有 时	20.81	15.63	19.43	18.08
	较 多	2.57	2.69	3.33	2.75
	经 常	2.63	2.24	3.20	2.53
	不适用	2.87	6.84	6.19	5.32
	合 计	100	100	100	100
被请在外就餐情况	从 不	37.61	38.92	38.43	38.37
	很 少	27.62	29.49	24.63	28.06
	有 时	24.82	18.46	21.84	21.26
	较 多	3.61	3.73	4.82	3.86
	经 常	3.57	2.81	4.23	3.31
	不适用	2.77	6.59	6.05	5.14
	合 计	100	100	100	100
陪朋友在外就餐情况	从 不	37.90	39.29	38.42	38.66
	很 少	26.06	27.28	22.84	26.15
	有 时	24.40	18.71	20.99	21.10
	较 多	4.60	4.43	6.16	4.76
	经 常	4.41	3.60	5.63	4.21
	不适用	2.63	6.69	5.96	5.13
	合 计	100	100	100	100

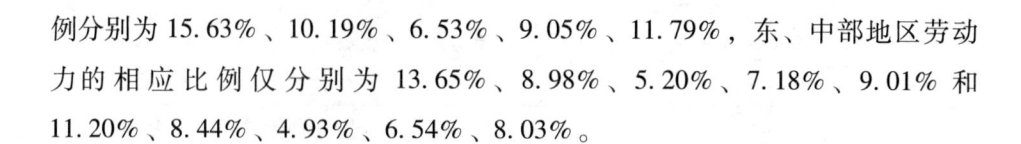

例分别为 15.63%、10.19%、6.53%、9.05%、11.79%,东、中部地区劳动力的相应比例仅分别为 13.65%、8.98%、5.20%、7.18%、9.01% 和 11.20%、8.44%、4.93%、6.54%、8.03%。

(二)社会交往与参与

此次调查通过询问与本社区(村)邻里街坊及其他居民的熟悉程度、信任程度、互动频率、社区选举投票以及社会团体、社会组织的参与情况来反映劳动力的社会交往与社会参与。

调查结果显示,超过一半(57.53%)的劳动力与本社区(村)邻里街坊及其他居民比较或非常熟悉,接近一半(49.64%)的劳动力对本社区(村)邻里街坊及其他居民比较或非常信任,接近四成(39.91%)的劳动力与本社区(村)邻里街坊及其他居民的互助比较或非常多,只有32.54%的劳动力在本村或居委会上次选举中自己去投票。

不同个人特征劳动力与本社区(村)邻里街坊及其他居民的熟悉程度、信任程度、互助频率及在本村或居委会选举中投票的主动性皆存在明显差异。具体来说(见表4-6),男性劳动力对本社区(村)邻里街坊及其他居民比较或非常熟悉、信任的比例(分别为60.99%、51.51%)明显高于女性劳动力的相应比例(分别为53.94%、47.71%),同时,男性劳动力与本社区(村)邻里街坊及其他居民互助比较或非常多以及在本村或居委会上次选举中自己去投票的比例(分别为41.35%、34.58%)也明显高于女性劳动力的相应比例(分别为38.41%、30.43%)。从年龄组差异来看,45 岁及以上高龄劳动力与本社区(村)邻里街坊及其他居民的熟悉程度、信任程度、互助频率以及在本村或居委会上次选举中投票的主动性皆相对最高,30~44 岁中龄劳动力次之,15~29 岁低龄劳动力的上述水平最低。

不同社会特征劳动力与本社区(村)邻里街坊及其他居民的熟悉程度、信任程度、互助频率及在本村或居委会选举中投票的主动性皆存在明显差异。具体来说(见表4-7),居于村委会的劳动力与本社区(村)邻里街坊及其他居民的熟悉程度、信任程度、互助频率以及在本村委会上次选举中投票的主动性皆远远高于居于居委会劳动力,他们对本社区(村)邻里街坊及其他居民比较或非

表4-6 全国及不同性别、年龄组劳动力在本社区的交往情况

单位：%

		全国	性别		年龄组		
		合计	男	女	15~29岁	30~44岁	45岁及以上
与本社区（村）邻里街坊及其他居民的熟悉程度	非常不熟悉	2.83	3.00	2.64	4.27	2.57	1.63
	不太熟悉	10.40	8.95	11.91	15.60	9.34	6.24
	一般	29.24	27.06	31.51	33.65	30.75	23.21
	比较熟悉	30.79	31.21	30.35	27.50	30.93	33.99
	非常熟悉	26.74	29.78	23.59	18.98	26.41	34.93
	合计	100	100	100	100	100	100
对本社区（村）邻里街坊及其他居民的信任程度	非常不信任	1.02	0.86	1.18	1.39	0.89	0.78
	不太信任	6.64	5.88	7.43	9.00	6.45	4.45
	一般	42.70	41.75	43.68	48.79	43.78	35.40
	比较信任	37.37	38.16	36.56	32.47	37.48	42.22
	非常信任	12.27	13.35	11.15	8.35	11.40	17.15
	合计	100	100	100	100	100	100
与本社区（村）邻里街坊及其他居民的互助频率	非常少	6.89	7.05	6.72	8.85	6.36	5.45
	比较少	15.36	15.14	15.59	20.41	14.50	11.15
	一般	37.84	36.46	39.28	39.20	39.10	35.16
	比较多	30.95	31.30	30.58	25.67	30.93	36.30
	非常多	8.96	10.05	7.83	5.87	9.11	11.94
	合计	100	100	100	100	100	100
在本村或居委会上次选举中的投票情况	自己去投票	32.54	34.58	30.43	13.18	35.51	49.03
	家人代投票	10.22	10.20	10.25	13.43	10.67	6.51
	没去投票	36.65	34.93	38.54	45.91	36.41	27.54
	不适用	20.59	20.29	20.78	27.48	17.41	16.92
	合计	100	100	100	100	100	100

常熟悉、比较或非常信任以及互助比较或非常多的比例（分别为68.01%、55.69%、49.09%）明显高于居于居委会劳动力的相应比例（分别为38.88%、38.88%、23.55%），他们在本村委会上次选举中自己去投票的比例（40.93%）也远远高于居委会劳动力的相应比例（仅为17.62%）。从地区差异来看，东部地区劳动力与本社区（村）邻里街坊及其他居民的熟悉程度、信任程度、互助频率相对最低，他们与本社区（村）邻里街坊及其他居民比较或非常熟悉、比较或非常信任及比较或非常多互助的比例（分别为

55.38%、47.54%、34.61%%）皆明显低于中西部地区劳动力的相应比例（中部分别为58.72%、51.08%、42.44%，西部分别为58.77%、50.00%、44.12%），但是，他们在本村或居委会上次选举中自己去投票的比例（32.15%）并不是最低的。

表4-7　全国及不同社区、地区劳动力在本社区的交往情况

单位：%

		全国	社区		地区		
		合计	村委	居委	东部	中部	西部
与本社区（村）邻里街坊及其他居民的熟悉程度	非常不熟悉	2.83	1.18	5.75	2.65	3.08	2.44
	不太熟悉	10.40	5.35	19.39	10.97	9.97	10.43
	一般	29.24	25.46	35.98	31.00	28.23	28.36
	比较熟悉	30.79	35.04	23.23	28.13	32.47	31.70
	非常熟悉	26.74	32.97	15.65	27.25	26.25	27.07
	合计	100	100	100	100	100	100
对本社区（村）邻里街坊及其他居民的信任程度	非常不信任	1.02	0.82	1.37	0.93	1.10	0.97
	不太信任	6.64	5.07	9.44	6.46	6.41	7.76
	一般	42.70	38.42	50.31	45.07	41.41	41.27
	比较信任	37.37	40.98	30.96	34.43	38.74	39.84
	非常信任	12.27	14.71	7.92	13.11	12.34	10.16
	合计	100	100	100	100	100	100
与本社区（村）邻里街坊及其他居民的互助频率	非常少	6.89	3.53	12.86	8.49	5.95	6.14
	比较少	15.36	10.94	23.23	17.04	14.34	14.68
	一般	37.84	36.44	40.36	39.86	37.27	35.06
	比较多	30.95	37.67	18.96	27.09	32.33	35.45
	非常多	8.96	11.42	4.59	7.52	10.11	8.67
	合计	100	100	100	100	100	100
在本村或居委会上次选举中的投票情况	自己去投票	32.54	40.93	17.62	32.15	31.9	35.38
	家人代投票	10.22	11.89	7.26	12.67	8.62	9.62
	没去投票	36.65	28.31	51.50	32.80	39.04	38.08
	不适用	20.59	18.87	23.62	22.38	20.44	16.92
	合计	100	100	100	100	100	100

不同从业状态的劳动力与本社区（村）邻里街坊及其他居民的熟悉程度、信任程度、互助频率及在本村或居委会选举中投票的主动性也存在一定差异。

具体来说（见表4-8），务农者与本社区（村）邻里街坊及其他居民的熟悉程度、信任程度、互助频率以及在本村委会上次选举中投票的主动性皆远远高于其他从业状态的劳动力，他们对本社区（村）邻里街坊及其他居民非常熟悉、非常信任以及互助非常多的比例（分别为38.35%、18.20%、14.95%）皆明显最高，他们在本村或居委会上次选举中自己投票的比例超过了一半（57.62%）。相对而言，雇员和雇主与本社区（村）邻里街坊及其他居民的熟悉程度、信任程度、互助频率及在本村或居委会选举中投票的主动性明显较低。

表4-8 不同从业状态劳动力在本社区的交往情况

单位：%

	从业状态	雇员	雇主	自雇	务农	合计
与本社区（村）邻里街坊及其他居民的熟悉程度	非常不熟悉	3.93	5.57	2.10	0.65	2.62
	不太熟悉	13.68	10.82	7.05	2.89	8.85
	一般	32.20	25.92	23.27	21.24	26.86
	比较熟悉	27.60	28.97	37.91	36.87	32.25
	非常熟悉	22.59	28.72	29.67	38.35	29.44
	合计	100	100	100	100	100
对本社区（村）邻里街坊及其他居民的信任程度	非常不信任	1.03	0.61	0.58	0.88	0.90
	不太信任	7.72	6.17	4.94	3.82	5.90
	一般	47.12	44.70	38.13	33.61	41.05
	比较信任	33.99	38.42	44.00	43.49	38.84
	非常信任	10.14	10.10	12.34	18.20	13.31
	合计	100	100	100	100	100
与本社区（村）邻里街坊及其他居民的互助频率	非常少	9.34	9.31	6.62	2.47	6.54
	比较少	20.12	18.01	12.58	6.86	14.33
	一般	38.86	38.53	38.05	33.13	36.68
	比较多	25.45	27.28	34.37	42.59	32.79
	非常多	6.23	6.87	8.38	14.95	9.66
	合计	100	100	100	100	100
在本村或居委会上次选举中的投票情况	自己去投票	25.42	25.26	34.43	57.62	38.11
	家人代投票	10.78	12.79	10.24	7.80	9.74
	没去投票	42.12	48.86	35.24	22.36	34.53
	不适用	21.68	13.09	20.10	12.22	17.62
	合计	100	100	100	100	100

不同受教育程度劳动力与本社区（村）邻里街坊的交往情况存在规律性的差异，即受教育程度越高的劳动力与本社区（村）邻里街坊及其他居民的熟悉程度、信任程度、互助频率及在本村或居委会选举中投票的主动性越低。具体来说（见表4-9），大学本科及以上受教育程度劳动力与本社区（村）邻里街坊及其他居民的非常熟悉、非常信任、互助非常多及在本村或居委会选举中自己投票的比例（分别为10.58%、5.83%、2.92%、13.96%）皆明显最低，而小学未毕业劳动力与本社区（村）邻里街坊及其他居民比较或非常熟悉、比较或非常信任、比较或非常多互助以及在本村或居委会选举中自己投票的比例分别高达66.53%、55.29%、45.83%、47.74%。

表4-9 不同受教育程度劳动力在本社区的交往情况

单位：%

	受教育程度	小学未毕业	小学	初中	高中	职高/技校/中专	大专	大本及以上	合计
与本社区（村）邻里街坊及其他居民的熟悉程度	非常不熟悉	1.26	1.81	2.49	4.86	3.11	5.86	6.15	2.84
	不太熟悉	6.24	7.49	9.24	15.39	13.06	18.25	24.08	10.49
	一般	25.97	27.95	27.62	33.61	36.15	32.04	39.71	29.38
	比较熟悉	32.46	33.58	32.24	27.16	25.14	25.82	19.48	30.78
	非常熟悉	34.07	29.17	28.41	18.98	22.54	18.03	10.58	26.51
	合计	100	100	100	100	100	100	100	100
对本社区（村）邻里街坊及其他居民的信任程度	非常不信任	0.77	0.99	1.15	0.87	1.13	0.75	0.62	1.00
	不太信任	6.35	7.08	6.35	6.11	6.74	8.48	8.17	6.70
	一般	37.59	42.17	41.31	46.61	52.36	46.59	50.59	42.97
	比较信任	40.37	37.59	38.40	35.38	31.32	32.78	34.79	37.24
	非常信任	14.92	12.17	12.79	11.03	8.45	11.4	5.83	12.09
	合计	100	100	100	100	100	100	100	100
与本社区（村）邻里街坊及其他居民的互助频率	非常少	6.38	4.81	6.36	8.23	10.98	10.25	11.33	6.85
	比较少	11.93	13.19	13.58	20.43	19.36	22.49	29.63	15.52
	一般	35.86	38.77	37.80	38.67	40.35	36.59	38.74	38.04
	比较多	35.69	32.76	32.72	26.39	24.88	23.93	17.38	30.82
	非常多	10.14	10.47	9.54	6.28	4.43	6.74	2.92	8.77
	合计	100	100	100	100	100	100	100	100
在本村或居委会上次选举中的投票情况	自己去投票	47.74	38.35	32.64	21.24	22.75	17.67	13.96	32.14
	家人代投票	8.69	8.70	11.38	11.68	11.25	8.79	9.26	10.28
	没去投票	26.22	33.51	34.48	44.60	44.60	53.88	51.53	36.80
	不适用	17.35	19.44	21.50	22.83	21.40	19.66	25.25	20.78
	合计	100	100	100	100	100	100	100	100

另外，全国及各地区劳动力参加各种社团或社会组织的比例并不高。具体来说（见表4-10），参加学习培训机构的劳动力比例略高（10.51%），参加居委会和休闲娱乐活动劳动力的比例次之（分别为7.53%、7.19%），参加公益、职业者团体，同乡会，宗教组织，业主委员会的比例相对较低（分别为5.15%、2.20%、1.35%、1.32%）。从地区差异来看，西部地区劳动力参加娱乐休闲活动的比例远远高于东、中部地区劳动力的相应比例，而且，他们参加学习培训机构，居委会，公益、职业者团体的比例也略高于东中部地区劳动力的相应比例；中部地区劳动力参加同乡会的比例略高于东、西部地区劳动力的相应比例。

表4-10 全国及不同地区劳动力的社团、社会组织的参加比例

单位：%

社团或社会组织	东部	中部	西部	全国
居委会	7.52	7.27	8.42	7.53
业主委员会	1.27	1.22	1.78	1.32
休闲、娱乐、体育俱乐部、沙龙组织	6.94	5.88	12.22	7.19
学习培训机构	9.96	10.29	12.68	10.51
同乡会	1.98	2.45	1.90	2.20
公益、职业者团体	5.93	4.07	6.74	5.15
宗教组织	1.72	1.02	1.46	1.35

（三）非本地劳动力的社会交往情况

随着经济及城市化的快速发展，人口流迁的频率也在不断加快，外来人口越来越多，因此，非本地劳动力的社会交往情况也成了此次调查的要点之一。

从工作单位的人员构成及与单位本地人的交往情况来看，大概有一半（48.23%）非本地劳动力的工作单位以本地人为主，他们中有超过一半（56.00%）的人与单位本地人经常交往，与单位本地人有时、偶尔交往的比例分别为19.50%、21.47%，而从不与单位本地人交往的比例很低，仅为3.03%。

不同特征的非本地劳动力的工作单位人员构成及与单位本地人的交往情况存在一定差异。具体来说（见表4-11），女性非本地劳动力的工作单位以本地人为主的比例（52.92%）明显高于男性非本地劳动力的这一比例（44.59%）；女性非本地劳动力有时、经常与单位本地人交往的比例（分别为20.53%、56.06%）略高于男性非本地劳动力的相应比例（分别为18.57%、55.94%），但是，她们从不与单位本地人交往的比例（3.48%）也略高于男性非本地劳动力的这一比例（2.61%）。从年龄组差异来看，45岁及以上高龄非本地劳动力的工作单位以本地人为主的比例（53.22%）明显较高，他们经常或从不与单位本地人交往的比例（分别为61.21%、4.70%）也明显高于15~29岁、30~44岁低中龄非本地劳动力的相应比例（分别为55.42%、2.64%和54.84%、2.90%）。

表4-11 全国及不同性别、年龄组流动劳动力与单位本地人的交往情况

单位：%

		全国	性别		年龄组		
		合计	男	女	15~29岁	30~44岁	45岁及以上
你的工作单位是以本地人为主吗	是	48.23	44.59	52.92	48.12	46.78	53.22
	否	51.77	55.41	47.08	51.88	53.22	46.78
	合计	100	100	100	100	100	100
与单位本地人的交往频率	从不	3.03	2.61	3.48	2.64	2.90	4.70
	偶尔	21.47	22.88	19.93	20.21	24.47	17.31
	有时	19.50	18.57	20.53	21.73	17.79	16.78
	经常	56.00	55.94	56.06	55.42	54.84	61.21
	合计	100	100	100	100	100	100

从居住社区来看（见表4-12），居于村委会的非本地劳动力的工作单位以本地人为主的比例（52.83%）明显高于居于居委会非本地劳动力的这一比例（46.12%），并且，他们从不与单位本地人交往的比例（3.85%）高于居委会非本地劳动力的这一比例（2.59%），而居于居委会的非本地劳动力经常与单位本地人交往的比例（63.71%）明显高于居于村委会非本地劳动力的这一比例（41.32%）。从地区差异来看，东部地区非本地劳动力的工作单位以本地人为主的比例（37.84%）远远低于中、西部地区（分别为60.08%、

62.65%），他们从不与单位本地人交往的比例也明显较高，而西部地区非本地劳动力经常与单位本地人交往的比例（77.79%）远远高于东、中部地区的这一比例（分别为40.96%、63.55%）。

表4-12 全国及不同社区、地区流动劳动力与单位本地人的交往情况

单位：%

		全国	社区		地区		
		合计	村委	居委	东部	中部	西部
你的工作单位是以本地人为主吗	是	48.23	52.83	46.12	37.84	60.08	62.65
	否	51.77	47.17	53.88	62.16	39.92	37.35
	合计	100	100	100	100	100	100
与单位本地人的交往频率	从不	3.03	3.85	2.59	4.71	2.32	0.20
	偶尔	21.47	27.62	18.24	28.12	17.80	12.74
	有时	19.50	27.21	15.46	26.21	16.33	9.27
	经常	56.00	41.32	63.71	40.96	63.55	77.79
	合计	100	100	100	100	100	100

从居住社区的人员构成及与社区本地人的交往情况上来看，大概有七成（69.94%）非本地劳动力的居住社区以本地人为主，但是，他们中有不到1/4（23.25%）的人与社区本地人经常交往，与社区本地人偶尔、有时交往的比例很高，分别为46.29%、21.50%，从不与社区本地人交往的比例也不低，占8.96%。

不同特征的非本地劳动力的居住社区人员构成及与社区本地人的交往情况存在一定差异。具体来说（见表4-13），女性非本地劳动力的居住社区以本地人为主的比例（74.60%）明显高于男性非本地劳动力的这一比例（65.30%）；女性非本地劳动力有时、经常与社区本地人交往的比例（分别为22.99%、23.99%）略高于男性非本地劳动力的相应比例（分别为19.81%、22.41%），她们从不与社区本地人交往的比例（7.44%）明显低于男性非本地劳动力的这一比例（10.68%）。从年龄组差异来看，15~29岁低龄非本地劳动力的居住社区以本地人为主的比例（73.79%）明显最高，但是，他们有时及经常与社区本地人交往的比例（38.61%）明显低于30~44岁、45岁及以上中高龄非本地劳动力的这一比例（分别为46.45%、63.10%），

30~44岁中龄非本地劳动力从不与社区本地人交往的比例相对较低,为7.93%。

表4-13 全国及不同性别、年龄组流动劳动力与社区本地人的交往情况

单位:%

		全国	性别		年龄组		
		合计	男	女	15~29岁	30~44岁	45岁及以上
你的社区是以本地人为主吗	是	69.94	65.30	74.60	73.79	66.29	66.99
	否	30.06	34.70	25.40	26.21	33.71	33.01
	合计	100	100	100	100	100	100
与社区本地人的交往频率	从不	8.96	10.68	7.44	9.60	7.93	9.37
	偶尔	46.29	47.10	45.58	51.79	45.62	27.53
	有时	21.50	19.81	22.99	18.99	23.92	24.26
	经常	23.25	22.41	23.99	19.62	22.53	38.84
	合计	100	100	100	100	100	100

从居住社区来看(见表4-14),村委会的非本地劳动力的社区以本地人为主的比例(86.84%)明显高于居委会非本地劳动力的这一比例(61.29%),并且,他们有时及经常与社区本地人交往的比例(52.82%)明显高于居委会非本地劳动力的这一比例(38.92%),他们从不与社区本地人交往的比例(5.80%)明显低于居委会非本地劳动力的这一比例(11.24%)。从地区差异来看,东部地区非本地劳动力的居住社区以本地人为主的比例(66.67%)明显低于中、西部地区(分别为72.49%、77.35%),他们从不与社区本地人交往的比例(10.68%)也略高于中、西部地区非本地劳动力的这一比例(分别为6.57%、9.40%),而中部地区非本地劳动力经常与社区本地人交往的比例(28.14%)明显高于东、西部地区的这一比例(分别为19.46%、23.44%)。

对本地方言的掌握情况很大程度上影响着非本地劳动力的社会融入。此次调查结果显示,近一半(44.37%)的非本地劳动力在日常生活和工作中能流利地运用本地方言,能够听懂并会说一点的比例为21.73%,能勉强听懂及能听懂一部分的分别占9.59%、11.00%,而根本不会本地方言的比例高达13.31%。

表4-14 全国及不同社区、地区流动劳动力与社区本地人的交往情况

单位：%

		全国合计	社区 村委	社区 居委	地区 东部	地区 中部	地区 西部
你的社区是以本地人为主吗	是	69.94	86.84	61.29	66.67	72.49	77.35
	否	30.06	13.16	38.71	33.33	27.51	22.65
	合计	100	100	100	100	100	100
与社区本地人的交往频率	从不	8.96	5.80	11.24	10.68	6.57	9.40
	偶尔	46.29	41.38	49.84	45.99	45.44	50.45
	有时	21.50	25.15	18.86	23.87	19.84	16.71
	经常	23.25	27.67	20.06	19.46	28.14	23.44
	合计	100	100	100	100	100	100

不同个人特征的非本地劳动力对本地方言的掌握程度存在一定差异。具体来说（见表4-15），女性非本地劳动力对本地方言的掌握程度明显高于男性非本地劳动力，她们在日常生活和工作中能流利地运用本地方言的比例（49.01%）比男性非本地劳动力（39.64%）高近十个百分点，而根本不会的比例（10.50%）比男性非本地劳动力低5.68个百分点。从年龄组差异来看，45岁及以上高龄非本地劳动力对本地方言的掌握程度较好，他们在日常生活和工作中能流利地运用本地方言的比例高达51.52%，比15~29岁、30~44岁低中龄非本地劳动力的这一比例分别高7.13和9.86个百分点，30~44岁中龄非本地劳动力根本不会的比例（15.45%）相对较高。

表4-15 全国及不同户口性别、年龄组流动劳动力本地方言的掌握情况

单位：%

本地方言的掌握情况	全国合计	性别 男	性别 女	年龄组 15~29岁	年龄组 30~44岁	年龄组 45岁及以上
日常生活和工作中都能流利地使用	44.37	39.64	49.01	44.39	41.66	51.52
日常生活和工作中能听懂,会说一点	21.73	22.50	20.98	22.52	22.56	16.96
日常生活和工作中能勉强听懂	9.59	9.27	9.90	10.66	8.40	9.22
日常生活和工作中能听懂一部分	11.00	12.41	9.61	10.86	11.93	8.97
根本不会	13.31	16.18	10.50	11.57	15.45	13.33
合计	100	100	100	100	100	100

不同社会特征的非本地劳动力对本地方言的掌握程度也存在一定差异。具体来说（见表4-16），村委会和居委会非本地劳动力对本地方言的掌握程度相差不大，村委会非本地劳动力在日常生活和工作中能流利地运用本地方言的比例（45.89%）略高于居委会非本地劳动力的这一比例（43.65%），而他们根本不会的比例（13.08%）略低于居委会非本地劳动力的这一比例（13.42%）。不同地区非本地劳动力对本地方言的掌握程度差别很大，东部地区非本地劳动力根本不会本地方言的比例（22.62%）明显最高，西部地区非本地劳动力次之（9.05%），中部地区非本地劳动力的这一比例最低，仅为1.73%；同时，中部地区非本地劳动力在日常生活和工作中能流利地运用本地方言的比例（61.36%）远远高于东、西部非本地劳动力的这一比例（分别为29.80%和54.57%）。

表4-16 全国及不同社区、地区流动劳动力本地方言掌握的情况

单位：%

本地方言的掌握情况	全国	社区		地区		
	合计	村委	居委	东部	中部	西部
日常生活和工作中都能流利地使用	44.37	45.89	43.65	29.80	61.36	54.57
日常生活和工作中能听懂，会说一点	21.73	22.29	21.47	20.97	22.75	21.88
日常生活和工作中能勉强听懂	9.59	6.29	11.14	8.96	11.34	6.87
日常生活和工作中能听懂一部分	11.00	12.45	10.32	17.65	2.82	7.63
根本不会	13.31	13.08	13.42	22.62	1.73	9.05
合　计	100	100	100	100	100	100

非本地劳动力未来回到户口所在地定居的意愿也在很大程度上反映了他们对目前工作或居住地的融入情况。此次调查结果显示，略多于三成（30.82%）的非本地劳动力在未来非常可能回到户口所在地定居，比较可能、比较不可能和非常不可能的比例分别为14.99%、14.03%和15.18%，可见，有可能（包括非常可能和比较可能）在未来回到户口所在地定居的非本地劳动力（占45.81%）明显高于不可能（包括比较不可能和非常不可能）回迁的比例（29.21%）。

不同性别、年龄特征的非本地劳动力的未来回迁意愿存在一定差异。具体

来说(见表4-17),男性非本地劳动力在未来有可能回到户口所在地定居的比例(55.44%)明显高于女性非本地劳动力的这一比例(36.38%),而女性非本地劳动力在未来不可能回到户口所在地定居的比例(37.64%)明显高于男性非本地劳动力的这一比例(20.61%)。从年龄组差异来看,15~29岁低龄非本地劳动力在未来非常可能回到户口所在地定居的比例(21.57%)明显最低,他们在未来不可能回到户口所在地定居的比例(34.36%)则明显高于30~44岁、45岁及以上中高龄非本地劳动力的这一比例(分别为21.90%和31.72%)。

表4-17 全国及不同性别、年龄组流动劳动力回迁的可能性

单位:%

未来回到户口所在地且定居的可能性	全国 合计	性别 男	性别 女	年龄组 15~29岁	年龄组 30~44岁	年龄组 45岁及以上
非常可能	30.82	38.39	23.40	21.57	40.50	35.50
比较可能	14.99	17.05	12.98	15.35	15.81	11.64
不确定	24.98	23.95	25.98	28.72	21.79	21.14
比较不可能	14.03	10.85	17.15	17.82	11.81	7.47
非常不可能	15.18	9.76	20.49	16.54	10.09	24.25
合计	100	100	100	100	100	100

不同居住社区、地区特征的非本地劳动力的未来回迁意愿也存在一定差异。具体来说(见表4-18),村委会社区非本地劳动力在未来非常可能回到户口所在地定居的比例(34.47%)明显高于居委会社区非本地劳动力的这一比例(29.11%),但是,村委会社区非本地劳动力在未来非常不可能回到户口所在地定居的比例(21.57%)也明显高于居委会社区非本地劳动力的这一比例(12.19%)。从地区差异来看,东部地区非本地劳动力在未来非常可能回到户口所在地定居的比例(40.64%)远远高于中、西部地区非本地劳动力的这一比例(分别为19.08%、24.88%),而他们在未来非常不可能回到户口所在地定居的比例(11.96%)则远远低于中、西部地区非本地劳动力的这一比例(分别为19.28%和16.36%)。

表4-18 全国及不同社区、地区流动劳动力回迁的可能性

单位：%

未来回到户口所在地且定居的可能性	全国 合计	社区 村委	社区 居委	地区 东部	地区 中部	地区 西部
非常可能	30.82	34.47	29.11	40.64	19.08	24.88
比较可能	14.99	12.76	16.04	12.81	19.23	11.24
不确定	24.98	18.77	27.88	23.95	24.76	30.08
比较不可能	14.03	12.43	14.78	10.64	17.65	17.44
非常不可能	15.18	21.57	12.19	11.96	19.28	16.36
合 计	100	100	100	100	100	100

二 求职过程

在全部劳动力个体中，曾经从事过或现在正在从事雇员工作的占六成以上（60.62%）；在这个群体中，曾经从事过多份雇员工作的占三成以上（33.75%）。为了了解劳动力职业生涯的起步情况，本报告对劳动力第一份雇员职业的求职过程进行描述和分析。

（一）求职渠道

在第一份雇员工作的求职过程中，这些曾经是雇员的劳动力采用了不同的求职渠道。具体来说（见表4-19），从事过雇员工作的劳动力经别人介绍推荐求职的比例最高，即经亲戚介绍推荐、经同学好友等介绍推荐、其他关系人介绍推荐的比例分别为28.61%、20.65%和10.02%，三者合计将近占到六成（59.28%），个人直接申请的比例也相对较高，占21.91%，通过国家分配或组织调动、单位内招、公开招考、人才招聘会、顶替父母及亲属、职业介绍机构介绍、互联网、投票选举等途径求职的比例分别为9.16%、8.67%、5.19%、3.62%、2.47%、1.91%、1.88%、0.41%。

第四章　中国劳动力的社会网络及求职、创业过程

表 4-19　全国及不同地区雇员的求职渠道

单位：%

	东部	中部	西部	合计
顶替父母	1.48	2.74	2.97	2.21
顶替亲属	0.29	0.29	0.09	0.26
单位内招	7.96	9.14	9.49	8.67
职业介绍机构介绍	1.97	1.86	1.88	1.91
经亲戚介绍推荐	27.58	32.21	20.44	28.61
经同学好友等介绍推荐	22.38	19.35	19.08	20.65
其他关系人介绍推荐	8.88	10.25	13.10	10.02
个人直接申请	22.96	19.82	25.17	21.91
互联网	2.40	1.62	1.01	1.88
人才招聘会	3.28	3.21	6.11	3.62
公开招考	4.97	5.26	5.70	5.19
国家分配或组织调动	8.46	9.94	8.95	9.16
投票选举	0.39	0.47	0.29	0.41
其他	1.68	1.68	3.41	1.90

注：该问题为多项选择题，本表汇总了每个选项的出现情况，各选项之间不具有可加性。

从地区差异来看（见表 4-19），中部地区从事过雇员工作的劳动力经亲戚介绍推荐求职的比例（32.21%）相对最高，东部地区劳动力次之（27.58%），西部地区从事过雇员工作的劳动力的这一比例（20.44%）最低；西部地区从事过雇员工作的劳动力个人直接申请、参加人才招聘会求职的比例（分别为 25.17%、6.11%）相对最高，东部地区劳动力次之（分别为 22.96%、3.28%），而中部地区从事过雇员工作的劳动力的这一比例（分别为 19.82%、3.21%）最低；中部地区从事过雇员工作的劳动力通过国家分配或组织调动求职的比例（9.94%）略高于东、西部地区劳动力的这一比例（分别为 8.46%、8.95%）；东部地区从事过雇员工作的劳动力通过顶替父母、单位内招、公开招考求职的比例相对较低，分别为 1.48%、7.96%、4.97%。

由于从事过雇员工作的劳动力经亲戚介绍推荐、经同学好友等介绍推荐及个人直接申请求职的比例较高，本部分重点分析不同特征的从事过雇员工作的劳动力在这三种求职渠道的选择上存在的差异。调查结果显示（见表 4-20），从事过雇员工作的女性劳动力经亲戚介绍推荐、个人直接申请求职的比例

（分别为29.29%、22.95%）略高于男性劳动力（分别为28.06%、21.07%），而她们经同学好友等介绍推荐的比例（19.06%）则低于男性劳动力的这一比例（21.96%）。从年龄差异来看，从事过雇员工作的15～29岁低龄劳动力经亲戚介绍推荐、个人直接申请求职的比例（分别为34.30%、25.41%）明显较高，而从事过雇员工作的45岁及以上的高龄劳动力经亲戚介绍推荐、经同学好友等介绍推荐、个人直接申请求职的比例（分别为22.17%、14.43%、18.03%）皆明显最低。从受教育程度来看，从事过雇员工作的劳动力经亲戚介绍推荐、经同学好友等介绍推荐、个人直接申请求职的比例随着受教育程度的提高而不断降低，即小学未毕业、小学、初中受教育程度的从事过雇员工作的劳动力通过上述渠道求职的比例明显较高。

表4-20 不同特征雇员在主要求职渠道上分布情况

单位：%

		经亲戚介绍推荐			经同学好友等介绍推荐			个人直接申请		
		否	是	合计	否	是	合计	否	是	合计
性别	男	71.94	28.06	100	78.04	21.96	100	78.93	21.07	100
	女	70.71	29.29	100	80.94	19.06	100	77.05	22.95	100
	合计	71.39	28.61	100	79.35	20.65	100	78.09	21.91	100
年龄组	15～29岁	65.70	34.30	100	77.53	22.47	100	74.59	25.41	100
	30～44岁	71.77	28.23	100	76.60	23.40	100	78.16	21.84	100
	45岁及以上	77.29	22.71	100	85.57	14.43	100	81.97	18.03	100
	合计	71.39	28.61	100	79.35	20.65	100	78.09	21.91	100
受教育程度	小学未毕业	65.63	34.37	100	80.31	19.69	100	75.16	24.84	100
	小学	61.95	38.05	100	72.89	27.11	100	78.27	21.73	100
	初中	67.81	32.19	100	76.11	23.89	100	76.75	23.25	100
	高中	79.97	20.03	100	84.1	15.90	100	80.06	19.94	100
	职高技校	82.42	17.58	100	84.19	15.81	100	81.78	18.22	100
	中专	81.99	18.01	100	85.52	14.48	100	79.00	21.00	100
	大学专科	81.74	18.26	100	87.86	12.14	100	80.63	19.37	100
	大学本科及以上	93.90	6.10	100	93.46	6.54	100	83.71	16.29	100
	合计	71.40	28.60	100	79.20	20.80	100	78.28	21.72	100

在诸多求职渠道中，从事过雇员工作的劳动力认为最有效的求职渠道也有所不同。调查结果显示，25.72%从事过雇员工作的劳动力认为经亲戚介绍推

荐的渠道最有效，18.16%和16.76%的人认为个人直接申请、经同学好友等介绍推荐的渠道最有效，7.94%、7.36%、6.25%的人认为国家分配或组织调动、单位内招、其他关系人介绍推荐的渠道最有效，3.92%、2.98%和2.14%的人认为公开招考、人才招聘会、顶替父母的渠道最有效，认为其他渠道最有效的比例相对偏低。

从地区差异来看（见表4-21），中部地区从事过雇员工作的劳动力认为经亲戚介绍推荐、国家分配或组织调动求职最有效的比例（分别为29.20%、8.99%）相对最高；西部地区从事过雇员工作的劳动力认为通过人才招聘会、公开招考渠道求职最有效的比例（分别为5.10%、4.56%）相对较高；东部地区从事过雇员工作的劳动力认为经同学好友等介绍推荐、个人直接申请、互联网、职业介绍机构介绍渠道求职最有效的比例（分别为19.06%、19.61%、1.79%、1.71%）相对较高，而他们认为通过顶替父母、单位内招渠道求职最有效的比例（分别为1.45%、6.68%）相对较低。

表4-21 全国及不同地区雇员认为最有效的求职渠道

单位：%

	东部	中部	西部	合计
顶替父母	1.45	2.59	2.97	2.14
顶替亲属	0.18	0.29	0.04	0.21
单位内招	6.68	7.85	8.05	7.36
职业介绍机构介绍	1.71	1.48	1.20	1.55
经亲戚介绍推荐	24.68	29.20	17.97	25.72
经同学好友等介绍推荐	19.06	14.93	14.97	16.76
其他关系人介绍推荐	5.85	5.79	9.11	6.25
个人直接申请	19.61	16.39	19.05	18.16
互联网	1.79	1.04	0.77	1.34
人才招聘会	2.66	2.66	5.10	2.98
公开招考	3.71	3.94	4.56	3.92
国家分配或组织调动	7.01	8.99	7.67	7.94
投票选举	0.30	0.44	0.17	0.34
其他	5.31	4.41	8.37	5.33
合 计	100	100	100	100

（二）求职信息

在求职信息的搜集过程中，从事过雇员工作的劳动力也采用了各种不同的途径。具体来说，超过一半（50.05%）的从事过雇员工作的劳动力通过亲朋好友搜集求职信息，当然，没有搜集就业信息的比例也高达15.43%，通过其他个人关系、招工单位、公司或部门，街上张贴的就业广告，互联网，报纸等搜集求职信息的比例分别为11.97%、11.80%、7.38%、6.13%、5.43%。

从地区差异来看（见表4-22），中部地区从事过雇员工作的劳动力通过亲朋好友、政府劳动部门搜集求职信息的比例（分别为53.61%、4.05%）相对最高，西部地区从事过雇员工作的劳动力通过报纸、电视台等媒体，街上张贴的就业公告，职业介绍机构，招工单位、公司或部门，其他个人关系搜集求职信息的比例（分别为8.73%、8.53%、3.35%、12.49%、14.35%）相对最高；东部地区从事过雇员工资的劳动力通过学校、街道等组织，互联网搜集求职信息的比例（分别为5.09%、7.26%）相对较高，同时，他们没有收集就业信息的比例（16.48%）也相对最高。

表4-22 全国及不同地区雇员使用过的求职信息搜集途径

单位：%

	东部	中部	西部	合计
报纸、电视台等媒体	4.53	5.35	8.73	5.43
街上张贴的就业广告	7.50	6.91	8.53	7.38
职业介绍机构	2.77	2.83	3.35	2.87
招工单位、公司或部门	11.41	11.99	12.49	11.80
学校、街道等组织	5.09	3.82	4.69	4.49
政府劳动部门	2.31	4.05	3.79	3.25
亲朋好友	48.57	53.61	43.45	50.05
其他个人关系	9.55	13.74	14.35	11.97
互联网	7.26	5.02	5.92	6.13
没有搜集就业信息	16.48	14.95	13.45	15.43
其他	1.89	2.07	4.27	2.28

注：该问题为多项选择题，本表汇总了每个选项的出现情况，各选项之间不具有可加性。

在诸多的求职信息途径中，从事过雇员工作的劳动力认为最有效的求职信息途径也有所不同。调查结果显示，55.60%从事过雇员工作的劳动力认为通过亲朋好友搜集求职信息最有效，11.09%和8.26%的人认为通过招工单位、公司或部门，其他个人关系搜集求职信息最有效，认为通过街上张贴的就业广告，互联网，学校、街道等组织，政府劳动部门，报纸、电视台等媒体，职业介绍机构搜集求职信息最有效的分别占5.77%、5.60%、4.78%、3.53%、3.01%、2.36%。

从地区差异来看（见表4-23），中部地区从事过雇员工作的劳动力认为通过亲朋好友搜集求职信息最有效的比例（59.42%）最高，东部地区劳动力次之（54.55%），而西部地区从事过雇员工作的劳动力认为这一途径最有效的比例（46.67%）相对最低；西部地区从事过雇员工作的劳动力认为通过报纸、电视台等媒体，招工单位、公司或部门，其他个人关系搜集求职信息最有效的比例（分别为6.36%、13.02%、10.35%）相对最高；东部地区从事过雇员工作的劳动力认为通过互联网搜集求职信息最有效的比例（7.22%）相对最高，他们认为通过政府劳动部门搜集求职信息最有效的比例（2.40%）相对最低；中部地区从事过雇员工作的劳动力认为通过街上张贴的就业广告，学校、街道等组织，互联网搜集求职信息最有效的比例（分别为4.90%、4.00%、4.05%）相对最低。

表4-23　全国及不同地区雇员认为最有效的求职信息搜集途径

单位：%

	东部	中部	西部	合计
报纸、电视台等媒体	2.80	2.20	6.36	3.01
街上张贴的就业广告	6.49	4.90	6.15	5.77
职业介绍机构	2.35	2.24	2.75	2.36
招工单位、公司或部门	10.94	10.67	13.02	11.09
学校、街道等组织	5.43	4.00	5.15	4.78
政府劳动部门	2.40	4.44	4.31	3.53
亲朋好友	54.55	59.42	46.67	55.60
其他个人关系	7.82	8.08	10.35	8.26
互联网	7.22	4.05	5.24	5.60
合　计	100	100	100	100

（三）招考程序

在第一份雇员工作的求职过程中，这些曾经是雇员的劳动力经历的招考程序有所不同。此次调查结果显示，招工单位或雇主安排笔试的比例不高，仅为21.57%，而安排口试或面试的比例也不到一半（41.46%）。从地区差异来看（见表4-24），东部地区从事过雇员工作的劳动力被招工单位或雇主安排笔试的比例相对较低，仅为20.51%，而中、西部地区从事过雇员工作劳动力的这一比例略高一些（分别为22.05%、23.53%），并且二者相差不多；中部地区从事过雇员工作的劳动力被招工单位或雇主安排口试或面试的比例相对较低，仅为39.11%，而东、西部地区从事过雇员工作劳动力的这一比例明显较高（分别为43.07%、43.69%），并且二者相差不多。

表4-24 全国及不同地区雇员经历过的招考程序

单位：%

		东部	中部	西部	合计
招工单位或雇主是否安排笔试	是	20.51	22.05	23.53	21.57
	否	79.49	77.95	76.47	78.43
	合计	100	100	100	100
招工单位或雇主是否安排口试或面试	是	43.07	39.11	43.69	41.46
	否	56.93	60.89	56.31	58.54
	合计	100	100	100	100

（四）求职中获得的支持

在第一份雇员工作的求职过程中，这些曾经是雇员的劳动力获得他人帮助的情况有所不同。从求职过程中获得的人际支持来看（见表4-25），近一半（47.98%）从事过雇员工作的劳动力得到过他人帮助，并且，西部地区从事过雇员工作劳动力的这一比例（51.11%）高于东、中部地区劳动力的这一比例（分别为47.25%、47.77%）。

表4-25　全国及不同地区雇员求职时获得他人帮助的情况

单位：%

是否有人帮助		东部	中部	西部	合计
是否有人帮助	是	47.25	47.77	51.11	47.98
	否	52.75	52.23	48.89	52.02
	合计	100	100	100	100
给予帮助的人	家人	14.01	20.33	17.81	17.20
	亲属	26.08	31.67	24.78	28.29
	亲密朋友	22.47	22.79	20.23	22.31
	一般朋友	16.45	13.12	18.62	15.32
	同乡	8.15	8.11	11.28	8.55
	同学	7.94	6.73	8.88	7.55
	战友	0.09	0.29	0.75	0.26
	邻里	4.93	3.73	5.57	4.50
	师生	1.51	0.89	2.22	1.34
	师徒	0.61	0.78	0.39	0.65
	同事	5.71	3.17	7.44	4.85
	间接关系	1.25	1.28	2.44	1.42
	生意或项目伙伴	0.46	0.21	1.26	0.45
	上下级领导关系	1.08	0.75	1.76	1.03
	企业机构	0.55	0.59	0.37	0.54
	其他	1.00	1.38	1.42	1.22

注：雇员求职时获得他人帮助的问题为多项选择题，本表汇总了每个选项的出现情况，各选项之间不具有可加性。

从获得帮助的来源看，在第一份雇员工作的求职过程中，这些曾经是雇员的劳动力获得亲属、亲密朋友帮助的比例相对较高，分别为28.29%、22.31%，获得家人、一般朋友帮助的比例也略高（分别为17.20%、15.32%），获得同乡、同学、同事、邻里帮助的也占有一定比例，分别为8.55%、7.55%、4.85%、4.50%，而获得间接关系、师生、上下级领导关系、师徒、企业机构、生意或项目伙伴帮助的比例则非常低，分别为1.42%、1.34%、1.03%、0.65%、0.54%、0.45%。

从地区差异来看（见表4-25），西部地区从事过雇员工作的劳动力在求职过程中获得过一般朋友、同乡、同学、邻里、同事帮助的比例（分别为18.62%、11.28%、8.88%、5.57%、7.44%）相对较高，他们获得亲属、亲密朋友帮助的比例（分别为24.78%、20.23%）相对较低；中部地区从事过雇员工作的劳动力在求职过程中获得过家人、亲属帮助的比例（分别为20.33%、31.67%）相对较高，他们获得一般朋友、同学、邻里、同事帮助的比例（分别为13.12%、6.73%、3.73%、3.17%）相对较低；东部地区从事过雇员工作的劳动力在求职过程中获得过家人帮助的比例（14.01%）相对最低。

从获得他人帮助的内容看，提供就业信息、告知招工单位或雇主情况、帮助推荐是他人给予从事过雇员工作的劳动力较多的帮助内容。具体来说，45.20%的人在求职过程中获得过他人提供就业信息的帮助，分别有16.16%、14.02%的人在求职过程中分别获得过他人告知招工单位或雇主情况、推荐的帮助，分别有9.90%、9.24%的人在求职过程中获得过他人向有关方面打招呼、直接提供工作的帮助，分别有6.83%、6.56%、3.94%、3.48%、3.34%的人在求职过程中获得过他人安排与有关人员见面、提出具体建议或指导申请、报名或递交申请、解决求职中的具体问题、陪同造访有关人员的帮助，还有很低比例（分别为1.69%、1.04%）的人在求职过程中获得过他人整理及亲自准备申请材料的帮助。

从地区差异来看（见表4-26），东部地区从事过雇员工作的劳动力在求职过程中获得过他人提供就业信息、告知招工单位或雇主情况、报名或递交申请、推荐、向有关方面打招呼、安排与有关人员见面、陪同造访有关人员、直接提供工作帮助的比例明显高于中、西部地区从事过雇员工作劳动力的相应比例；西部地区从事过雇员工作的劳动力在求职过程中获得过他人提出具体建议或指导申请、整理申请材料、解决求职中具体问题帮助的比例（分别为8.33%、2.07%、3.86%）明显高于东、中部地区从事过雇员工作劳动力的相应比例；中部地区从事过雇员工作的劳动力在求职过程中获得过他人提供就业信息的比例（43.88%）明显低于东、西部地区从事过雇员工作劳动力的这一比例。

表 4-26　全国及不同地区雇员求职时获得他人帮助的内容

单位：%

	东部	中部	西部	合计
提供就业信息	46.50	43.88	45.06	45.20
告知招工单位或雇主的情况	18.41	14.63	13.58	16.16
提出具体建议,指导申请	6.55	6.03	8.33	6.56
帮助整理申请材料	1.68	1.58	2.07	1.69
亲自准备申请材料	1.04	0.94	1.35	1.04
帮助报名、递交申请	4.23	3.91	3.04	3.94
帮助推荐	14.83	13.64	12.50	14.02
帮助向有关方面打招呼	11.67	8.50	8.54	9.90
安排与有关人员见面	8.49	5.40	5.95	6.83
陪同造访有关人员	4.94	1.85	2.79	3.34
帮助解决求职中的具体问题	3.30	3.56	3.86	3.48
直接提供工作	9.98	8.72	8.48	9.24
其他	0.40	0.37	1.44	0.52

注：该问题为多项选择题,本表汇总了每个选项的出现情况,各选项之间不具有可加性。

三　雇主的创业过程

在全部劳动力中,目前作为雇主的个体占 5.30%,本报告对雇主的创业过程进行简要的描述和分析。

（一）创业之初的竞争及获得的支持

此次调查结果显示,在目前从业状态为雇主的劳动力中,有超过一半 (54.60%) 的人认为创业之初面临着激烈的竞争,他们中认为创业之初的竞争根本不激烈及没有竞争的比例仅为 10.95%。

从地区差异来看（见表 4-27）,东部地区的雇主认为创业之初竞争激烈的比例 (57.39%) 高于中、西部地区雇主的这一比例（分别为 52.69% 和 54.63%）,西部地区雇主认为创业之初的竞争根本不激烈及没有竞争的比例 (16.15%) 明显高于东、中部地区雇主的这一比例（分别为 12.09%、8.36%）。

表4-27 全国及不同地区雇主对创业之初竞争程度的评价

单位：%

	东部	中部	西部	合计
非常激烈	20.37	16.84	19.62	18.50
比较激烈	37.02	35.85	35.01	36.10
不太激烈	26.99	33.82	27.03	30.37
根本不激烈	2.96	5.13	8.27	4.94
没有竞争	9.13	3.23	7.88	6.01
不好说	3.54	5.13	2.19	4.09
合计	100	100	100	100

在创业之初，雇主获得他人主动提供生意或项目的比例超过六成（64.05%）；其中，与提供生意或项目的人认识的比例并不高，仅为18.79%；在这些雇主认识的人中，为雇主提供生意或项目的以同事和亲属为主，分别占82.06%和50.85%。

从地区差异来看（见表4-28），中部地区的雇主在创业之初获得他人主动提供生意或项目的比例最高（66.89%），东部地区的雇主次之，西部地区雇主的这一比例最低（58.33%）。然而，西部地区雇主与提供生意或项目的

表4-28 全国及不同地区为雇主创业之初主动提供生意项目的人的情况

单位：%

		东部	中部	西部	合计
创业之初是否有人主动提供生意或项目	是	62.61	66.89	58.33	64.05
	否	37.39	33.11	41.67	35.95
	合计	100	100	100	100
与提供生意或项目的人以前是否认识	是	13.87	20.32	24.42	18.79
	否	86.13	79.68	75.58	81.21
	合计	100	100	100	100
与提供生意或项目的人是否为亲属	是	56.00	49.01	44.39	50.85
	否	44.00	50.99	55.61	49.15
	合计	100	100	100	100
与提供生意或项目的人是否为同事	是	84.62	86.98	64.99	82.06
	否	15.38	13.02	35.01	17.94
	合计	100	100	100	100

人以前认识的比例最高（24.42%），中部地区的雇主次之，东部地区雇主的这一比例最低，仅为13.87%。在这些认识的人中，为东部地区雇主提供生意或项目的人为亲属比例最高（56.00%），中部地区次之（49.01%），西部地区的这一比例最低（44.39%）；在这些认识的人中，为西部地区雇主提供生意或项目的人为同事的比例最低（64.99%），而东、中部地区的这一比例明显较高，分别为84.62%、86.98%。

（二）生意或项目渠道

无论是创业之初还是目前，个人或顾客、个体经营、私营企业始终是雇主的主要生意或项目渠道。具体来说（见表4-29），创业之初，雇主以个人或顾客、个体经营、私营企业为生意或项目渠道的比例分别为58.05%、55.40%、19.59%，以党政机关、国营企业、事业单位、集体企业、外资或合资企业、股份制企业、境外企业为生意或项目渠道的雇主也占有一定比例，分别为2.23%、2.68%、2.31%、4.08%、2.52%、1.91%、1.40%。目前，除了个体经济、境外企业以外，雇主以上述各项为生意或项目渠道的比例都有所增加，其中，以个人或顾客、私营企业为生意或项目渠道的比例分别增加了

表4-29 全国及不同地区雇主的生意或项目渠道

单位：%

渠道	创业之初 东部	创业之初 中部	创业之初 西部	创业之初 合计	目前 东部	目前 中部	目前 西部	目前 合计
党政机关	3.69	1.52	1.38	2.23	2.99	4.38	3.18	3.71
国营企业	3.81	1.99	2.46	2.68	4.10	7.06	3.05	5.38
事业单位	2.28	3.06	0.21	2.31	3.09	4.21	4.91	3.95
集体企业	3.86	3.88	5.08	4.08	4.90	8.08	3.39	6.21
个体经营	50.84	64.21	38.93	55.40	51.80	59.33	44.28	54.23
私营企业	24.57	18.72	12.28	19.59	26.61	23.88	11.34	22.66
外资或合资企业	6.21	0.61	0.75	2.52	7.74	1.85	1.93	3.84
股份制企业	3.29	1.45	0.57	1.91	4.21	4.21	1.28	3.71
个人或顾客	59.09	56.08	61.69	58.05	55.78	66.54	62.14	62.17
境外企业	4.17	0	0	1.40	3.31	0	0	1.11
其他					0.93	0	0.54	0.40

注：该问题为多项选择题，本表汇总了每个选项的出现情况，各项选之间不具有可加性。

4.12、3.07 个百分点,以党政机关、国营企业、事业单位、集体企业、外资或合资企业、股份制企业为生意或项目渠道的比例分别增加了 1.48、2.70、1.64、2.13、1.32、1.80 个百分点,但是,以个体经济和境外企业为生意或项目渠道的比例降低了 1.17、0.29 个百分点。可见,雇主的生意或项目渠道在逐渐多样化。

从地区差异来看(见表 4-29),创业之初,东部地区雇主以党政机关、国营企业、私营企业、外资或合资企业、股份制企业、境外企业为生意或项目渠道的比例(分别为 3.69%、3.81%、24.57%、6.21%、3.29%、4.17%)明显高于中、西部地区雇主的相应比例;中部地区雇主以个体经营为生意或项目渠道的比例明显较高;西部地区雇主以个人或顾客为生意或项目渠道的比例明显较高。目前,东部地区雇主以私营企业、外资或合资企业、境外企业为生意或项目渠道的比例(分别为 26.61%、7.74%、3.31%)仍然明显高于中、西部地区雇主的相应比例,但是,他们以党政机关、国营企业为生意或项目渠道的比例有所下降;中部地区雇主以党政机关、国营企业、集体企业、个体经营、个人或顾客为生意或项目渠道的比例相对较高;西部地区雇主以事业单位为生意或项目渠道的比例较高,而以个体经营、私营企业、股份制企业为生意或项目渠道的比例明显较低。

(三)社会支持的情况

在生意或项目的运营中,为雇主介绍生意的人非常丰富,主要集中于亲密朋友、亲属、一般朋友、家人、生意或项目伙伴、同乡、同学、邻里。具体来说(见表 4-30),由亲密朋友、亲属、一般朋友、家人、生意或项目伙伴介绍过生意的雇主的比例分别为 38.90%、37.28%、29.96%、24.71%、21.54%,由同乡、同学、邻里、间接关系介绍过生意的雇主的比例分别为 14.84%、17.26%、10.97%、10.22%,由师生、师徒、战友介绍生意的雇主比例较低(分别为 3.90%、2.85%、1.30%)。值得注意的是,28.89% 的雇主没人帮忙介绍生意。

表4-30 全国及不同地区为雇主介绍过生意的人的情况

单位：%

	东部	中部	西部	合计
家人	21.04	28.45	21.15	24.71
亲属	33.84	41.33	32.36	37.28
亲密朋友	34.96	43.58	33.16	38.90
一般朋友	25.76	34.47	25.20	29.96
同乡	7.53	19.33	16.26	14.84
同学	10.50	22.98	14.00	17.26
战友	0.33	2.20	0.61	1.30
邻里	4.09	15.30	11.98	10.97
师生	3.81	4.86	1.32	3.90
师徒	0.97	4.83	0.83	2.85
同事	10.54	4.29	16.94	8.55
生意或项目伙伴	20.18	23.33	19.04	21.54
间接关系	4.70	14.79	7.90	10.22
没有人介绍	28.58	28.81	29.73	28.89
其他	3.53	1.12	1.91	2.06

注：该问题为多项选择题，本表汇总了每个选项的出现情况，各选项之间不具有可加性。

从地区差异来看（见表4-30），中部地区雇主由家人、亲属、亲密朋友、一般朋友、同乡、同学、战友、邻里、师生、师徒、生意或项目伙伴、间接关系介绍生意的比例（分别为28.45%、41.33%、43.58%、34.47%、19.33%、22.98%、2.20%、15.30%、4.86%、4.83%、23.33%、14.79%）皆明显较高，他们由同事介绍生意的比例（4.29%）则明显较低；各地区雇主没有人介绍生意的比例相差不大。

此外，为雇主介绍生意的人主要来自个体经营、私营企业，而来自其他单位或组织类型的比例则很低。具体来说（见表4-31），雇主的生意介绍人来自个体经营的比例高达54.35%，来自私营企业的比例也占到24.72%，来自党政机关、国营企业、事业单位、集体企业的比例分别为11.60%、9.94%、7.91%、10.57%，来自外资或合资企业、股份制企业、工商联、企业家协会、行业协会、专业协会的比例更低，分别为4.36%、3.51%、2.58%、1.27%、1.98%、1.68%。

从地区差异来看（见表4-31），中部地区雇主的生意介绍人来自党政机关、国营企业、集体企业、个体经营、专业协会的比例相对较高，分别为13.82%、12.40%、13.39%、58.53%、1.96%；东部地区雇主的生意介绍人来自外资或合资企业、行业协会的比例较高，分别为6.16%、2.91%，他们的生意介绍人来自事业单位、私营企业、股份制企业的比例相对较低，分别为7.36%、21.74%、2.98%；西部地区雇主的生意介绍人来自股份制企业、工商联的比例相对较高，分别为4.79%、3.53%。

表4-31 全国及不同地区为雇主介绍过生意的人的工作部门情况

单位：%

	东部	中部	西部	合计
党政机关	8.69	13.82	10.93	11.60
国营企业	6.60	12.40	9.40	9.94
事业单位	7.36	8.01	8.73	7.91
集体企业	5.78	13.39	11.85	10.57
个体经营	47.40	58.53	55.93	54.35
私营企业	21.74	26.15	26.48	24.72
外资或合资企业	6.16	3.53	3.19	4.36
股份制企业	2.98	3.43	4.79	3.51
工商联	2.13	2.56	3.53	2.58
企业家协会	1.47	0.97	1.76	1.27
行业协会	2.91	1.42	1.76	1.98
专业协会	1.47	1.96	1.26	1.68

注：该问题为多项选择题，本表汇总了每个选项的出现情况，各选项之间不具有可加性。

对于生意或项目的运营中人际关系的使用，大部分雇主呈消极态度。具体来说，超过六成（60.65%）的雇主认为找过关系帮忙但没起什么作用，有三成以上（37.09%）的雇主认为有的关系起了作用但不是决定作用，还有近六成（59.24%）的雇主认为起决定性作用的只有一个关系。

从地区差异来看（见表4-32），各地区雇主认为找过关系帮忙但没起什么作用的比例相差不大；中部地区雇主认为有的关系起了作用但不是决定作用的比例相对最高，为40.13%；东部地区雇主认为起决定性作用的关系只有一个的比例（70.36%）明显高于中、西部地区雇主的这一比例（分别为57.58%、42.33%）。

表4–32　全国及不同地区雇主对生意中人际关系的认同情况

单位：%

		东部	中部	西部	合计
找了关系帮忙，但没起什么作用	符合	60.11	60.80	61.27	60.65
	不符合	39.89	39.20	38.73	39.35
	合计	100	100	100	100
有的关系起了作用，但不是决定性作用	符合	34.37	40.13	33.90	37.09
	不符合	65.63	59.87	66.10	62.91
	合计	100	100	100	100
起决定性作用的只有一个关系	符合	70.36	57.58	42.33	59.24
	不符合	29.64	42.42	57.67	40.76
	合计	100	100	100	100

小　　结

本部分要点总结如下。

1. 从本地社会关系的情况来看，接近九成的劳动力（87.88%）在本地有关系密切且可以从中获得支持和帮助的朋友或熟人，而在本地一个朋友都没有的比例为12.12%；九成以上的劳动力在本地有可以诉说心事、可以讨论重要问题的朋友或熟人，二者的比例分别为91.96%、90.68%，而在本地没有一个可以诉说心事、可以讨论重要问题的朋友或熟人的比例仅为8.04%、9.32%；然而，只有不到3/4（为74.17%）的劳动力在本地有可以向其借钱（超过5000元）的朋友或熟人，而在本地一个这样的朋友都没有的比例高达25.83%。可见，虽然劳动力在本地大多可以获得朋友或熟人的精神支持，但能够从中获得经济支持的状况并不乐观。同时，不同个人特征劳动力的当地社会关系情况存在着明显的差异。

2. 超过一半（57.53%）的劳动力与本社区（村）邻里街坊及其他居民比较或非常熟悉，接近一半（49.64%）的劳动力对本社区（村）邻里街坊及其他居民比较或非常信任，接近四成（39.91%）的劳动力与本社区（村）邻里街坊及其他居民的互助比较或非常多，只有32.54%的劳动力在本村或居委会上次选举中自己去投票。不同个人特征劳动力与本社区（村）邻里街坊及其他居民的熟悉程度、信任程度、互助频率及在本村或居委会选举中投票的主动性皆存在明显差异。另外，全国及各地区劳动力参加各种社团或社会组织的比例并不高，参加学习培训机构的劳动力比例略高（10.51%），参加居委会和休闲娱乐活动劳动力的比例次之（分别为7.53%、7.19%），参加公益、职业者团体，同乡会，宗教组织，业主委员会的比例相对较低（分别为5.15%、2.20%、1.35%、1.32%）。

3. 从工作单位的人员构成及与单位本地人的交往情况来看，大概有一半（48.23%）非本地劳动力的工作单位以本地人为主，他们中有超过一半（56.00%）的人与单位本地人经常交往，与单位本地人有时、偶尔交往的比例分别为19.50%、21.47%，而从不与单位本地人交往的比例很低，仅为3.03%。同时，从居住社区的人员构成及与社区本地人的交往情况上来看，大概有七成（69.94%）非本地劳动力的居住社区以本地人为主，但是，他们中有不到1/4（23.25%）的人与社区本地人经常交往，与社区本地人偶尔、有时交往的比例很高，分别为46.29%、21.50%，从不与社区本地人交往的比例也不低，占8.96%。

4. 近一半（44.37%）的非本地劳动力在日常生活和工作中能流利地运用本地方言，能够听懂并会说一点的比例为21.73%，能勉强听懂及能听懂一部分的分别占9.59%、11.00%，而根本不会本地方言的比例高达13.31%。同时，略多于三成（30.82%）的非本地劳动力在未来非常可能回到户口所在地定居，比较可能、比较不可能和非常不可能的比例分别为14.99%、14.03%、15.18%，可见，有可能（包括非常可能和比较可能）在未来回到户口所在地定居的非本地劳动力（占35.81%）明显高于不可能（包括比较不可能和非常不可能）回迁的比例（29.21%）。

5. 在第一份雇员工作的求职过程中，这些曾经是雇员的劳动力采用了不同的求职渠道，他们经别人介绍推荐求职的比例最高，即经亲戚介绍推荐、经同学好友等介绍推荐、其他关系人介绍推荐的比例分别为28.61%、20.65%和10.02%，三者合计将近占到六成（59.28%），个人直接申请的比例也相对较高，占21.91%，通过国家分配或组织调动、单位内招、公开招考、人才招聘会、顶替父母及亲属、职业介绍机构介绍、互联网、投票选举等途径求职的比例分别为 9.16%、8.67%、5.19%、3.62%、2.47%、1.91%、1.88%、0.41%。在诸多的求职渠道中，25.72%的从事过雇员工作的劳动力认为经亲戚介绍推荐的渠道最有效，18.16%和 16.76%的人认为个人直接申请、经同学好友等介绍推荐的渠道最有效，7.94%、7.36%、6.25%的人认为国家分配或组织调动、单位内招、其他关系人介绍推荐的渠道最有效，3.92%、2.98%和 2.14%的人认为公开招考、人才招聘会、顶替父母的渠道最有效，认为其他各种渠道最有效的比例相对偏低。在第一份雇员工作的求职过程中，这些曾经是雇员的劳动力经历的招考程序有所不同，招工单位或雇主为他们安排笔试的比例不高，仅为 21.57%，而安排口试或面试的比例也不到一半（41.46%）。

6. 在目前从业状态为雇主的劳动力中，有超过一半（54.60%）的人认为创业之初面临着激烈的竞争，他们中认为创业之初的竞争根本不激烈及没有竞争的比例仅为 10.95%。在创业之初，雇主获得他人主动提供生意或项目的比例超过六成（64.05%）；其中，与提供生意或项目的人认识的比例并不高，仅为 18.79%；在这些雇主认识的人中，为雇主提供生意或项目的以同事和亲属为主，分别占 82.06%和 50.85%。无论是创业之初还是目前，个人或顾客、个体经营、私营企业始终是雇主的主要生意或项目渠道。在生意或项目的运营中，为雇主介绍生意的人非常丰富，主要集中于亲密朋友、亲属、一般朋友、家人、生意或项目伙伴、同乡、同学、邻里，由亲密朋友、亲属、一般朋友、家人、生意或项目伙伴介绍过生意的雇主的比例分别为 38.90%、37.28%、29.96%、24.71%、21.54%，由同乡、同学、邻里、间接关系介绍过生意的雇主的比例分别为 14.84%、17.26%、10.97%、10.22%，由师生、师徒、战友介绍生意的雇主比例较低（分别为 3.90%、2.85%、1.30%）。值得注意的是，28.89%的雇主没人帮忙介绍生意。此外，为雇主介绍生意的人主要来自个体经营、私营企业，而来自其他单位或组织类型的比例则很低。对于生意或项目的运营中人际关系的使用，大部分雇主呈消极态度。具体来说，超过六成（60.65%）的雇主认为找过关系帮忙但没起什么作用，有三成以上（37.09%）的雇主认为有的关系起了作用但不是决定作用，还有近六成（59.24%）的雇主认为起决定性作用的只有一个关系。

第五章
中国劳动力的观念状态

一 劳动观念

(一)对目前工作价值的评价

1. 对目前工作价值的总体评价

工作价值包括很多方面,此次调查从谋生、让自己心安、认识更多的人、获得尊重、满足兴趣、充分发挥自己的能力等六方面来考察劳动力对目前工作价值的评价。结果显示(见表5-1),认为目前工作的谋生价值非常重要的比例最高,为34.08%,而认为在目前工作中让自己心安、认识更多的人、获得尊重、满足兴趣、充分发挥自己能力非常重要的比例仅分别为10.24%、8.15%、9.72%、6.38%、8.52%。从目前工作价值重要性的排序来看,劳动力认为目前工作的谋生价值重要的比例(76.54%)最高;让自己心安、获得尊重的重要性次之,认为二者重要的比例分别为56.99%、55.27%;充分发挥自己的能力、认识更多的人的重要性再次,认为二者重要的比例分别为

表5-1 全国劳动力对目前工作价值的评价

单位:%

项 目	非常不重要	不重要	一般	重要	非常重要	合计
谋生	0.34	4.86	18.26	42.46	34.08	100
让自己心安	0.31	5.38	37.32	46.75	10.24	100
认识更多的人	0.94	11.44	40.34	39.13	8.15	100
获得尊重	0.59	5.00	39.14	45.55	9.72	100
满足兴趣	1.20	10.44	49.33	32.65	6.38	100
充分发挥自己的能力	0.74	7.29	44.32	39.13	8.52	100

47.65%、47.28%；认为目前工作的兴趣价值重要的比例最低，仅为39.03%。同时，他们认为目前工作的谋生价值、获得尊重、让自己心安不重要的比例相对较低，仅分别为5.20%、5.59%、5.69%，认为目前工作中认识更多人、满足兴趣、充分发挥自己能力不重要的比例分别为12.38%、11.64%、8.03%。

2. 不同特征劳动力对目前工作价值的评价

不同特征劳动力对目前工作价值的评价存在一定差异。从个人特征来看（见表5-2），男性劳动力认为目前工作能够谋生、认识更多的人、获得尊重、满足兴趣、充分发挥自己能力重要的比例（分别为77.41%、49.91%、56.10%、40.11%、50.29%）明显高于女性劳动力的相应比例（分别为75.57%、44.34%、54.35%、37.82%、44.69%），女性劳动力认为目前工作让自己心安价值重要的比例（58.43%）明显高于男性劳动力的相应比例（55.70%）。从年龄差异来看，45岁及以上高龄劳动力认为目前工作谋生、让自己心安价值重要的比例（分别为83.37%、60.52%）最高，30~44岁中龄劳动力的二者比例次之，15~29岁低龄劳动力的相应比例最低，仅分别为64.06%、48.36%；15~29岁低龄劳动力认为目前工作认识更多人、获得尊重的价值重要的比例较高，分别为50.74%、56.21%，30~44岁中劳动力的二者比例次之，45岁及以上高龄劳动力的相应比例较低，分别为44.29%、54.89%；45岁及以上高龄劳动力认为目前工作满足兴趣、充分发挥自己能力的价值重要的比例（分别为41.12%、48.30%）略高，15~29岁低龄劳动力的相应比例次之，30~44岁中龄劳动力的相应比例相对略低，分别为37.71%、46.86%。

从户口性质及地区差异来看（见表5-3），非农业户口劳动力认为目前工作让自己心安、认识更多的人、获得尊重、满足兴趣、充分发挥自己能力的价值重要的比例（分别为57.69%、48.08%、58.88%、41.85%、51.19%）皆高于农业户口劳动力的相应比例（分别为56.72%、46.98%、53.89%、37.95%、46.29%），而农业户口劳动力认为目前工作的谋生价值重要的比例（78.12%）明显高于非农业户口劳动力的这一比例（72.41%）。西部地区劳动力认为目前工作的各种价值重要的比例皆高于东、中部地区劳动力的相应比例。具体来说，他们认为目前工作的谋生、满足兴趣、充分发挥自己能力的价值重要的比例分别为78.96%、48.78%、60.01%，中部地区劳动力的三者比例次

表 5-2　全国及不同性别、年龄组劳动力对目前工作价值的评价

单位：%

		全国	性别		年龄组		
		合计	男	女	15~29 岁	30~44 岁	45 岁及以上
谋生	不重要	5.20	4.62	5.84	9.32	4.29	3.39
	一般	18.26	17.97	18.59	26.62	17.68	13.24
	重要	76.54	77.41	75.57	64.06	78.03	83.37
	合计	100	100	100	100	100	100
让自己心安	不重要	5.69	6.26	5.06	8.75	4.76	4.62
	一般	37.32	38.04	36.51	42.89	36.07	34.86
	重要	56.99	55.70	58.43	48.36	59.17	60.52
	合计	100	100	100	100	100	100
认识更多的人	不重要	12.38	11.02	13.9	9.92	12.63	13.78
	一般	40.34	39.07	41.76	39.34	39.49	41.93
	重要	47.28	49.91	44.34	50.74	47.88	44.29
	合计	100	100	100	100	100	100
获得尊重	不重要	5.59	5.75	5.42	4.77	5.22	6.54
	一般	39.13	38.15	40.23	38.99	39.75	38.57
	重要	55.28	56.10	54.35	56.24	55.03	54.89
	合计	100	100	100	100	100	100
满足兴趣	不重要	11.64	11.47	11.84	12.6	11.70	10.92
	一般	49.33	48.42	50.34	49.37	50.59	47.96
	重要	39.03	40.11	37.82	38.03	37.71	41.12
	合计	100	100	100	100	100	100
充分发挥自己的能力	不重要	8.02	7.68	8.40	8.50	7.62	8.12
	一般	44.33	42.03	46.91	43.56	45.52	43.58
	重要	47.65	50.29	44.69	47.94	46.86	48.30
	合计	100	100	100	100	100	100

之，东部地区劳动力的三者比例最低，仅分别为 72.40%、36.33%、45.07%；同样，西部地区劳动力认为目前工作让自己心安、认识更多的人、获得尊重重要的比例也非常高，分别为 64.59%、55.57%、65.07%，东部地区劳动力的三者比例次之，中部地区劳动力的三者比例最低，分别为 54.52%、45.32%、53.24%。

表 5-3 全国及不同户口性质、地区劳动力对目前工作价值的评价

单位：%

		全国	户口性质		地区		
		合计	农业	非农业	东部	中部	西部
谋生	不重要	5.20	5.11	5.44	4.99	5.09	6.06
	一般	18.26	16.77	22.15	22.61	15.96	14.98
	重要	76.54	78.12	72.41	72.40	78.94	78.96
	合计	100	100	100	100	100	100
让自己心安	不重要	5.69	5.73	5.60	5.55	5.70	6.02
	一般	37.32	37.55	36.71	37.25	39.78	29.39
	重要	56.99	56.72	57.69	57.20	54.52	64.59
	合计	100	100	100	100	100	100
认识更多的人	不重要	12.38	12.77	11.35	12.55	12.88	10.27
	一般	40.34	40.25	40.57	40.89	41.80	34.16
	重要	47.28	46.98	48.08	46.56	45.32	55.57
	合计	100	100	100	100	100	100
获得尊重	不重要	5.59	5.85	4.92	5.73	5.65	5.05
	一般	39.13	40.26	36.2	40.25	41.11	29.88
	重要	55.28	53.89	58.88	54.02	53.24	65.07
	合计	100	100	100	100	100	100
满足兴趣	不重要	11.64	12.55	9.28	12.68	11.57	9.28
	一般	49.33	49.50	48.87	50.99	50.31	41.94
	重要	39.03	37.95	41.85	36.33	38.12	48.78
	合计	100	100	100	100	100	100
充分发挥自己的能力	不重要	8.02	8.52	6.72	9.12	7.78	6.04
	一般	44.33	45.19	42.09	45.81	46.36	33.95
	重要	47.65	46.29	51.19	45.07	45.86	60.01
	合计	100	100	100	100	100	100

从受教育程度来看，劳动力的受教育程度越高，认为目前工作让自己心安、认识更多的人、获得尊重、满足兴趣、充分发挥自己能力重要的比例越高。具体来说（见表5-4），大学本科及以上受教育程度劳动力认为目前工作让自己心安、认识更多的人、获得尊重、满足兴趣、充分发挥自己能力的价值重要的比例相对最高，分别为62.87%、52.16%、64.18%、53.38%、59.86%，大专受教育程度劳动力者的相应比例次之；而小学未毕业、小学、初中、高中受教育程度

劳动力认为目前工作谋生价值重要的比例较高，分别为 84.82%、79.13%、76.29%、72.91%，而他们认为目前工作其他价值重要的比例明显较低。

表 5-4 不同受教育程度劳动力对目前工作价值的评价

单位：%

		小学未毕业	小学	初中	高中	职高/技校/中专	大专	大本及以上	合计
谋生	不重要	3.15	5.62	5.01	5.48	5.73	8.40	5.83	5.29
	一般	12.03	15.25	18.70	21.61	26.13	25.15	21.79	18.37
	重要	84.82	79.13	76.29	72.91	68.14	66.45	72.38	76.34
	合计	100	100	100	100	100	100	100	100
让自己心安	不重要	4.90	5.75	5.86	5.39	6.70	4.94	5.60	5.67
	一般	32.24	36.03	38.62	39.96	39.17	40.87	31.53	37.31
	重要	62.86	58.22	55.52	54.65	54.13	54.19	62.87	57.02
	合计	100	100	100	100	100	100	100	100
认识更多的人	不重要	15.80	13.14	11.83	12.07	8.82	9.36	11.05	12.24
	一般	41.18	39.65	40.05	41.36	41.85	40.70	36.79	40.22
	重要	43.02	47.21	48.12	46.57	49.33	49.94	52.16	47.54
	合计	100	100	100	100	100	100	100	100
获得尊重	不重要	7.15	5.80	5.37	5.68	5.42	4.77	3.20	5.58
	一般	41.45	39.59	38.88	37.96	39.78	35.24	32.62	38.83
	重要	51.40	54.61	55.75	56.36	54.80	59.99	64.18	55.59
	合计	100	100	100	100	100	100	100	100
满足兴趣	不重要	13.06	13.55	11.02	9.84	10.85	10.06	8.27	11.57
	一般	46.95	49.09	51.08	50.73	47.99	47.57	38.35	49.20
	重要	39.99	37.36	37.9	39.43	41.16	42.37	53.38	39.23
	合计	100	100	100	100	100	100	100	100
充分发挥自己的能力	不重要	10.28	9.15	7.48	7.17	7.12	6.43	4.03	7.95
	一般	44.01	45.22	45.08	44.64	40.25	40.64	36.11	44.04
	重要	45.71	45.63	47.44	48.19	52.63	52.93	59.86	48.01
	合计	100	100	100	100	100	100	100	100

（二）理想工作的价值判断

1. 理想工作的价值评价

劳动力对理想工作与目前工作的价值判断有一定差异，他们对理想工作各种价值重要性的判断皆明显高于对应的目前工作价值的判断，可见，劳动力的理想与目前工作存在着或多或少的差距。

具体来说（见表5-5），认为理想工作价值中谋生非常重要的比例接近四成（39.83%），仍然为各种价值中重要性最高的；认为让自己心安、认识更多的人、获得尊重、满足兴趣、充分发挥自己能力的价值非常重要的比例分别为19.18%、16.46%、20.43%、18.17%、20.47%，皆高于他们对目前工作在上述几方面的重要性判断（分别为10.24%、8.15%、9.72%、6.38%、8.52%）。从理想工作价值重要性的排序来看，劳动力认为理想工作的谋生价值重要的比例（84.73%）最高；让自己心安、获得尊重的价值的重要性次之，认为二者重要的比例分别为73.02%、72.36%；充分发挥自己的能力、满足兴趣、认识更多的人的重要性再次，认为三者重要的比例分别为68.58%、63.35%、61.96%；同时，他们认为理想工作的谋生、让自己心安、认识更多人、获得尊重、满足兴趣、充分发挥自己能力的价值不重要的比例皆很低，仅分别为4.08%、3.24%、6.32%、2.71%、4.55%、3.36%，皆低于他们对目前工作在上述几方面不重要的判断，分别为5.20%、5.69%、12.38%、5.59%、11.64%、8.03%。

表5-5 全国劳动力对理想工作价值的判断

单位：%

项目	非常不重要	不重要	一般	重要	非常重要	合计
谋生	0.35	3.73	11.19	44.90	39.83	100
让自己心安	0.21	3.03	23.74	53.84	19.18	100
认识更多的人	0.41	5.91	31.72	45.50	16.46	100
获得尊重	0.18	2.53	24.93	51.93	20.43	100
满足兴趣	0.28	4.27	32.10	45.18	18.17	100
充分发挥自己的能力	0.22	3.14	28.06	48.11	20.47	100

2. 不同特征劳动力对理想工作价值的评价

不同特征劳动力对理想工作价值的评价存在一定差异。从个人特征来看（见表5-6），男、女劳动力对理想工作价值判断的差别不大，男性劳动力认为理想工作谋生、让自己心安的价值重要的比例分别为84.47%、72.32%，略低于女性劳动力的相应比例（分别为85.01%、73.81%），男性劳动力认为理想工作认识更多的人、获得尊重、满足兴趣、充分发挥自己能力的价值重要的比例分别为63.81%、72.66%、64.02%、70.59%，皆略高于女性劳动力的相应比例（分别为59.89%、72.02%、62.57%、66.33%）。从年龄差异来看，15~29岁劳动力认为理想工作认识更多的人、获得尊重、满足兴趣、充分发挥自己能力的价值重要的比例分别为67.69%、78.75%、69.62%、76.06%，皆明显高于30~44岁、45岁及以上中高龄劳动力的相应比例，分

表5-6 全国及不同性别、年龄组劳动力对理想工作价值的评价

单位：%

		全国	性别		年龄组		
		合计	男	女	15~29岁	30~44岁	45岁及以上
谋生	不重要	4.08	4.17	3.98	5.07	3.95	3.55
	一般	11.19	11.36	11.01	13.91	10.32	10.29
	重要	84.73	84.47	85.01	81.02	85.73	86.16
	合计	100	100	100	100	100	100
让自己心安	不重要	3.24	3.30	3.16	3.69	2.83	3.37
	一般	23.74	24.38	23.03	22.87	22.52	25.65
	重要	73.02	72.32	73.81	73.44	74.65	70.98
	合计	100	100	100	100	100	100
认识更多的人	不重要	6.32	5.24	7.53	4.01	6.56	7.63
	一般	31.72	30.95	32.58	28.30	31.42	34.36
	重要	61.96	63.81	59.89	67.69	62.02	58.01
	合计	100	100	100	100	100	100
获得尊重	不重要	2.71	2.74	2.67	1.72	2.52	3.58
	一般	24.93	24.6	25.31	19.53	25.49	28.02
	重要	72.36	72.66	72.02	78.75	71.99	68.40
	合计	100	100	100	100	100	100
满足兴趣	不重要	4.56	4.13	5.04	2.74	5.25	5.05
	一般	32.10	31.85	32.39	27.64	31.93	35.3
	重要	63.34	64.02	62.57	69.62	62.82	59.65
	合计	100	100	100	100	100	100
充分发挥自己的能力	不重要	3.36	2.98	3.78	1.47	3.61	4.36
	一般	28.06	26.43	29.89	22.47	27.85	32.09
	重要	68.58	70.59	66.33	76.06	68.55	63.55
	合计	100	100	100	100	100	100

别比 30~44 岁中龄劳动力的上述比例高 5.67、6.76、6.80、7.51 个百分点，分别比 45 岁及以上高龄劳动力的上述比例高 9.68、10.35、9.97、12.51 个百分点；45 岁及以上高龄劳动力认为理想工作的谋生价值重要的比例（86.16%）最高，而 30~44 岁中龄劳动力认为理想工作让自己心安的价值重要的比例（74.65%）最高。

从户口性质及地区差异来看（见表 5-7），非农业户口劳动力认为理想工作让自己心安、认识更多的人、获得尊重、满足兴趣、充分发挥自己能力重要的比

表 5-7 全国及不同户口性质、地区劳动力对理想工作价值的评价

单位：%

		全国 合计	户口性质 农业	户口性质 非农业	地区 东部	地区 中部	地区 西部
谋生	不重要	4.08	3.09	6.67	4.10	3.68	5.34
	一般	11.19	10.19	13.82	13.14	9.85	10.73
	重要	84.73	86.72	79.51	82.76	86.47	83.93
	合计	100	100	100	100	100	100
让自己心安	不重要	3.24	3.25	3.22	2.98	3.26	3.81
	一般	23.74	24.15	22.67	22.35	26.36	18.65
	重要	73.02	72.60	74.11	74.67	70.38	77.54
	合计	100	100	100	100	100	100
认识更多的人	不重要	6.32	6.18	6.69	6.30	6.69	5.19
	一般	31.72	32.56	29.51	31.18	33.76	26.37
	重要	61.96	61.26	63.80	62.52	59.55	68.44
	合计	100	100	100	100	100	100
获得尊重	不重要	2.71	2.74	2.63	2.74	2.77	2.40
	一般	24.93	26.49	20.87	24.93	26.42	20.02
	重要	72.36	70.77	76.50	72.33	70.81	77.58
	合计	100	100	100	100	100	100
满足兴趣	不重要	4.56	5.00	3.40	4.79	4.64	3.71
	一般	32.10	33.45	28.59	31.47	33.98	27.51
	重要	63.34	61.55	68.01	63.74	61.38	68.78
	合计	100	100	100	100	100	100
充分发挥自己的能力	不重要	3.36	3.69	2.48	3.59	3.26	3.06
	一般	28.06	29.83	23.45	28.05	30.05	21.56
	重要	68.58	66.48	74.07	68.36	66.69	75.38
	合计	100	100	100	100	100	100

例（分别为74.11%、63.80%、76.50%、68.01%、74.07%）皆高于农业户口劳动力的相应比例（分别为72.60%、61.26%、70.77%、61.55%、66.48%），而农业户口劳动力认为理想工作的谋生价值重要的比例（86.72%）明显高于非农业户口劳动力的这一比例（79.51%）。西部地区劳动力认为理想工作的让自己心安、认识更多的人、获得尊重、满足兴趣、充分发挥自己能力的价值重要的比例（分别为77.54%、68.44%、77.58%、68.78%、75.38%）皆高于东、中部地区劳动力的相应比例，他们认为理想工作的谋生价值重要的比例略低于中部地区劳动力的这一比例（86.47%）。

从受教育程度来看，劳动力的受教育程度越高，认为理想工作让自己心安、认识更多的人、获得尊重、满足兴趣、充分发挥自己能力的价值重要的比例越高。具体来说（见表5-8），大学本科及以上、大专、职高/技校/中专教育程度劳动力认为理想工作让自己心安、认识更多的人、获得尊重、满足兴趣、充分发挥自己能力的价值重要的比例相对较高，尤其是大学及以上教育程度的劳动力，他们认为理想工作的上述价值重要的比例分别为78.08%、71.41%、84.25%、83.17%、87.27%；而小学未毕业、小学、初中、高中教育程度劳动力认为理想工作谋生价值重要的比例较高。

表5-8 不同受教育程度劳动力对理想工作价值的评价

单位：%

		小学未毕业	小学	初中	高中	职高/技校/中专	大专	大本及以上	合计
谋生	不重要	2.93	3.38	3.05	4.27	5.60	8.76	11.12	4.06
	一般	9.11	10.37	11.00	11.56	12.08	15.73	16.07	11.25
	重要	87.96	86.25	85.95	84.17	82.32	75.51	72.81	84.69
	合计	100	100	100	100	100	100	100	100
让自己心安	不重要	4.13	3.19	3.23	2.54	2.54	1.94	3.99	3.16
	一般	24.90	24.93	23.95	21.83	20.54	22.44	17.93	23.56
	重要	70.97	71.88	72.82	75.63	76.92	75.62	78.08	73.28
	合计	100	100	100	100	100	100	100	100
认识更多的人	不重要	7.85	6.70	6.26	4.74	5.95	4.57	5.25	6.24
	一般	38.07	33.68	30.46	29.60	28.45	28.42	23.34	31.48
	重要	54.08	59.62	63.28	65.66	65.60	67.01	71.41	62.28
	合计	100	100	100	100	100	100	100	100

续表

		小学未毕业	小学	初中	高中	职高/技校/中专	大专	大本及以上	合计
获得尊重	不重要	4.03	2.89	2.57	1.70	2.11	1.96	2.72	2.67
	一般	32.19	27.05	23.76	21.32	23.49	20.54	13.03	24.62
	重要	63.78	70.06	73.67	76.98	74.40	77.50	84.25	72.71
	合计	100	100	100	100	100	100	100	100
满足兴趣	不重要	6.84	5.72	4.21	2.31	4.21	2.15	3.57	4.53
	一般	39.20	34.41	32.53	29.90	25.64	24.38	13.26	31.79
	重要	53.96	59.87	63.26	67.79	70.15	73.47	83.17	63.68
	合计	100	100	100	100	100	100	100	100
充分发挥自己的能力	不重要	4.76	4.50	2.98	1.99	2.96	1.00	1.34	3.26
	一般	36.13	31.48	28.49	25.06	20.18	16.38	11.39	27.81
	重要	59.11	64.02	68.53	72.95	76.86	82.62	87.27	68.93
	合计	100	100	100	100	100	100	100	100

（三）对目前工作的评价

此次调查从收入、工作安全性、工作环境、工作时间、晋升机会、工作趣味性、工作合作者、工作中能力和技能的使用、他人给予工作的尊重、工作中表达意见的机会以及工作的整体状况等方面对劳动力个体进行了满意度询问。结果显示，在各个维度，劳动力持满意态度的比例皆未超过一半，在收入、工作趣味性、工作时间、工作环境、晋升机会等方面，劳动力不满意的比例相对较高。

具体来说（见表5-9），劳动力对工作的整体满意度较高，对工作持满意态度（包括非常满意和比较满意）的比例为42.25%；同时，劳动力对工作安全性、他人给予工作的尊重、工作合作者、工作环境满意的比例也相对较高，分别占48.92%、47.28%、43.00%、40.68%，对工作中能力和技能的使用、工作时间、工作中表达意见的机会、工作趣味性、收入、晋升机会满意的比例分别为39.16%、38.70%、30.38%、27.39%、26.85%、9.52%。

表5-9 全国劳动力对目前工作状况的评价

单位：%

项　目	非常满意	比较满意	一般	不太满意	非常不满意	不适用	合计
收入	2.89	23.96	41.76	23.48	5.98	1.93	100
工作安全性	7.21	41.71	37.88	8.42	1.17	3.61	100
工作环境	4.67	36.01	41.92	12.30	2.03	3.07	100
工作时间	4.59	34.11	39.53	16.26	2.42	3.09	100
晋升机会	0.92	8.60	24.98	9.82	2.45	53.23	100
工作趣味性	3.47	23.92	45.04	14.32	3.33	9.92	100
工作合作者	7.46	35.54	31.90	3.32	0.58	21.20	100
工作中能力和技能的使用	4.99	34.17	44.15	5.66	0.77	10.26	100
他人给予工作的尊重	6.34	40.94	39.48	4.85	0.80	7.59	100
工作中表达意见的机会	4.05	26.33	36.90	6.30	1.25	25.19	100
整体满意度	4.66	37.59	46.94	7.23	1.09	2.49	100

由于劳动力对工作整体、收入、工作安全性、工作环境、工作时间五方面评价的有效填答率较高（即"不适用"的比例较低），而且，收入、工作安全性、工作环境、工作时间四方面为劳动力对工作评价的重要内容且各方面的满意度不太高，因此，本部分对上述四方面进行详细的描述与分析。

1. 工作整体评价

在有效回答中，全国劳动力对工作整体满意水平较高，持非常满意、比较满意态度的比例分别为4.78%、38.56%，但是，对此持一般态度的接近一半（48.13%），还有8.53%的劳动力对工作整体不满意。而且，不同特征劳动力对工作整体的满意情况不尽相同。

从个人特征来看，不同性别劳动力对工作整体的满意度评价相差不大，但是，不同年龄组劳动力的这一差异很大。具体来说（见表5-10），15~29岁低龄劳动力对工作不太满意及非常不满意的比例都（分别为8.14%、1.63%）明显高于30~44岁、45岁及以上中高龄劳动力的相应比例，而他们对工作整体比较满意及非常满意的比例（分别为35.81%和4.21%）明显低于30~44岁、45岁及以上中高龄劳动力的相应比例；45岁及以上高龄劳动力对工作整体非常满意及比较满意的比例（分别为6.01%、41.11%）皆为最高。

第五章 中国劳动力的观念状态

表 5-10 全国及不同性别、年龄组劳动力对目前工作的整体评价

单位：%

	全国	性别		年龄组		
	合计	男	女	15~29 岁	30~44 岁	45 岁及以上
非常满意	4.78	4.76	4.81	4.21	4.02	6.01
比较满意	38.56	39.52	37.47	35.81	37.93	41.11
一 般	48.13	46.86	49.56	50.21	50.24	44.40
不太满意	7.41	7.75	7.03	8.14	6.83	7.56
非常不满意	1.12	1.11	1.13	1.63	0.98	0.92
合 计	100	100	100	100	100	100

注：在该问题各种满意度的百分比计算中，本表采用的是有效回答样本（即剔除了"不适用"群体），故全国合计的百分比与表 5-9 对应的百分比有所不同。

从户口性质及地区差异来看（见表 5-11），农业户口劳动力对工作整体持满意态度的比例（41.23%）明显低于非农业户口劳动力的这一比例（48.76%），而他们对工作整体非常不满意及不太满意的比例（分别为 1.18% 和 8.14%）明显高于非农业户口劳动力的相应比例。西部地区劳动力对工作整体比较及非常满意的比例（分别为 6.60% 和 47.21%）皆明显高于东、中部地区劳动力的相应比例，中部地区劳动力对工作整体不满意的比例（9.21%）略高于东、西部地区劳动力的这一比例（分别为 7.78%、8.26%）。

表 5-11 全国及不同户口性质、地区劳动力对目前工作的整体评价

单位：%

	全国	户口性质		地区		
	合计	农业	非农业	东部	中部	西部
非常满意	4.78	4.87	4.55	4.12	4.74	6.60
比较满意	38.56	36.36	44.21	39.60	35.09	47.21
一 般	48.13	49.45	44.74	48.50	50.96	37.93
不太满意	7.41	8.14	5.54	6.65	8.13	7.03
非常不满意	1.12	1.18	0.96	1.13	1.08	1.23
合 计	100	100	100	100	100	100

注：在该问题各种满意度的百分比计算中，本表采用的是有效回答样本（即剔除了"不适用"群体），故全国合计的百分比与表 5-9 对应的百分比有所不同。

从受教育程度来看，劳动力对工作整体的满意度随受教育程度的提高而有所提高。具体来说（见表5-12），小学未毕业、小学、初中、高中、职高/技校/中专、大专、大本及以上对工作整体持满意态度的比例分别为44.32%、40.15%、40.85%、48.10%、47.77%、52.53%、59.14%，而他们对工作持不满意态度的比例分别为11.48%、9.12%、8.54%、7.50%、6.46%、4.68%、4.91%。

表5-12　不同受教育程度劳动力对目前工作的整体评价

单位：%

	小学未毕业	小学	初中	高中	职高/技校/中专	大专	大本及以上	合计
非常满意	6.30	4.85	4.37	4.41	5.21	5.40	4.45	4.82
比较满意	38.02	35.30	36.48	43.69	42.56	47.13	54.69	38.83
一般	44.20	50.73	50.61	44.40	45.77	42.79	35.95	47.97
不太满意	9.33	8.41	7.43	6.33	5.47	3.90	4.15	7.29
非常不满意	2.15	0.71	1.11	1.17	0.99	0.78	0.76	1.09
合计	100	100	100	100	100	100	100	100

从劳动力的从业状态来看，雇主及自雇劳动者对工作整体的满意度较高，而务农者对工作整体的满意度较低。具体来说（见表5-13），自雇劳动者对工作整体非常满意及比较满意的比例（分别为7.42%、44.98%）皆明显高于其他从业状态劳动者的相应比例，他们对工作持满意态度的比例（52.40%）比雇主、雇员、务农者的相应比例（分别为51.84%、46.86%、37.55%）分别

表5-13　不同从业状态劳动力对目前工作的整体评价

单位：%

	雇员	雇主	自雇	务农	合计
非常满意	4.01	5.59	7.42	5.11	4.89
比较满意	42.85	46.25	44.98	32.44	39.61
一般	46.33	43.97	40.89	52.23	47.64
不太满意	5.87	3.78	5.62	8.80	6.76
非常不满意	0.94	0.41	1.09	1.42	1.10
合计	100	100	100	100	100

高 0.56、5.54、14.85 个百分点;务农者对工作整体持不满意态度的比例(10.22%)最高,自雇劳动者、雇员、雇主的相应比例分别为 6.71%、6.81%、4.19%。

从劳动力的职业来看,负责人对工作整体满意度的评价最高,办事及有关人员次之,专业、技术人员,商业、服务业人员再次;相比而言,非正式就业人员,农、林、牧、渔、水利业生产人员对工作整体满意度的评价最低。具体来说(见表5-14),负责人对工作整体非常满意及比较满意的比例(合计为61.76)均高于其他职业者的相应比例;办事及有关人员、专业技术人员、商业服务业人员对工作整体持满意态度的比例也相对较高,分别为55.97%、47.19%、47.68%,而农、林、牧、渔、水利业生产人员,生产、运输、设备操作及有关人员,非正式就业人员,无固定职业者的这一比例分别为37.54%、37.57%、40.31%、41.05%;非正式就业人员,农、林、牧、渔、水利业生产人员,生产、运输、设备操作及有关人员,无固定职业者对工作整体持不满意态度的比例明显较高,分别为12.24%、10.46%、9.41%、9.13%。

表 5-14　不同职业劳动力对目前工作的整体评价

单位:%

	负责人	专业、技术人员	办事及有关人员	商业、服务业人员	农、林、牧、渔、水利业生产人员	生产、运输、设备操作及有关人员	非正式就业人员(保姆、医院看护等)	无固定职业者	合计
非常满意	7.20	4.80	4.53	5.05	5.02	3.31	5.35	3.35	4.72
比较满意	54.56	42.39	51.44	42.63	32.52	34.26	34.96	37.70	38.82
一般	35.55	46.50	38.61	45.11	52.00	53.02	47.45	49.82	48.14
不太满意	2.47	5.08	4.19	6.27	9.22	8.29	11.58	7.89	7.20
非常不满意	0.22	1.23	1.23	0.94	1.24	1.12	0.66	1.24	1.12
合　计	100	100	100	100	100	100	100	100	100

注:职业为"军人"的劳动力样本量过小,在某些类别中百分比为0,故而剔除。

2. 收入的评价

在有效回答中,全国劳动力对工作收入的满意水平相对较低,持非常满意、比较满意态度的比例仅分别为 2.95%、24.43%，对此持一般态度的超过四成（42.58%），还有 23.94%、6.10% 的劳动力对工作收入持不太满意及非常不满意态度。同时，不同特征劳动力对工作收入的满意情况有所不同。

从个人特征来看（见表 5 - 15），男性劳动力对工作收入的满意度略高于女性劳动力，他们对工作收入持非常满意及比较满意态度的比例（分别为 3.05%、24.89%）皆略高于女性劳动力的二者比例（分别为 2.84%、23.91%）；然而，他们对收入持非常不满意态度的比例（6.42%）也略高于女性劳动力的这一比例（5.73%）。不同年龄组劳动力对工资收入的评价也略有不同，30~44 岁中龄劳动力对工作收入的满意度最低，他们对工作收入持满意态度的比例为 24.87%，明显低于 45 岁及以上高龄劳动力的这一比例（31.63%）；而且，30~44 岁中龄劳动力对工作收入持不满意态度的比例（31.13%）也略高于 15~29 岁、45 岁低、高龄劳动力的这一比例（二者均为 29.34%）。

表 5 - 15　全国及不同性别、年龄组劳动力对目前收入的评价

单位：%

	全国	性别		年龄组		
	合计	男	女	15~29 岁	30~44 岁	45 岁及以上
非常满意	2.95	3.05	2.84	2.44	2.27	4.04
比较满意	24.43	24.89	23.91	22.73	22.60	27.59
一　般	42.58	41.86	43.40	45.49	44.00	39.03
不太满意	23.94	23.78	24.12	22.78	24.84	23.76
非常不满意	6.10	6.42	5.73	6.56	6.29	5.58
合　计	100	100	100	100	100	100

注：在该问题各种满意度的百分比计算中，本表采用的是有效回答样本（即剔除了"不适用"群体），故全国合计的百分比与表 5 - 9 对应的百分比有所不同。

从户口性质及地区差异来看（见表 5 - 16），农业户口劳动力对工作收入持非常满意及比较满意态度的比例（分别为 3.16%、24.64%）皆略高于非农业户口劳动力的相应比例（分别为 2.41%、23.90%），非农业户口劳动力对工作收入持非常不满意态度的比例（8.27%）明显高于农业户口劳动力的这一比例（5.26%）。西部地区劳动力对工作收入持非常及比较满意态度的比例

（分别为 3.72%、31.81%）均明显高于东、中部地区劳动力的相应比例，东部地区劳动力对工作收入不太满意及非常不满意的比例（分别为 20.80%、5.46%）略低于中、西部地区劳动力的相应比例。

表 5-16　全国及不同户口性质、地区劳动力对目前收入的评价

单位：%

	全国	户口性质		地区		
	合计	农业	非农业	东部	中部	西部
非常满意	2.95	3.16	2.41	2.91	2.75	3.72
比较满意	24.43	24.64	23.90	23.51	22.88	31.81
一　般	42.58	42.37	43.11	47.32	40.71	36.74
不太满意	23.94	24.57	22.31	20.80	27.24	21.07
非常不满意	6.10	5.26	8.27	5.46	6.42	6.66
合　计	100	100	100	100	100	100

注：在该问题各种满意度的百分比计算中，本表采用的是有效回答样本（即剔除了"不适用"群体），故全国合计的百分比与表 5-9 对应的百分比有所不同。

从受教育程度来看（见表 5-17），大学本科及以上受教育程度劳动力对工作收入的满意度最高（32.71%），其次为小学未毕业（30.76%）；而大专受教育程度劳动力对工作收入不满意的比例最高（32.33%）；高中和职高/技校/中专受教育程度劳动力对工作收入非常不满意的比例较高，分别为 8.63%、7.30%；初中及职高/技校/中专受教育程度劳动力对工作收入满意的比例相对较低，分别为 25.93%、26.64%。

表 5-17　不同受教育程度劳动力对目前收入的评价

单位：%

	小学未毕业	小学	初中	高中	职高/技校/中专	大专	大本及以上	合计
非常满意	5.02	3.15	2.50	2.79	2.12	2.02	3.15	2.93
比较满意	25.74	24.07	23.43	25.34	24.52	25.32	29.56	24.45
一　般	41.18	42.44	43.68	41.01	44.18	40.33	44.59	42.71
不太满意	22.26	23.98	24.98	22.23	21.88	26.14	17.95	23.78
非常不满意	5.80	6.36	5.41	8.63	7.30	6.19	4.75	6.13
合　计	100	100	100	100	100	100	100	100

从劳动力的从业状态来看，雇主及自雇劳动者对工作收入的满意度较高，而务农者和雇员对工作收入的满意度较低。具体来说（见表5-18），雇主、自雇劳动者对工作收入满意的比例（分别为31.55%、31.03%）均略高于务农者和雇员相应比例（分别为27.36%、26.46%），而且，务农者对工作收入不满意的比例（33.72%）明显高于其他从业状态劳动者的这一比例，雇主、雇员、自雇劳动者对工作收入不满意的比例分别为25.32%、27.72%、24.99%。

表5-18 不同从业状态劳动力对目前收入的评价

单位：%

	雇员	雇主	自雇	务农	合计
非常满意	2.52	2.40	3.78	3.64	3.06
比较满意	23.94	29.15	27.25	23.72	24.53
一 般	45.82	43.13	43.98	38.92	43.00
不太满意	21.33	21.13	20.69	27.70	23.50
非常不满意	6.39	4.19	4.30	6.02	5.89
合 计	100	100	100	100	100

从劳动力的职业来看，负责人对工作收入满意度的评价最高，办事及有关人员次之，农、林、牧、渔、水利业生产人员，无固定职业者，专业、技术人员再次；相比而言，非正式就业人员对工作收入满意度的评价最低。具体来说（见表5-19），负责人对工作收入满意的比例（31.35%）明显高于其他职业者的这一比例，办事及有关人员对工作收入满意的比例为30.09%，农、林、牧、渔、水利业生产人员，无固定职业者，专业、技术人员对工作收入满意的比例略高，分别为27.67%、27.62%、26.09%，而商业、服务业人员，生产、运输、设备操作及有关人员，非正式就业人员的这一比例仅分别为25.33%、25.51%、24.78%。值得注意的是，非正式就业人员对工作收入持非常不满意态度的比例（13.00%）远远高于其他职业者，他们对工作收入不太满意态度的比例（26.86%）也略高于其他职业者。

表 5-19 不同职业劳动力对目前收入的评价

单位：%

	负责人	专业、技术人员	办事及有关人员	商业、服务业人员	农、林、牧、渔、水利业生产人员	生产、运输、设备操作及有关人员	非正式就业人员（保姆、医院看护等）	无固定职业者	合计
非常满意	3.69	2.83	2.50	2.29	3.71	2.50	2.34	2.40	3.01
比较满意	27.66	23.26	27.59	23.04	23.96	23.01	22.44	25.22	24.12
一般	40.19	47.82	43.31	46.16	39.17	44.61	35.36	42.09	42.85
不太满意	23.70	20.44	19.86	22.15	27.21	24.43	26.86	23.99	23.92
非常不满意	4.76	5.65	6.74	6.36	5.95	5.45	13.00	6.30	6.10
合计	100	100	100	100	100	100	100	100	100

注：职业为"军人"的劳动力样本量过小，在某些类别中百分比为0，故而剔除。

3. 工作安全性的评价

在有效回答中，全国劳动力对工作安全性的满意度相对较高，持非常满意、比较满意态度的比例分别为7.48%、43.26%，对此持一般态度的接近四成（39.30%），还有8.74%、1.22%的劳动力对工作安全性持不太满意或非常不满意态度。同时，不同特征劳动力对工作安全性的评价不尽相同。

从个人特征来看（见表5-20），男性劳动力对工作安全性的满意度明显低于女性劳动力，他们对工作安全性持非常满意及比较满意态度的比例（分别为7.16%、39.70%）皆低于女性劳动力的相应比例（分别为7.84%、47.33%）。换言之，男性对工作安全性持满意态度的比例（46.86%）比女性劳动力的这一比例（55.17%）低8.31个百分点；同时，男性劳动力对工作安全性持非常不满意、不太满意态度的比例（分别为1.78%、11.04%）也明显高于女性劳动力的相应比例（分别为0.57%、6.12%）。从年龄组差异来看，45岁及以上高龄劳动力对工作安全性持非常满意及比较满意态度的比例（7.79%、44.55%）皆高于15~29岁、30~44岁低、中龄劳动力的相应比例；同时，15~29岁低龄劳动力对工作安全性持不太满意、非常不满意态度的比例（分别为9.17%、1.58%）略高于30~44岁、45岁及以上中高龄劳动力的相应比例。

表5-20　全国及不同性别、年龄组劳动力对目前工作安全性的评价

单位：%

	全国	性别		年龄组		
	合计	男	女	15~29岁	30~44岁	45岁及以上
非常满意	7.48	7.16	7.84	7.31	7.31	7.79
比较满意	43.26	39.70	47.33	43.44	41.96	44.55
一　般	39.30	40.32	38.14	38.5	40.56	38.5
不太满意	8.74	11.04	6.12	9.17	8.98	8.17
非常不满意	1.22	1.78	0.57	1.58	1.19	0.99
合　计	100	100	100	100	100	100

注：在该问题各种满意度的百分比计算中，本表采用的是有效回答样本（即剔除了"不适用"群体），故全国合计的百分比与表5-9对应的百分比有所不同。

从户口性质及地区差异来看（见表5-21），非农业户口劳动力对工作安全性的评价较高，即农业户口劳动力对工作安全性持非常满意及比较满意态度的比例（分别为6.73%、41.61%）皆明显低于非农业户口劳动力的相应比例（分别为9.36%、47.44%），非农业户口劳动力对工作安全性持不满意态度的比例（9.24%）也略低于农业户口劳动力的这一比例（10.23%）。西部地区劳动力对工作安全性满意的比例（55.65%）明显高于东、中部地区劳动力的相应比例（分别为53.21%、47.35%），他们对工作安全性持不满意态度的比

表5-21　全国及不同户口性质、地区劳动力对目前工作安全性的评价

单位：%

	全国	户口性质		地区		
	合计	农业	非农业	东部	中部	西部
非常满意	7.48	6.73	9.36	8.32	6.66	8.03
比较满意	43.26	41.61	47.44	44.89	40.69	47.62
一　般	39.30	41.43	33.95	36.85	42.51	35.02
不太满意	8.74	9.15	7.68	8.60	9.29	7.23
非常不满意	1.22	1.08	1.56	1.34	0.85	2.10
合　计	100	100	100	100	100	100

注：在该问题各种满意度的百分比计算中，本表采用的是有效回答样本（即剔除了"不适用"群体），故全国合计的百分比与表5-9对应的百分比有所不同。

例（9.33%）也略低于东、中部地区劳动力的这一比例（分别为 9.94%、10.14%）。

从受教育程度来看，劳动力对工作安全性的满意比例随受教育程度的提高而有所提高。具体来说（见表5-22），大学本科及以上受教育程度劳动力对工作安全性的满意度最高，他们对工作安全性非常满意、比较满意的比例（分别为13.52%、54.62%）皆明显最高，他们对工作安全性非常不满意、不太满意的比例（分别为0.89%、4.19%）也明显最低；小学未毕业、小学、初中受教育程度劳动力对工作安全性的评价较低，他们对工作安全性满意的比例仅分别为49.52%、45.98%、48.53%，他们对工作安全性不满意的比例也分别高达11.54%、10.98%、10.04%。

表5-22　不同受教育程度劳动力对目前工作安全性的评价

单位：%

	小学未毕业	小学	初中	高中	职高/技校/中专	大专	大本及以上	合计
非常满意	7.50	5.88	6.89	7.62	10.88	10.83	13.52	7.55
比较满意	42.02	40.10	41.64	47.89	46.53	52.47	54.62	43.45
一般	38.94	43.04	41.43	34.71	34.15	29.90	26.78	39.11
不太满意	10.02	9.86	8.99	7.83	6.88	5.76	4.19	8.66
非常不满意	1.52	1.12	1.05	1.95	1.56	1.04	0.89	1.23
合计	100	100	100	100	100	100	100	100

从劳动力的从业状态来看，务农者对工作安全性的评价最低，而雇主、雇员、自雇劳动者对此的评价相对较高。具体来说（见表5-23），雇主对工作安全性满意的比例（56.04%）明显高于雇员、自雇劳动者、务农者的这一比例（分别为54.88%、50.39%、45.85%）；自雇劳动者对工作安全性持不满意态度的比例（10.47%）略高于雇员的这一比例（10.04%），而雇主、务农者的这一比例相对较低（分别为6.26%、7.46%）。

从劳动力的职业来看，负责人、办事及有关人员对工作安全性的评价相对较高，生产、运输、设备操作及有关人员对工作安全性的评价相对较低。具体

表 5-23　不同从业状态劳动力对目前工作安全性的评价

单位：%

	雇员	雇主	自雇	务农	合计
非常满意	8.49	8.91	9.60	6.16	7.85
比较满意	46.39	47.13	40.79	39.69	43.46
一般	35.08	37.70	39.15	46.69	39.69
不太满意	8.74	5.12	9.63	6.96	8.04
非常不满意	1.30	1.14	0.84	0.50	0.96
合计	100	100	100	100	100

来说（见表 5-24），负责人对工作安全性非常满意的比例（10.65%）明显高于其他职业者的这一比例，办事及有关人员对工作安全性比较满意的比例（56.93%）也明显高于其他职业者的这一比例，上述二者对工作安全性持满意态度的比例分别高达 63.82%、66.46%。生产、运输、设备操作及有关人员对工作安全性非常满意、比较满意的比例（分别为 4.11%、38.64%）明显低于其他职业者的相应比例，而他们对工作安全性非常不满意、不太满意的比例（分别为 2.77%、12.61%）也明显高于其他职业者的相应比例；另外，专业、技术人员，非正式就业人员，无固定职业者对工作安全性持不满意态度的比例也相对较高，分别为 12.85%、13.12%、13.14%。

表 5-24　不同职业劳动力对目前工作安全性的评价

单位：%

	负责人	专业、技术人员	办事及有关人员	商业、服务业人员	农、林、牧、渔、水利业生产人员	生产、运输、设备操作及有关人员	非正式就业人员（保姆、医院看护等）	无固定职业者	合计
非常满意	10.65	9.80	9.53	8.43	6.34	4.11	12.47	5.95	7.58
比较满意	53.17	40.00	56.93	50.45	40.04	38.64	41.50	40.65	43.25
一般	31.40	37.35	27.57	34.41	45.86	41.87	32.91	40.26	39.37
不太满意	4.02	11.2	5.49	5.64	7.32	12.61	11.97	11.30	8.61
非常不满意	0.76	1.65	0.48	1.07	0.44	2.77	1.15	1.84	1.19
合计	100	100	100	100	100	100	100	100	100

注：职业为"军人"的劳动力样本量过小，在某些类别中百分比为 0，故而剔除。

4. 工作环境的评价

在有效回答中，全国劳动力对工作环境持非常满意、比较满意态度的比例仅分别为 4.82%、37.15%，合计共占四成多，对此持一般态度的占 43.25%，还有 12.69%、2.09% 的劳动力对工作环境持不太满意及非常不满意态度。同时，不同特征劳动力对工作环境的评价有所不同。

从个人特征来看（见表 5-25），男性劳动力对工作环境的满意度明显低于女性劳动力，他们对工作环境持满意态度的比例（39.19%）低于女性劳动力的这一比例（45.14%），男性对工作环境不太满意、非常不满意的比例（分别为 14.56%、2.41%）皆明显高于女性劳动力的相应比例（分别为 10.57%、1.73%）。从年龄组差异来看，45 岁及以上高龄劳动力对工作环境持非常满意、比较满意态度的比例（5.46%、38.46%）皆高于 15~29 岁、30~44 岁低中龄劳动力的相应比例，同时，他们对工作环境不太满意、非常不满意的比例（分别为 11.89%、1.79%）也明显低于 15~29 岁、30~44 岁低中龄劳动力的相应比例；30~44 岁中龄劳动力对工作环境满意的比例（39.31%）明显低于 15~29 岁、45 岁及以上低、高龄劳动力的这一比例（分别为 43.36%、43.92%），他们对工作环境不满意的比例（15.85%）也高于 15~29 岁、45 岁及以上低、高龄劳动力的这一比例（分别为 14.69%、13.68%）。

表 5-25　全国及不同性别、年龄组劳动力对目前工作环境的评价

单位：%

	全国	性别		年龄组		
	合计	男	女	15~29 岁	30~44 岁	45 岁及以上
非常满意	4.82	4.80	4.83	5.30	3.92	5.46
比较满意	37.15	34.39	40.31	38.06	35.39	38.46
一般	43.25	43.84	42.56	41.95	44.86	42.40
不太满意	12.69	14.56	10.57	12.00	13.86	11.89
非常不满意	2.09	2.41	1.73	2.69	1.99	1.79
合计	100	100	100	100	100	100

注：在该问题各种满意度的百分比计算中，本表采用的是有效回答样本（即剔除了"不适用"群体），故全国合计的百分比与表 5-9 对应的百分比有所不同。

从户口性质及地区差异来看（见表5-26），非农业户口劳动力对工作环境的评价较高，即非农业户口劳动力对工作环境非常满意、比较满意的比例（分别为6.29%、43.35%）皆明显高于农业户口劳动力的相应比例（分别为4.24%、34.72%），而农业户口劳动力对工作环境持不满意态度的比例（16.05%）明显高于非农业户口劳动力的这一比例（11.57%）。西部地区劳动力对工作环境持非常满意、比较满意态度的比例（分别为5.79%、43.92%）明显高于东、中部地区劳动力的相应比例；中部地区劳动力对工作环境持非常满意、比较满意态度的比例（分别为4.28%、34.41%）明显低于东、中部地区劳动力的相应比例，他们对工作环境持不满意态度的比例（15.95%）也明显高于东、西部地区劳动力的这一比例（分别为13.78%、13.51%）。

表5-26 全国及不同户口性质、地区劳动力对目前工作环境的评价

单位：%

	全国	户口性质		地区		
	合计	农业	非农业	东部	中部	西部
非常满意	4.82	4.24	6.29	5.13	4.28	5.79
比较满意	37.15	34.72	43.35	38.05	34.41	43.92
一般	43.25	44.99	38.79	43.04	45.36	36.78
不太满意	12.69	13.96	9.47	11.58	14.08	10.97
非常不满意	2.09	2.09	2.10	2.20	1.87	2.54
合计	100	100	100	100	100	100

注：在该问题各种满意度的百分比计算中，本表采用的是有效回答样本（即剔除了"不适用"群体），故全国合计的百分比与表5-9对应的百分比有所不同。

从受教育程度来看，劳动力对工作环境的满意度随受教育程度的提高而有所提高。换言之，受教育程度越低，劳动力对工作环境不满意的程度越高。具体来说（见表5-27），大学本科及以上受教育程度劳动力对工作环境的满意度最高，他们对工作环境非常满意、比较满意的比例（分别为10.87%、55.75%）皆明显最高；相对而言，小学未毕业、小学、初中、高中、职高/技校/中专受教育程度劳动力对工作环境的评价较低，他们对工作环境满意的比例仅分别为39.30%、37.03%、38.67%、48.12%、48.54%，他们对工作环境不满意的比例也分别高达16.07%、17.50%、15.74%、11.82%、12.35%。

表5-27 不同受教育程度劳动力对目前工作环境的评价

单位：%

	小学未毕业	小学	初中	高中	职高/技校/中专	大专	大本及以上	合计
非常满意	4.38	3.86	4.04	5.81	6.24	7.49	10.87	4.84
比较满意	34.92	33.17	34.63	42.31	42.30	51.57	55.75	37.46
一般	44.63	45.47	45.59	40.06	39.11	33.83	26.93	43.02
不太满意	13.36	15.91	13.39	9.37	10.39	5.62	5.26	12.59
非常不满意	2.71	1.59	2.35	2.45	1.96	1.50	1.19	2.09
合计	100	100	100	100	100	100	100	100

从劳动力的从业状态来看，雇主对工作环境的评价最高，而自雇劳动者、务农者对此的评价相对较差。具体来说（见表5-28），雇主对工作环境满意的比例（50.03%）明显高于其他从业状态劳动者的相应比例，同时，他们对工作环境不满意的比例（11.01%）也低于其他从业状态劳动者的相应比例；务农者对工作环境满意的比例（36.21%）最低，分别比雇主、雇员、自雇劳动者的这一比例低13.82、10.39、5.75个百分点，同时，他们对工作环境不满意的比例（14.45%）略高，分别比雇主、雇员、自雇劳动者的这一比例高3.44、0.73、0.07个百分点。

表5-28 不同从业状态劳动力对目前工作环境的评价

单位：%

	雇员	雇主	自雇	务农	合计
非常满意	5.82	6.55	5.46	3.74	5.09
比较满意	40.78	43.48	36.50	32.47	37.52
一般	39.69	38.96	43.66	49.34	43.49
不太满意	11.20	10.39	12.54	12.94	11.92
非常不满意	2.52	0.62	1.84	1.51	1.98
合计	100	100	100	100	100

从劳动力的职业来看，负责人、办事及有关人员对工作环境的评价相对较高，非正式就业人员，生产、运输、设备操作及有关人员对工作环境的评价相

对较低。具体来说（见表5-29），负责人、办事及有关人员对工作环境满意的比例（分别为61.91%、60.11%）明显高于其他职业者的这一比例，二者对工作环境不满意的比例（分别为5.86%、9.32%）也明显低于其他职业者的这一比例；而非正式就业人员，生产、运输、设备操作及有关人员对工作环境不满意的比例（分别为21.05%、19.59%）明显高于其他职业者的这一比例，二者对工作环境满意的比例（分别为38.04%、33.52%）也明显低于其他职业者的相应比例。

表5-29 不同职业劳动力对目前工作环境的评价

单位：%

	负责人	专业、技术人员	办事及有关人员	商业、服务业人员	农、林、牧、渔、水利业生产人员	生产、运输、设备操作及有关人员	非正式就业人员（保姆、医院看护等）	无固定职业者	合计
非常满意	8.42	6.11	8.12	5.53	3.88	1.68	6.24	4.08	4.90
比较满意	53.49	37.38	51.99	44.21	32.25	31.84	31.80	32.94	37.19
一般	32.23	40.72	30.57	39.81	48.75	46.89	40.91	46.57	43.43
不太满意	5.12	13.28	7.79	9.23	13.49	16.08	17.33	14.18	12.49
非常不满意	0.74	2.51	1.53	1.22	1.63	3.51	3.72	2.25	2.00
合计	100	100	100	100	100	100	100	100	100

注：职业为"军人"的劳动力样本量过小，在某些类别中百分比为0，故而剔除。

5. 工作时间的评价

在有效回答中，全国劳动力对工作时间的满意度相对较低，持非常满意、比较满意态度的比例仅分别为4.74%、35.19%，约占四成，另外对此持一般态度的比例也略多于四成（40.79%），还有16.78%、2.50%的劳动力对工作时间持不太满意及非常不满意态度。同时，不同特征劳动力对工作时间的满意度有所不同。

从个人特征来看（见表5-30），男性劳动力对工作时间的满意度略低于女性劳动力，他们对工作时间非常满意、比较满意的比例（分别为4.63%、34.12%）皆低于女性劳动力的相应比例（分别为4.87%、36.42%），男性对工作时间不太满意、非常不满意的比例（分别为17.19%、2.69%）皆略高于女性劳动力的相应比例（分别为16.30%、2.27%）。从年龄组差异来看，45岁及以上高龄劳动力对工作时间满意的比例（44.05%）明显高于15~29岁、30~44岁低中龄劳动力的这一比例（分别为37.08%、37.97%），15~29岁低龄劳动力对工作时间不满意的比例较高，为23.04%，而30~44岁、45岁及以上中高龄劳动力的这一比例仅为20.24%、15.60%。

表5-30　全国及不同性别、年龄组劳动力对目前工作时间的评价

单位：%

	全国	性别		年龄组		
	合计	男	女	15~29岁	30~44岁	45岁及以上
非常满意	4.74	4.63	4.87	5.41	3.85	5.24
比较满意	35.19	34.12	36.42	31.67	34.12	38.81
一般	40.79	41.37	40.14	39.88	41.79	40.35
不太满意	16.78	17.19	16.30	19.60	17.56	13.96
非常不满意	2.50	2.69	2.27	3.44	2.68	1.64
合计	100	100	100	100	100	100

注：在该问题各种满意度的百分比计算中，本表采用的是有效回答样本（即剔除了"不适用"群体），故全国合计的百分比与表5-9对应的百分比有所不同。

从户口性质及地区差异来看（见表5-31），非农业户口劳动力对工作时间的满意度较高，即非农业户口劳动力对工作时间非常满意、比较满意的比例（分别为6.16%、39.35%）皆明显高于农业户口劳动力的相应比例（分别为4.18%、33.56%），而农业户口劳动力对工作时间不太满意的比例（17.43%）明显高于非农户口劳动力的相应比例（15.12%），农业户口劳动力非常不满意的比例（2.48%）则略低于非业户口劳动力的相应比例（2.54%）。西部地区劳动力对工作时间非常满意、比较满意的比例分别为5.43%、42.51%（合计47.94%），而中部地区劳动力对工作时间满意的比例仅为35.73%，比西部地区劳动力的这一比例少12.21个百分点；同时，中部地区劳动力对工作时间不满意的比例（20.52%）明显高于东、西部地区劳动力的这一比例（分别为17.93%、18.62%）。

表 5-31　全国及不同户口性质、地区劳动力对目前工作时间的评价

单位：%

	全国	户口性质		地区		
	合计	农业	非农业	东部	中部	西部
非常满意	4.74	4.18	6.16	4.96	4.37	5.43
比较满意	35.19	33.56	39.35	37.30	31.36	42.51
一般	40.79	42.35	36.83	39.81	43.75	33.44
不太满意	16.78	17.43	15.12	14.89	18.48	16.00
非常不满意	2.50	2.48	2.54	3.04	2.04	2.62
合计	100	100	100	100	100	100

注：在该问题各种满意度的百分比计算中，本表采用的是有效回答样本（即剔除了"不适用"群体），故全国合计的百分比与表 5-9 对应的百分比有所不同。

从受教育程度来看，劳动力对工作时间的满意度随受教育程度的提高而有所提高。具体来说（见表 5-32），大专、大学本科及以上受教育程度劳动力对工作时间的满意度相对较高，他们对工作时间满意的比例分别为 57.74%、57.00%，明显高于其他受教育程度劳动力的这一比例；小学、初中文化程度劳动力对工作时间不满意的比例分别为 20.67%、20.48%，明显高于其他受教育程度劳动力的这一比例，并且，他们对工作时间满意的比例（分别为 36.93%、35.61%）也相对较低。

表 5-32　不同受教育程度劳动力对目前工作时间的评价

单位：%

	小学未毕业	小学	初中	高中	职高/技校/中专	大专	大本及以上	合计
非常满意	5.70	3.08	4.19	5.26	6.16	8.72	7.94	4.75
比较满意	36.12	33.85	31.42	37.91	38.01	49.02	49.06	35.39
一般	39.70	42.40	43.91	39.06	35.13	28.79	30.10	40.56
不太满意	16.36	18.31	17.96	14.78	17.78	11.12	10.31	16.81
非常不满意	2.12	2.36	2.52	2.99	2.92	2.35	2.59	2.50
合计	100	100	100	100	100	100	100	100

从劳动力的从业状态来看，雇员对工作时间的满意度最高，雇主对工作时间的满意度相对较低。具体来说（见表 5-33），雇员对工作时间非常满意、比较满意的比例（分别为 5.55%、38.84%）皆明显高于其他从业状态劳动者

的相应比例，同时，他们对工作时间不满意的比例（17.88%）比较低；雇主对工作时间不满意的比例（26.95%）相对较高，自雇劳动者、务农者的这一比例仅分别为 22.04%、15.42%。

表5-33 不同从业状态劳动力对目前工作时间的评价

单位：%

	雇员	雇主	自雇	务农	合计
非常满意	5.55	4.73	4.85	4.17	4.95
比较满意	38.84	33.40	33.89	34.20	36.34
一般	37.73	34.92	39.22	46.21	40.69
不太满意	15.17	25.21	19.64	13.98	15.84
非常不满意	2.71	1.74	2.40	1.44	2.18
合计	100	100	100	100	100

从劳动力的职业来看，负责人、办事及有关人员对工作时间的满意度相对较高，非正式就业人员，生产、运输、设备操作及有关人员对工作时间的满意度相对较低。具体来说（见表5-34），负责人、办事及有关人员对工作时间满意的比例（分别为 53.81%、55.03）明显高于其他职业者的这一比例，二者对工作时间不满意的比例（分别为 11.51%、14.47%）也明显低于其他职业者的这一比例；而非正式就业人员，生产、运输、设备操作及有关人员对工作时间不满意的比例（分别为 24.84%、26.43%）明显高于其他职业者的这一比例。

表5-34 不同职业劳动力对目前工作时间的评价

单位：%

	负责人	专业、技术人员	办事及有关人员	商业、服务业人员	农、林、牧、渔、水利业生产人员	生产、运输、设备操作及有关人员	非正式就业人员（保姆、医院看护等）	无固定职业者	合计
非常满意	9.19	6.12	7.09	3.46	4.31	2.27	12.19	3.21	4.78
比较满意	44.62	35.77	47.94	38.23	33.87	28.69	30.63	30.40	35.34
一般	34.68	37.48	30.50	36.62	46.20	42.61	32.34	44.37	40.65
不太满意	10.87	17.97	12.13	18.73	14.17	22.09	19.36	19.44	16.78
非常不满意	0.64	2.66	2.34	2.98	1.45	4.34	5.48	2.58	2.45
合计	100	100	100	100	100	100	100	100	100

注：职业为"军人"的劳动力样本量过小，在某些类别中百分比为0，故而剔除。

6. 工作其他方面的评价

此次调查还从晋升机会、工作趣味性、工作合作者、工作中能力和技能的使用、他人给予工作的尊重、工作中表达意见的机会等方面了解了劳动力的工作满意度。由于劳动力对上述六个方面评价的有效填答率相对较低，因此，仅对它们作全国及地区差异的描述。具体情况见表5-35。

表5-35 全国及不同地区劳动力对目前工作状况其他方面的评价

单位：%

		东部	中部	西部	全国
晋升机会	非常满意	1.97	1.76	2.67	1.97
	比较满意	17.12	18.00	23.59	18.39
	一般	53.49	54.63	48.87	53.42
	不太满意	21.59	20.86	19.64	20.98
	非常不满意	5.83	4.75	5.23	5.24
	合计	100	100	100	100
工作趣味性	非常满意	3.18	3.78	5.89	3.85
	比较满意	26.45	24.72	32.83	26.55
	一般	51.54	50.67	43.71	50.00
	不太满意	15.24	17.05	13.87	15.90
	非常不满意	3.59	3.78	3.70	3.70
	合计	100	100	100	100
工作合作者	非常满意	9.32	8.94	11.56	9.46
	比较满意	48.60	40.67	50.17	45.09
	一般	37.88	44.64	33.89	40.48
	不太满意	3.53	4.88	3.86	4.21
	非常不满意	0.67	0.87	0.52	0.74
	合计	100	100	100	100
能力和技能使用	非常满意	5.27	4.92	8.50	5.56
	比较满意	39.90	34.23	45.99	38.08
	一般	48.10	53.04	39.29	49.19
	不太满意	5.87	6.93	5.43	6.31
	非常不满意	0.86	0.88	0.79	0.86
	合计	100	100	100	100

续表

		东部	中部	西部	全国
他人给予工作的尊重	非常满意	6.49	6.44	9.21	6.86
	比较满意	47.85	39.71	49.90	44.30
	一般	40.80	46.61	35.06	42.72
	不太满意	4.11	6.38	4.61	5.25
	非常不满意	0.75	0.86	1.22	0.87
	合计	100	100	100	100
在工作中表达意见的机会	非常满意	5.11	5.26	6.84	5.41
	比较满意	37.45	31.56	41.09	35.19
	一般	47.80	52.72	42.02	49.32
	不太满意	7.79	9.00	8.25	8.42
	非常不满意	1.85	1.46	1.80	1.66
	合计	100	100	100	100

在工作中的晋升机会方面，劳动力满意度较低，满意的比例仅为20.36%，而不满意的比例高达26.22%。相比而言，西部地区劳动力对晋升机会的满意度明显较高，他们对此满意的比例（26.26%）比东、中部地区劳动力的这一比例（分别为19.09%、19.76%）高7.17、6.50个百分点；东部地区劳动力对晋升机会不满意的比例最高，为27.42%，比中、西部劳动力的这一比例（分别为25.61%、24.87%）高1.81、2.55个百分点。

在工作趣味性方面，劳动力满意的比例明显高于（30.40%）不满意的比例（19.60%）。就地区比较而言，西部地区劳动力工作趣味性方面的满意度明显较高（38.72%），而东、中部地区劳动力的这一比例分别为29.63%、28.50%，相对偏低；西部地区劳动力对工作趣味性不满意的比例仅为17.57%，而东、中部地区劳动力的这一比例分别为18.83%、20.83%。

在工作合作者方面，劳动力的满意度最高（54.55%），不满意的比例仅为4.95%。就地区比较而言，西部地区劳动力对工作合作者的满意度较高，满意的比例高达61.73%，而中部地区劳动力对工作合作者的满意度较低，满意的比例不到一半，仅为49.61%，而不满意的比例为5.75%，高于东、西部地区劳动力的这一比例（分别为4.20%、4.38%）。

从工作中能力和技能的使用来看，劳动力的满意度并不高，满意的比例为

43.64%，不满意的比例为 7.17%。相比而言，西部地区劳动力对工作中能力和技能使用的满意度最高，他们对此非常及比较满意的比例（分别为 8.50%、45.99%）皆明显高于东、中部地区劳动力的相应比例，他们对工作中能力和技能的使用满意的比例（54.49%）分别比东、中部地区劳动力的相应比例（分别为 45.17%、39.15%）高 9.32、15.34 个百分点；中部地区劳动力对工作中能力和技能使用不满意的比例最高，为 7.81%，略高于东、西部地区劳动力的这一比例（分别为 6.73%、6.22%）。

从他人给予工作的尊重来看，劳动力对此的满意度比较高，满意的比例为 51.16%、不满意的比例仅为 6.12%。相比而言，西部地区劳动力对他人给予工作尊重的满意度较高，他们对此满意的比例高达 59.11%，比东、中部地区劳动力的这一比例（分别为 54.34%、46.15%）分别高 4.77、12.96 个百分点；中部地区劳动力对他人给予工作尊重不满意的比例（7.24%）略高，分别比东、西部地区劳动力的这一比例（分别为 4.86%、5.83%）高 2.38、1.41 个百分点。

从在工作中表达意见的机会来看，劳动力对此的满意度相对较低，满意的比例仅为 40.60%，而不满意的比例高达 10.08%。相比而言，西部地区劳动力对在工作中表达意见机会的满意度较高，他们非常及比较满意的比例为 6.84%、41.09%，皆明显高于东、中部地区劳动力的相应比例。总的来看，西部地区劳动力对在工作中表达意见机会满意的比例（47.93%）比东、中部地区劳动力的这一比例高 5.37、11.11 个百分点。

二　生活感受

生活感受是劳动力个体依据自己的标准、感受对生活各方面的主观评价，包括幸福感、自我感受、生活态度、公平感及信任感等方面。

（一）幸福感

此次调查问卷中，对幸福感的衡量采用了"六分制"的测量方法，即从 1 分至 6 分，表示幸福感由最不幸福到非常幸福。这种测量涉及两个方面，一是劳动力对自己生活的幸福评价,二是劳动力与大多数同龄人相比的幸福评价。

调查结果显示(见表5-36),接近两成(19.76%)的劳动力自我生活幸福感自评为6分,25.24%的劳动力自我生活幸福感自评为5分,二者合计占45.00%;而认为自己生活不幸福,即自我生活幸福感评分为1和2的劳动力仅占7.16%。可以说,劳动力的自我生活总体幸福感较高。但是,与同龄人相比,劳动力的幸福感则有所下降,只有12.94%的劳动力认为自己与同龄人相比非常幸福,22.17%的劳动力与同龄人相比的幸福感评分为5分,二者合计为35.11%;同时,与同龄人相比,认为自己生活不幸福即幸福感评分为1分和2分的比例为12.46%;可见,与同龄人相比,劳动力的幸福感并不高。

表5-36 全国劳动力幸福感评分的分布情况

单位:%

主观生活幸福感得分	百分比	与同龄相比的幸福感得分	百分比
1	2.42	1	5.49
2	4.74	2	6.97
3	22.01	3	24.98
4	25.83	4	27.45
5	25.24	5	22.17
6	19.76	6	12.94
合计	100	合计	100

全部劳动力的自我生活幸福感人均评分为4.26分。不同特征劳动力的自我生活幸福感人均评分差别不大,但仍然存在一定差异。具体来说(见表5-37),女性劳动力的自我生活幸福感人均评分(4.33分)略高于男性劳动力的这一均值(4.19分);15~29岁低龄劳动力的自我幸福感评分均值最高(4.47分),30~44岁中龄劳动力的这一均值(4.20分)次之,而45岁及以上高龄劳动力的自我生活幸福感评分最低,均值仅为4.11分;非农业户口劳动力自我生活幸福感的人均评分(4.42分)明显高于农业户口劳动力的这一均值(4.20分);东部地区劳动力自我生活幸福感人均评分最高(4.33分),西部地区劳动力的这一均值(4.29分)次之,中部地区劳动力的自我生活幸福感人均评分最低(4.20分);受教育程度越高,劳动力的自我生活幸福感人

均评分越高,小学未毕业劳动力的自我生活幸福感人均评分最低,仅为 3.39 分;从劳动力的从业状态来看,雇主的自我生活幸福感人均评分略高(4.40 分),雇员和自雇劳动者次之(均为 4.35 分),务农者的自我生活幸福感人均评分略低,为 4.02 分;从劳动力的职业来看,负责人的自我生活幸福感人均评分(4.75 分)最高,办事及有关人员,军人,专业、技术人员次之(分别为 4.51 分、4.48 分、4.43 分),无固定职业者,农、林、牧、渔、水利生产人员,非正式就业者的自我生活幸福感人均评分较低,仅分别为 4.00 分、4.01 分、4.09 分。

表 5-37　全国及不同特征劳动力的自我生活幸福感均值

		均值			均值
全国	合计	4.26		小学未毕业	3.93
性别	男	4.19		小学	4.10
	女	4.33		初中	4.32
年龄组	15~29 岁	4.47	受教育程度	高中	4.47
	30~44 岁	4.20		职高、技校、中专	4.54
	45 岁及以上	4.11		大专	4.51
户口性质	农业	4.20		大本及以上	4.54
	非农业	4.42		负责人	4.75
地区	东部	4.33		专业、技术人员	4.43
	中部	4.20		办事及有关人员	4.51
	西部	4.29		商业、服务业人员	4.34
从业状态	雇员	4.35	职业	农、林、牧、渔、水利业生产人员	4.01
	雇主	4.40		生产、运输、设备操作及有关人员	4.22
	自雇	4.35		军人	4.48
	务农	4.02		非正式就业人员(保姆、医院看护等)	4.09
				无固定职业者	4.00

全部劳动力与同龄人相比的幸福感人均评分为 3.92 分,明显低于他们自我生活幸福感的人均评分(4.26 分)。不同特征劳动力与同龄人相比的幸福感评分存在着或多或少的差异,并且,这种差异与他们的自我生活幸福感评分差异大致相同。具体来说(见表 5-38),女性劳动力与同龄人相比的幸福感人均评分(4.01 分)略高于男性劳动力的这一均值(3.85 分);15~29

岁低龄劳动力与同龄人相比的幸福感人均评分最高（4.19分），30~44岁中龄劳动力的这一均值（3.82分）次之，而45岁及以上高龄劳动力的这一均值最低（3.76分）；非农业户口劳动力与同龄人相比的幸福感人均评分（4.20分）明显高于农业户口劳动力的这一均值（3.82分）；东部地区劳动力与同龄人相比的幸福感人均评分最高（4.00分），西部地区劳动力的这一均值（3.98分）略低，中部地区劳动力与同龄人相比的幸福感人均评分最低（3.85分）；受教育程度越高，劳动力与同龄人相比的幸福感人均评分越高，大学本科及以上受教育程度劳动力与同龄人相比的幸福感人均评分最高（4.43分），小学未毕业劳动力与同龄人相比的幸福感人均评分最低（3.45分）；从劳动力的从业状态来看，雇主与同龄人相比的幸福感人均评分略高，为4.15分，雇员次之（4.04分），自雇劳动者和务农者与同龄人相比的幸福感人均评分明显较低，分别为3.94分、3.59分；从劳动力的职业来看，负责人与同龄人相比的幸福感人均评分（4.43分）最高，办事及有关人员，专

表5-38 全国及不同特征劳动力与同龄人相比的幸福感均值

单位：元

		均值			均值
全国	合计	3.92		小学未毕业	3.45
性别	男	3.85		小学	3.71
	女	4.01		初中	4.00
年龄组	15~29岁	4.19	受教育程度	高中	4.19
	30~44岁	3.82		职高、技校、中专	4.26
	45岁及以上	3.76		大专	4.32
户口性质	农业	3.82		大本及以上	4.43
	非农业	4.20		负责人	4.43
地区	东部	4.00		专业、技术人员	4.11
	中部	3.85		办事及有关人员	4.20
	西部	3.98		商业、服务业人员	4.04
从业状态	雇员	4.04	职业	农、林、牧、渔、水利业及生产人员	3.60
	雇主	4.15		生产、运输、设备操作及有关人员	3.82
	自雇	3.94		军人	3.93
	务农	3.59		非正式就业人员（保姆、医院看护等）	3.75
				无固定职业者	3.68

业、技术人员，商业、服务业人员次之（分别为 4.20 分、4.11 分、4.04 分），农、林、牧、渔、水利业生产人员，无固定职业者，非正式就业人员，生产、运输、设备操作及有关人员与同龄人相比的幸福感人均评分较低，分别为 3.60 分、3.68 分、3.75 分、3.82 分。

（二）心态

此次调查通过询问"我觉得自己不能控制生活中重要的事情""我觉得有信心处理好自己的问题"的想法出现的频率，以及对"就算身体有点不舒服，或者有其他理由可以休息，我也会努力完成每日应该做的事（包括所有工作、学业及日常生活事务等）""就算是我不喜欢的事，我也会尽全力去做（包括所有工作、学业及日常生活事务等）""就算一件事需要花好长时间才能有结果，我仍然会不断地尽力去做"等观念的赞同度来反映劳动力个体的心态。

总体而言，劳动力的心态尚好。具体来说（见表 5-39、表 5-40），他们经常及总是"觉得自己不能控制生活中的重要事情"的比例仅为 8.64%，没有及很少有这一信念的高达 67.58%；他们经常及总是"觉得有信心处理好自己的问题"的比例接近六成（59.74%），没有及很少有这一信念的占 15.53%。

表 5-39　全国及不同地区劳动力过去四周内的感受情况

单位：%

		东部	中部	西部	合计
我觉得自己不能控制生活中重要的事情	没有	46.48	41.36	44.7	43.71
	很少	22.46	25.68	21.46	23.87
	有时	23.30	24.53	22.56	23.78
	经常	6.04	6.83	8.67	6.84
	总是	1.72	1.60	2.61	1.80
	合计	100	100	100	100
我觉得有信心处理好自己的问题	没有	8.20	6.72	6.91	7.28
	很少	8.51	8.07	8.24	8.25
	有时	23.62	26.03	23.24	24.73
	经常	37.88	39.88	43.28	39.70
	总是	21.79	19.30	18.33	20.04
	合计	100	100	100	100

第五章 中国劳动力的观念状态

表 5-40　全国及不同地区劳动力对行为习惯的认同情况

单位：%

		东部	中部	西部	合计
就算身体有点不舒服，或者有其他理由可以休息，我也会努力完成每日应该做的事（包括所有工作、学业及日常生活事务等）	非常不同意	0.94	1.28	0.92	1.10
	不同意	16.03	17.23	11.97	15.97
	同　意	70.73	71.45	73.58	71.54
	非常同意	12.30	10.04	13.53	11.39
	合　计	100	100	100	100
就算是我不喜欢的事，我也会尽全力去做（包括所有工作、学业及日常生活事务等）	非常不同意	2.00	2.13	2.60	2.16
	不同意	25.24	25.30	26.50	25.46
	同　意	64.98	66.65	63.75	65.60
	非常同意	7.78	5.92	7.15	6.78
	合　计	100	100	100	100
就算一件事需要花好长时间才能有结果，我仍然会不断地尽力去做	非常不同意	0.59	0.92	0.88	0.79
	不同意	13.74	15.34	11.63	14.19
	同　意	76.16	76.68	76.23	76.43
	非常同意	9.51	7.06	11.26	8.59
	合　计	100	100	100	100

他们同意乃至非常同意"就算身体有点不舒服，或者有其他理由可以休息，我也会努力完成每日应该做的事（包括所有工作、学业及日常生活事务等）"的比例高达82.93%，不同意及非常不同意这一观念的比例仅为17.07%；他们同意及非常同意"就算是我不喜欢的事，我也会尽全力去做（包括所有工作、学业及日常生活事务等）"的比例高达72.38%，不同意及非常不同意这一观念的比例仅为27.62%；他们同意及非常同意"就算一件事需要花好长时间才能有结果，我仍然会不断地尽力去做"的比例高达85.02%，不同意乃至非常不同意这一观念的比例仅为14.98%。

不同地区劳动力对上述各种观念的反映不太一致。具体来说（见表 5-39、表 5-40），西部地区劳动力经常及总是"觉得自己不能控制生活中的重要事情"的比例为11.28%，明显高于东、中部地区劳动力的这一比例，分别为7.76%、8.43%；西部地区劳动力同意及非常同意"就算身体有点不舒服，或者有其他理由可以休息，我也会努力完成每日应该做的事（包括所有工作、学业及日常生活事务等）""就算一件事需要花好长时间才能有结果，我仍然会不断地尽力去做"的比例分别为87.11%、87.49%,明显高于东中部地区劳动力的相应比例;中部地区劳动力不同意及非常不同意"就算身体有点不舒服,或者有其他理由可以休息,我也会努力完成每日应该做的事(包括所有工作、学业及日常生活事务等)"的比例高达18.51%,明显高于东、西部地区劳动力的这一比例(分别为16.97%、12.89%)。

(三)公平感

通过比较个人的努力和目前的生活水平,超过一半(52.07%)的劳动力认为公平(包括比较公平、完全公平),但是仍然有超过两成(20.41%)的劳动力认为不公平(包括比较不公平、完全不公平)。同时,不同特征劳动力的这种公平感存在一定差异。

从个人特征来看,女性劳动力以及15~29岁低龄劳动力认为公平的比例更高。具体来说(见表5-41),目前的生活水平与个人努力相比,51.77%的男性劳动力认为公平,而女性劳动力的相应比例为52.38%;15~29岁低龄劳动力认为目前的生活水平与个人努力相比公平的比例高达54.53%,而30~44岁和45岁及以上中高龄劳动力的这一比例分别为49.41%、52.35%。

表5-41 全国及不同性别、年龄组劳动力的公平感

单位:%

目前的生活水平与您的努力相比是否公平	全国 合计	性别 男	性别 女	年龄组 15~29岁	年龄组 30~44岁	年龄组 45岁及以上
完全不公平	4.09	5.08	3.06	3.27	4.51	4.48
比较不公平	16.32	16.51	16.12	12.59	18.27	18.06
很难说	27.52	26.64	28.44	29.61	27.81	25.11
比较公平	47.93	47.05	48.84	49.96	45.96	47.92
完全公平	4.14	4.72	3.54	4.57	3.45	4.43
合计	100	100	100	100	100	100

从户口性质和地区差异来看(见表5-42),农业户口劳动力认为目前的生活水平与个人努力相比公平的比例(52.79%)略高于非农户口劳动力(50.18%)。西部地区劳动力认为目前的生活水平与个人努力相比比较公平及

非常公平的比例（分别为51.14%、5.89%）皆明显高于东、中部地区劳动力的相应比例。

表5-42 全国及不同户口性质、地区劳动力的公平感

单位：%

目前的生活水平与您的努力相比是否公平	全国合计	户口性质 农业	户口性质 非农业	地区 东部	地区 中部	地区 西部
完全不公平	4.09	3.81	4.82	4.42	3.68	4.60
比较不公平	16.32	16.29	16.39	15.61	16.84	16.34
很难说	27.52	27.11	28.61	28.58	28.53	22.03
比较公平	47.93	48.67	45.98	47.21	47.40	51.14
完全公平	4.14	4.12	4.20	4.18	3.55	5.89
合计	100	100	100	100	100	100

从受教育程度来看（见表5-43），不同受教育程度劳动力的公平感差别不大，但是，大学本科及以上劳动力认为目前的生活水平与个人努力相比比较公平及非常公平的比例最高，为54.04%，而他们认为不公平的比例最低，仅为16.44%。

表5-43 不同受教育程度劳动力的公平感

单位：%

目前的生活水平与您的努力相比是否公平	小学未毕业	小学	初中	高中	职高/技校/中专	大专	大本及以上	合计
完全不公平	4.82	4.14	3.51	4.08	4.98	4.85	3.05	3.99
比较不公平	18.61	17.46	15.43	15.68	14.90	16.73	13.39	16.23
很难说	25.06	27.27	27.58	28.55	28.09	27.78	29.52	27.48
比较公平	46.54	47.41	48.97	47.49	48.80	47.44	50.81	48.16
完全公平	4.97	3.72	4.51	4.20	3.23	3.20	3.23	4.14
合计	100	100	100	100	100	100	100	100

从劳动力的从业状态来看，雇主、自雇劳动者的公平感较高，而雇员、务农者的公平感较低。具体来说（见表5-44），自雇劳动者、雇主认为目前的生活水平与个人努力相比公平的比例较高（分别为55.04%、58.00%），他们

认为不公平的比例较低（分别为 20.76%、18.08%）；而雇员认为目前的生活水平与个人努力相比公平的比例不到一半，仅为 49.77%。

表 5-44 不同从业状态劳动力的公平感

单位：%

目前的生活水平与您的努力相比是否公平	雇员	雇主	自雇	务农	合计
完全不公平	4.78	3.70	3.37	4.36	4.40
比较不公平	18.32	14.38	17.39	18.32	18.00
很难说	27.13	23.92	24.20	26.16	26.26
比较公平	46.42	53.58	50.58	47.49	47.69
完全公平	3.35	4.42	4.46	3.67	3.65
合计	100	100	100	100	100

从劳动力的职业来看，负责人，专业、技术人员，办事及有关人员的公平感较高，而生产、运输、设备操作及有关人员，非正式就业人员的公平感较低。具体来说（见表 5-45），负责人，专业、技术人员，办事及有关人员认为目前的生活水平与个人努力相比公平的比例分别高达 55.96%、52.35%、52.16%，他们认为不公平的比例分别仅为 18.63%、21.02%、21.40%；而生产、运输、设备操作及有关人员，非正式就业人员认为目前的生活水平与个人努力相比公平的比例仅为 48.71%、43.97%，他们认为不公平的比例却高达 26.24%、29.89%。

表 5-45 不同职业劳动力的公平感

单位：%

目前的生活水平与您的努力相比是否公平	负责人	专业、技术人员	办事及有关人员	商业、服务业人员	农、林、牧、渔、水利业生产人员	生产、运输、设备操作及有关人员	非正式就业人员(保姆、医院看护等)	无固定职业者	合计
完全不公平	4.03	4.14	4.60	3.96	4.08	7.48	6.03	5.50	4.64
比较不公平	14.60	16.88	16.80	18.91	18.49	18.76	23.86	17.13	18.00
很难说	25.41	26.63	26.44	27.75	26.56	25.05	26.14	25.35	26.38
比较公平	50.96	48.73	49.05	46.08	46.91	45.71	40.96	48.07	47.29
完全公平	5.00	3.62	3.11	3.30	3.96	3.00	3.01	3.95	3.69
合计	100	100	100	100	100	100	100	100	100

注：职业为"军人"的劳动力样本量过小，在某些类别中百分比为 0，故而剔除。

（四）信任感

当询问是否同意大多数人是可以信任的时候，超过七成（73.18%）的劳动力比较同意或非常同意这一说法，但是，仍然有近1/4（24.77%）的劳动力不同意这一说法，甚至还有2.05%的劳动力非常不同意这一说法。同时，不同特征劳动力对大多数人的信任感存在一定差异。

从个人特征来看，男性以及45岁及以上的高龄劳动力对大多数人的信任感更强。具体来说（见表5－46），男性劳动力同意大多数人可以信任的比例为74.19%，略高于女性劳动力的这一比例（72.14%）；45岁及以上高龄劳动力同意大多数人可以信任的比例为82.69%，明显高于15~29岁、30~44岁低中龄劳动力的这一比例（分别为63.68%、73.28%）。

表5－46 全国及不同性别、年龄组劳动力的信任感

单位：%

大多数人是 可以信任的	全国 合计	性别		年龄组		
		男	女	15~29岁	30~44岁	45岁及以上
非常不同意	2.05	2.11	1.99	2.92	1.88	1.36
不同意	24.77	23.70	25.87	33.40	24.84	15.95
同意	68.02	68.53	67.5	60.98	68.50	74.64
非常同意	5.16	5.66	4.64	2.70	4.78	8.05
合计	100	100	100	100	100	100

从户口性质和地区差异来看（见表5－47），非农业户口劳动力同意大多数人可以信任的比例（73.84%）略高于农业户口劳动力的这一比例（72.93%）。东部地区劳动力不同意大多数人可以信任的比例较高，为29.60%，而中、西部地区劳动力的这一比例仅分别为25.26%、25.31%。

从受教育程度来看（见表5－48），大学本科及以上受教育程度劳动力同意大多数人可以信任的比例最高，为79.41%，而职高/技校/中专受教育程度劳动力的这一比例最低，仅为67.51%。

表 5-47 全国及不同户口性质、地区劳动力的信任感

单位：%

大多数人是可以信任的	全国 合计	户口性质 农业	户口性质 非农业	地区 东部	地区 中部	地区 西部
非常不同意	2.05	2.15	1.81	2.11	1.60	3.31
不同意	24.77	24.92	24.35	27.49	23.66	22.00
同意	68.02	67.46	69.5	65.97	69.96	66.70
非常同意	5.16	5.47	4.34	4.43	4.78	7.99
合计	100	100	100	100	100	100

表 5-48 不同受教育程度劳动力的信任感

单位：%

大多数人是可以信任的	小学未毕业	小学	初中	高中	职高/技校/中专	大专	大本及以上	合计
非常不同意	2.66	2.22	1.90	2.19	2.25	1.88	1.08	2.08
不同意	18.83	26.86	26.65	20.75	30.24	25.72	19.51	25.08
同意	69.07	65.74	67.09	72.26	65.02	66.79	76.24	67.80
非常同意	9.44	5.18	4.35	4.81	2.49	5.61	3.17	5.04
合计	100	100	100	100	100	100	100	100

从劳动力的从业状态来看（见表 5-49），务农者同意大多数人可以信任的比例最高，为 80.09%，自雇劳动者的这一比例也相对较高（76.22%）；而雇主的这一比例最低，仅为 67.03%。

表 5-49 不同从业状态劳动力的信任感

单位：%

大多数人是可以信任的	雇员	雇主	自雇	务农	合计
非常不同意	1.70	2.77	1.36	1.59	1.68
不同意	26.44	30.20	22.43	18.32	23.23
同意	67.6	61.35	70.17	72.94	69.50
非常同意	4.26	5.68	6.05	7.15	5.59
合计	100	100	100	100	100

从劳动力的职业来看（见表 5-50），农、林、牧、渔、水利业生产人员同意大多数人可以信任的比例最高，为 80.60%，而商业、服务业人员，生产、运输、设备操作及有关人员的这一比例较低，仅分别为 66.89%、65.54%。

表5-50 不同职业劳动力的信任感

单位：%

大多数人是可以信任的	负责人	专业、技术人员	办事及有关人员	商业、服务业人员	农、林、牧、渔、水利业生产人员	生产、运输、设备操作及有关人员	非正式就业人员（保姆、医院看护等）	无固定职业者	合计
非常不同意	1.40	2.57	1.63	1.22	1.47	2.82	0.74	2.26	1.84
不同意	21.71	24.89	25.52	31.89	17.93	31.64	30.72	27.23	24.59
同意	70.46	68.73	69.78	63.12	73.17	60.34	58.59	66.53	68.18
非常同意	6.43	3.81	3.07	3.77	7.43	5.20	9.95	3.98	5.39
合计	100	100	100	100	100	100	100	100	100

注：职业为"军人"的劳动力样本量过小，在某些类别中百分比为0，故而剔除。

三 社会认同及对未来的打算

（一）阶层认同

此次调查问卷中，对社会阶层的认同度采用了"十分制"的测量方法，即从0分至10分，表示社会阶层的等级由低到高。这种测量涉及四个方面，一是劳动力对自己目前社会阶层的等级评定，二是劳动力对自己五年前社会阶层的等级评定，三是劳动力对自己五年后社会阶层等级的预期，四是劳动力14岁时，其家庭社会阶层的等级评定。

从劳动力的社会阶层等级评分来看，自评为4～6分中间阶层的比例较高，自评为0～3分底部阶层的比例较低，而自评为7～10分顶部阶层的比例更低。具体来说（见表5-51），就个体目前的社会阶层而言，近六成（59.20%）的劳动力认为自己属于4～6分的中间阶层，自评属于0～3分底部阶层的比例超过三成（33.61%），而自评属于7～10分顶部阶层的比例仅为7.19%；就个体五年前的社会阶层而言，近一半（45.44%）的劳动力认为自己属于4～6分的中间阶层，而自评属于0～3分底部阶层的比例接近一半（49.57%），自评属于7～10分顶部阶层的比例仅为4.99%；对于个体五年后社会阶层的预期，超过一半（53.04%）的劳动力认为自己属于4～6分的中间阶层，自评属于0~3分底部阶层的比例低于二成(18.06%),而自评属于7~10分顶部阶层的比例明显提高,达到28.90%;就14岁时家庭的社会阶层而言,接近六成(58.50%)的劳动力认为自己的家庭属于0~3分的底部阶层,自评属于4~6分中间阶层的比例仅为36.23%,而自评属于7~10分顶部阶层的比例仅为5.27%。另外,在上述四方面的阶层自评中,劳动力的人均评分分别为4.07分、3.51分、5.33分、3.26分。可见,随着时间的推移,劳动力自认为的社会阶层在不断提高。当然,不同特征劳动力的社会阶层自评还存在一定差异。

表5-51 全国劳动力阶层认同得分的分布情况

单位:%

目前	百分比	五年前	百分比	五年后	百分比	14岁时	百分比
0	6.17	0	4.98	0	5.23	0	4.26
1	6.41	1	11.23	1	2.61	1	15.54
2	7.31	2	13.18	2	3.34	2	18.92
3	13.72	3	20.18	3	6.88	3	19.78
4	15.82	4	19.51	4	9.65	4	14.18
5	33.7	5	19.25	5	19.67	5	17.23
6	9.68	6	6.68	6	23.72	6	4.82
7	4.15	7	2.66	7	14.65	7	2.63
8	1.99	8	1.43	8	9.46	8	1.68
9	0.42	9	0.3	9	2.15	9	0.46
10	0.63	10	0.6	10	2.64	10	0.50
合计	100	合计	100	合计	100	合计	100

就个体目前社会阶层而言(见表5-52),女性劳动力的人均自评得分(4.14分)高于男性劳动力(4.01分);15~29岁低龄劳动力的这一人均自评得分(4.20分)明显高于30~44岁、45岁及以上中高龄劳动力;非农业户口劳动力的这一人均自评得分(4.22分)高于农业户口劳动力(4.01分);西部地区劳动力的这一人均自评得分最高,为4.23分,东部地区劳动力次之(4.11分),中部地区劳动力的这一人均自评得分最低,仅为3.99分。同时,受教育程度越高,劳动力对目前社会阶层的评分就越高,大学本科及以上受教育程度劳动力的这一人均自评得分为4.69分,而小学未毕业

受教育程度劳动力的这一人均自评得分仅为 3.85 分。从劳动力的从业状态来看，雇主对自己目前社会阶层的评分最高，为 4.38 分，自雇劳动者、雇员的这一人均自评得分次之（分别为 4.10 分、4.14 分），务农者对自己目前社会阶层的评分最低，为 3.84 分。从劳动力的职业来看，除军人以外，负责人对自己目前社会阶层的评分最高，为 4.68 分，办事及有关人员，专业、技术人员，商业、服务业人员次之（分别为 4.50 分、4.22 分、4.06 分），而无固定职业者，非正式就业人员，农、林、牧、渔、水利业生产人员，生产、运输、设备操作及有关人员对自己目前的社会阶层评分较低，分别为 3.75 分、3.88 分、3.87 分、3.94 分。

表 5-52　全国及不同特征劳动力的目前阶层认同得分的均值

单位：元

		均值			均值
全国	合计	4.07		小学未毕业	3.85
性别	男	4.01		小学	3.97
	女	4.14		初中	4.04
年龄组	15~29 岁	4.20	受教育程度	高中	4.22
	30~44 岁	4.01		职高、技校、中专	4.18
	45 岁及以上	4.01		大专	4.46
户口性质	农业	4.01		大本及以上	4.69
	非农业	4.22		负责人	4.68
地区	东部	4.11		专业、技术人员	4.22
	中部	3.99		办事及有关人员	4.50
	西部	4.23		商业、服务业人员	4.06
从业状态	雇员	4.14	职业	农、林、牧、渔、水利业生产人员	3.87
	雇主	4.38		生产、运输、设备操作及有关人员	3.94
	自雇	4.10		军人	5.23
	务农	3.84		非正式就业人员(保姆、医院看护等)	3.88
				无固定职业者	3.75

就个体五年前的社会阶层而言（见表 5-53），女性劳动力的人均自评得分（3.59 分）高于男性劳动力（3.44 分）；15~29 岁低龄劳动力的这一人均自评得分（3.61 分）明显高于 30~44 岁、45 岁及以上中高龄劳动力（分别为 3.45 分、3.48 分）；非农业户口劳动力的这一人均自评得分（3.76 分）高

195

于农业户口劳动力（3.42分）；东部地区劳动力的这一人均自评得分最高，为3.67分，中部地区劳动力次之（3.43分），西部地区劳动力的这一人均自评得分最低（3.41分）。同时，受教育程度越高，劳动力对自己五年前社会阶层的评分就越高，大学本科及以上受教育程度劳动力的这一人均自评得分为4.11分，而小学未毕业受教育程度劳动力的这一人均自评得分仅为3.23分。从劳动力的从业状态来看，雇主对自己五年前社会阶层的评分最高，为3.79分，自雇劳动者、雇员的这一人均自评得分次之（分别为3.43分、3.61分），务农者的这一人均自评得分较低，为3.14分。从劳动力的职业来看，除军人以外，负责人对自己五年前社会阶层的评分最高，为4.15分，办事及有关人员，专业、技术人员，商业、服务业人员次之（分别为3.80分、3.59分、3.42分），而农、林、牧、渔、水利业生产人员，无固定职业者，生产、运输、设备操作及有关人员，非正式就业人员对自己五年前的社会阶层评分较低，分别为3.19分、3.43分、3.42分、3.51分。

表5-53　全国及不同特征劳动力五年前阶层认同得分的均值

单位：元

		均值			均值
全国	合计	3.51		小学未毕业	3.23
性别	男	3.44		小学	3.32
	女	3.59		初中	3.53
年龄组	15~29岁	3.61	受教育程度	高中	3.75
	30~44岁	3.45		职高、技校、中专	3.67
	45岁及以上	3.48		大专	3.97
户口性质	农业	3.42		大本及以上	4.11
	非农业	3.76		负责人	4.15
地区	东部	3.67		专业、技术人员	3.59
	中部	3.43		办事及有关人员	3.80
	西部	3.41		商业、服务业人员	3.42
从业状态	雇员	3.61	职业	农、林、牧、渔、水利业生产人员	3.19
	雇主	3.79		生产、运输、设备操作及有关人员	3.42
	自雇	3.43		军人	4.23
	务农	3.14		非正式就业人员（保姆、医院看护等）	3.51
				无固定职业者	3.43

对于个体五年后社会阶层的预期，不同特征劳动力的人均自评得分皆有所提高；除了农业与非农业户口劳动力对五年后社会阶层的人均自评得分完全相同外，其他特征劳动力的这一人均自评得分差异依旧存在。具体来说（见表5-54），女性劳动力对五年后社会阶层的人均自评得分（5.39 分）略高于男性劳动力（5.28 分）；15~29 岁低龄劳动力的这一人均自评得分（5.94 分）明显最高，30~44 岁中龄劳动力次之（5.20 分），45 岁及以上高龄劳动力的这一人均自评得分相对最低，仅为 4.86 分；西部地区劳动力的这一人均自评得分最高，为 5.56 分，东部地区劳动力次之（5.37 分），中部地区劳动力的这一人均自评得分最低，仅为 5.23 分。同时，受教育程度越高，劳动力对五年后社会阶层的评分就越高，大学本科及以上受教育程度劳动力的这一人均自评得分高达 5.98 分，而小学未毕业受教育程度劳动力的这一人均自评得分仅为 4.75 分。从劳动力的从业状态来看，雇主、自雇劳动者对自己五年后社会阶层的评分较高，分别为 5.83 分、5.42 分，雇员的这一人均自评得分次之（为 5.38 分），务农者的这一人均自评得分最低，仅为 4.99 分。从劳动力的

表 5-54　全国及不同特征劳动力五年后阶层认同得分的均值

单位：元

		均值			均值
全国	合计	5.33		小学未毕业	4.75
性别	男	5.28		小学	5.21
	女	5.39		初中	5.38
年龄组	15~29 岁	5.94	受教育程度	高中	5.66
	30~44 岁	5.20		职高、技校、中专	5.47
	45 岁及以上	4.86		大专	5.64
户口性质	农业	5.33		大本及以上	5.98
	非农业	5.33		负责人	5.87
地区	东部	5.37		专业、技术人员	5.42
	中部	5.23		办事及有关人员	5.79
	西部	5.56	职业	商业、服务业人员	5.60
从业状态	雇员	5.38		农、林、牧、渔、水利业生产人员	5.03
	雇主	5.83		生产、运输、设备操作及有关人员	5.14
	自雇	5.42		军人	5.41
	务农	4.99		非正式就业人员（保姆、医院看护等）	4.94
				无固定职业者	5.04

职业来看，负责人对自己五年后社会阶层的评分最高，为 5.87 分，办事及有关人员，商业、服务业人员，专业、技术人员次之（分别为 5.79 分、5.60 分、5.42 分），而非正式就业人员，无固定职业者，农、林、牧、渔、水利业生产人员，生产、运输、设备操作及有关人员对自己五年后社会阶层的评分较低，分别为 4.94 分、5.04 分、5.03 分、5.14 分。

就 14 岁时家庭的社会阶层而言（见表 5-55），女性劳动力的人均自评得分（3.37 分）高于男性劳动力（3.14 分）；15~29 岁低龄劳动力的这一人均自评得分（3.73 分）最高，30~44 岁中龄劳动力次之（3.24 分），45 岁及以上高龄劳动力的这一人均自评得分最低，仅为 2.79 分；非农业户口劳动力的这一人均自评得分（3.67 分）明显高于农业户口劳动力（3.10 分）；东部地区劳动力的这一人均自评得分略高（3.42 分），西部地区劳动力次之（3.27 分），中部地区劳动力的这一人均自评得分最低（3.12 分）。而且，受教育程度越高，劳动力对 14 岁时家庭社会阶层的评分就越高，大学本科及以上受教育程度劳动力的这一人均自评得分为 4.05 分，而小学未毕业受教育程度劳动

表 5-55　全国及不同特征劳动力对十四岁时家庭阶层认同得分的均值

单位：元

		均值			均值
全国	合计	3.26		小学未毕业	2.56
性别	男	3.14		小学	3.00
	女	3.37		初中	3.30
年龄组	15~29 岁	3.73	受教育程度	高中	3.66
	30~44 岁	3.24		职高、技校、中专	3.77
	45 岁及以上	2.79		大专	3.87
户口性质	农业	3.10		大本及以上	4.05
	非农业	3.67		负责人	3.54
地区	东部	3.42		专业、技术人员	3.37
	中部	3.12		办事及有关人员	3.87
	西部	3.27		商业、服务业人员	3.47
从业状态	雇员	3.45	职业	农、林、牧、渔、水利业生产人员	2.65
	雇主	3.41		生产、运输、设备操作及有关人员	3.26
	自雇	3.11		军人	3.26
	务农	2.61		非正式就业人员（保姆、医院看护等）	3.17
				无固定职业者	3.11

力的这一均值仅为2.56分。从劳动力的从业状态来看，雇员对14岁时家庭社会阶层的评分最高，为3.45分，自雇劳动者、雇主的这一人均自评得分次之（分别为3.11分、3.41分），而务农者的这一人均自评得分明显较低，仅为2.61分。从劳动力的职业来看，办事及有关人员对14岁时家庭社会阶层的人均自评得分最高，为3.87分，负责人，商业、服务业人员，专业、技术人员的这一人均自评得分次之（分别为3.54分、3.47分、3.37分），而无固定职业者、非正式就业人员对14岁时家庭社会阶层的评分较低，分别为3.11分、3.17分。

综上所述，不同特征劳动力在上述四方面的社会阶层自评上存在极高的一致性，这在一定程度上说明，劳动力对自身社会阶层的认同存在一定的规律性，值得深入研究。

（二）对未来的预期

当问及未来两年内的打算，劳动力以没有考虑或维持原状为主（占41.63%），继续目前工作或学业的比例也相当高（36.48%），只有23.32%的劳动力打算找一份新工作或创业，而参加在职培训、退休、离职脱产参加培训、离职生育子女、离职或半职回家照顾家人、暂时离职一段时间后再继续工作的比例非常低，仅分别为2.07%、1.63%、0.27%、0.88%、1.60%、0.95%。

从地区差异来看（见表5-56），东部地区劳动力对未来两年没有考虑或维持原状的比例最低，仅为38.97%，分别比中、西部地区劳动力的这一比例低4.31、3.65个百分点；然而，东部地区劳动力在未来两年继续目前工作和学业的比例最高（40.24%），分别比中、西部地区劳动力的这一比例高6.88、2.69个百分点；东、中、西部地区劳动力未来两年打算找一份新工作或创业的比例大体相当。

在未来两年打算找一份新工作或创业的劳动力中，想成为个体户主的比例最高，为29.42%，想成为技术工人的位居其次，占17.97%，想成为商业、服务业人员，不便分类的其他劳动者，私营企业主的再次，分别占14.42%、11.80%、11.05%，想成为各类专业技术人员，机关、企、事业单位负责人，办事人员，非技术工人，农民，家务劳动或其他劳动者的比例相对较低，分别占8.14%、4.09%、3.88%、6.86%、2.00%、2.22%。

表 5-56 全国及不同地区劳动力两年内的打算

单位：%

未来两年内的打算	东部	中部	西部	合计
找一份新工作或创业	22.44	23.61	24.41	23.32
继续目前工作或学业	40.24	33.36	37.55	36.48
离职脱产参加培训	0.39	0.10	0.50	0.27
离职生育子女	0.84	1.01	0.59	0.88
参加在职培训	2.76	1.50	2.28	2.07
离职或半职回家照顾家人	1.65	1.69	1.22	1.60
退休	1.75	1.68	1.17	1.63
没考虑过/维持原状	38.97	43.28	42.62	41.63
暂时离职一段时间后再继续工作	0.97	1.00	0.75	0.95
其他	1.58	2.69	2.52	2.26

注：该问题为多项选择题，本表汇总了每个选项的出现情况，各选项之间不具有可加性。

从地区差异来看（见表 5-57），在未来两年打算找一份新工作或创业的劳动力中，东部地区劳动力想成为技术工人、办事人员的比例相对较高，分别为 19.53%、5.70%；西部地区劳动力想成为个体户主，商业、服务业人员的比例相对较高，分别为 34.90%、16.49%；中部地区劳动力想成为非技术工

表 5-57 全国及不同地区劳动力打算找新工作的类型

单位：%

两年内打算找的新工作类型	东部	中部	西部	合计
私营企业主	11.59	11.07	9.85	11.05
个体户主	28.97	27.89	34.90	29.42
各类专业技术人员	9.84	6.56	9.33	8.14
机关、企事业单位负责人	5.44	2.87	4.94	4.09
办事人员	5.70	3.27	1.89	3.88
技术工人	19.53	17.74	15.39	17.97
非技术工人	5.36	8.71	4.46	6.86
农民	1.22	2.27	2.81	2.00
商业、服务业人员	12.82	14.85	16.49	14.42
不便分类的其他劳动者	10.10	13.83	9.28	11.80
家务劳动及其他非劳动	1.36	2.01	4.63	2.22

注：该问题为多项选择题，本表汇总了每个选项的出现情况，各选项之间不具有可加性。

人、不便分类的其他劳动者的比例相对较高,分别为8.71%、13.83%,而他们想成为各类专业技术人员,机关、企事业单位负责人的比例相对最低,分别为6.56%、2.87%。

四 健康状况

此次调查对全部劳动力的健康状况自评、身心健康对工作及日常生活的影响、患病及就医情况、医疗观念及健康习惯、职业危害及防护等进行了询问和测量,对工伤和职业病问题也有所涉及。

(一)健康及医疗概况

1. 健康自评

在健康自评方面,此次调查结果显示,超过六成(62.08%)的劳动力认为自己目前是健康的(包括健康和非常健康),有接近三成(28.83%)的劳动力认为健康状况一般,9.09%的劳动力认为自己目前不健康(包括比较不健康和非常不健康)。同时,不同特征劳动力的健康自评存在一定差异。

从个人特征来看(见表5-58),男性劳动力的健康自评好于女性劳动力,他们认为自己健康的比例为65.68%,比女性劳动力的这一比例高7.34个百分点;15~29岁低龄劳动力认为自己目前健康的比例最高,为79.20%,30~44岁中龄劳动力的这一比例次之,为63.06%,45岁及以上高龄劳动力认为自己目前健康的比例最低,仅为43.71%。

表5-58 全国及不同性别、年龄组劳动力的健康状况

单位:%

	全国	性别		年龄组		
	合计	男	女	15~29岁	30~44岁	45岁及以上
非常健康	22.87	25.15	20.52	34.71	22.41	11.38
健康	39.21	40.53	37.82	44.49	40.65	32.33
一般	28.83	26.82	30.92	19.08	30.01	37.47
比较不健康	8.04	6.56	9.58	1.43	6.35	16.51
非常不健康	1.05	0.94	1.16	0.29	0.58	2.31
合 计	100	100	100	100	100	100

从户口性质及地区差异来看（见表5-59），非农业户口劳动力认为自己目前健康的比例（65.48%）高于农业户口劳动力的这一比例（60.78%）；东部地区劳动力认为自己目前健康的比例最高（66.83%），中西部地区的这一比例相对较低（分别为59.11%、60.42%）。

表5-59 全国及不同户口性质、地区劳动力的健康状况

单位：%

	全国 合计	户口性质 农业	户口性质 非农业	地区 东部	地区 中部	地区 西部
非常健康	22.87	22.75	23.19	26.48	21.15	20.02
健康	39.21	38.03	42.29	40.35	37.96	40.39
一般	28.83	28.85	28.77	26.56	30.52	28.79
比较不健康	8.04	9.28	4.79	6.01	9.16	9.23
非常不健康	1.05	1.09	0.96	0.61	1.21	1.57
合计	100	100	100	100	100	100

从受教育程度来看，随着受教育程度的提高，劳动力的健康自评越来越好。具体来说（见表5-60），大学本科及以上、大专受教育程度劳动力认为自己目前健康的比例分别高达76.33%、76.25%，而小学未毕业、小学受教育程度劳动力的这一比例仅分别为37.65%、55.10%。

表5-60 不同受教育程度劳动力的健康状况

单位：%

	小学未毕业	小学	初中	高中	职高/技校/中专	大专	大本及以上	合计
非常健康	9.78	19.52	25.14	29.05	27.86	29.07	28.70	23.21
健康	27.87	35.58	41.18	43.82	44.68	47.18	47.63	39.59
一般	38.83	33.06	27.36	23.17	25.00	21.62	21.76	28.72
比较不健康	20.23	10.42	5.79	3.59	2.28	1.60	1.91	7.52
非常不健康	3.29	1.42	0.53	0.37	0.18	0.53	0	0.96
合计	100	100	100	100	100	100	100	100

从劳动力的从业状态来看（见表5-61），雇主认为自己目前健康的比例最高，为75.78%，雇员、自雇劳动者的这一比例次之（分别为70.74%、

65.76%),务农者认为自己目前健康的比例最低,仅仅为 47.68%,而他们认为自己不健康的比例高达 16.92%,分别比雇主、雇员、自雇劳动者高 13.58、13.79、10.95 个百分点。

表 5-61　不同从业状态劳动力的健康状况

单位:%

	雇员	雇主	自雇	务农	合计
非常健康	25.76	31.58	23.54	14.51	21.74
健　康	44.98	44.20	42.22	33.17	40.35
一　般	26.13	20.88	28.26	35.4	29.45
比较不健康	2.92	3.14	5.74	15.57	7.83
非常不健康	0.21	0.20	0.23	1.35	0.63
合　计	100	100	100	100	100

从劳动力的职业来看(见表 5-62),办事及有关人员认为自己目前健康的比例最高,为 73.72%,专业、技术人员,商业、服务业人员的这一比例(分别为 71.84%、70.39%)次之,农、林、牧、渔、水利业生产人员认为自己目前健康的比例最低,仅为 48.11%,而他们认为自己不健康的比例则高达 17.26%,分别比专业、技术人员,办事及有关人员,商业、服务业人员,负

表 5-62　不同职业劳动力的健康状况

单位:%

	负责人	专业、技术人员	办事及有关人员	商业、服务业人员	农、林、牧、渔、水利业生产人员	生产、运输、设备操作及有关人员	非正式就业人员(保姆、医院看护等)	无固定职业者	合计
非常健康	27.54	27.98	27.44	25.22	14.9	25.25	23.23	19.56	21.95
健　康	37.78	43.86	46.28	45.17	33.21	43.15	38.15	44.93	40.29
一　般	30.87	25.37	23.19	25.65	34.63	27.36	29.28	28.99	29.24
比较不健康	3.50	2.65	2.88	3.70	15.7	3.97	8.38	5.95	7.80
非常不健康	0.31	0.14	0.21	0.26	1.56	0.27	0.96	0.57	0.72
合　计	100	100	100	100	100	100	100	100	100

注:职业为"军人"的劳动力样本量过小,在某些类别中百分比为 0,故而剔除。

责人、生产、运输、设备操作及有关人员,非正式就业人员,无固定职业者高14.47、14.17、13.30、13.45、13.02、7.92、10.74个百分点。

2. 健康的影响

此次调查问卷询问了劳动力身体或情绪健康问题对工作及日常生活的影响。调查结果显示,大部分劳动力的身体或情绪健康问题没有影响到工作及日常生活,其中,身体健康问题没有影响到工作或日常生活的比例高达60.37%,很少影响的也占到19.91%,二者合计高达80.28%,而经常及总是有影响的占6.30%;情绪健康问题没有影响到工作或日常生活的比例为55.43%,很少影响的也占到25.04%,二者合计高达80.47%,而经常及总是有影响的仅占3.71%。

从地区差异来看(见表5-63),东部地区劳动力身体或情绪健康问题对工作及日常生活没有影响的比例最高,分别为66.57%、60.56%,他们的工作及日常生活经常及总是受健康或情绪影响的比例也相对最低,分别为4.79%、2.74%;中部地区劳动力身体或情绪健康问题对工作及日常生活很少有影响的比例最高,分别为21.94%、27.73%;相对而言,西部地区劳动力的工作及日常生活受身体或情绪健康问题影响的程度较大。

表5-63 全国及不同地区劳动力过去一个月身体及情绪健康问题的影响

单位:%

		东部	中部	西部	合计
身体健康问题影响到工作或其他日常生活	没有	66.57	56.23	59.11	60.37
	很少	17.35	21.94	19.41	19.91
	有时	11.29	14.64	14.50	13.42
	经常	3.77	5.48	5.68	4.90
	总是	1.02	1.71	1.30	1.40
	合计	100	100	100	100
情绪健康问题影响到工作或其他日常生活	没有	60.56	52.18	53.84	55.43
	很少	21.87	27.73	23.93	25.04
	有时	14.83	15.95	17.69	15.82
	经常	2.46	3.68	4.08	3.31
	总是	0.28	0.46	0.46	0.40
	合计	100	100	100	100

3. 就医情况

此次调查询问了劳动力过去两周的生病情况，以及过去一年内的住院情况。调查结果显示，过去两周生病的劳动力不到两成（17.98%），而生病的劳动力去医院就医的比例仅为71.84%。过去一年住过院的劳动力比例更低，仅为8.96%，他们住院的主要原因是疾病（62.89%），分娩位居其次，占20.38%，因损伤或中毒、康复、计划生育、其他原因住院的比例仅分别为13.48%、1.15%、1.19%、0.91%。

从地区差异来看（见表5-64），西部地区劳动力过去两周生病的比例（20.36%）较高，而东部地区劳动力的这一比例（16.19%）最低；西部地区过去两周生病的劳动力去医院就医的比例明显较高，为75.42%，而东部地区劳动力的这一比例最低，仅为68.62%；同时，西部地区劳动力过去一年住院的比例也相对较高，为12.26%，而东部地区劳动力的这一比例最低，仅为6.86%；在住院原因中，东部地区劳动力因损伤或中毒、分娩住院的比例明显最高，分别为14.92%、24.12%，而他们以疾病原因住院的比例相对最低，仅为56.68%。

表5-64 全国及不同地区劳动力的生病及就医情况

单位：%

		东部	中部	西部	合计
过去两周是否生病	是	16.19	18.52	20.36	17.98
	否	83.81	81.48	79.64	82.02
	合计	100	100	100	100
生病了是否去看就医	是	68.62	72.63	75.42	71.84
	否	31.38	27.37	24.58	28.16
	合计	100	100	100	100
过去一年是否住过院	是	6.86	9.45	12.26	8.96
	否	93.14	90.55	87.74	91.04
	合计	100	100	100	100
住院的原因	疾病	56.69	64.73	66.38	62.89
	损伤或中毒	14.92	12.92	12.99	13.48
	康复	1.52	0.92	1.22	1.15
	计划生育	1.46	1.11	1.06	1.19
	分娩	24.12	19.68	17.29	20.38
	其他	1.30	0.64	1.06	0.91
	合计	100	100	100	100

（二）医疗观念及健康习惯

1. 医疗观念

此次调查通过询问对中医和西医的信任程度来反映劳动力的医疗观念。调查结果显示，劳动力信任（包括比较信任及非常信任）中医的比例为53.93%，略低于他们信任西医的比例（56.23%），他们对中、西医不信任的比例分别为6.33%、4.21%。值得注意的是，接近四成（分别为39.74%、39.56%）的劳动力对中、西医的信任度都持一般态度。

从地区差异来看（见表5-65），东部地区劳动力对中、西医信任的比例皆最低（分别为49.65%、51.96%），他们对中、西医持一般信任度的比例皆最高，分别为44.09%、43.66%；西部地区劳动力信任西医的比例相对最高，为61.19%。

表5-65 全国及不同地区劳动力的医疗观念

单位：%

		东部	中部	西部	合计
信任中医的程度	非常信任	8.73	10.83	12.74	10.38
	比较信任	40.92	45.13	44.70	43.55
	一般	44.09	37.85	35.67	39.74
	比较不信任	5.49	5.51	6.16	5.61
	非常不信任	0.77	0.68	0.73	0.72
	合计	100	100	100	100
信任西医的程度	非常信任	5.42	7.79	10.84	7.42
	比较信任	46.54	49.98	50.35	48.81
	一般	43.66	38.46	33.64	39.56
	比较不信任	3.72	3.31	4.45	3.63
	非常不信任	0.67	0.46	0.72	0.58
	合计	100	100	100	100

2. 健康习惯及影响

此次调查通过喝酒习惯、吸烟史来了解劳动力的健康习惯。调查结果显示，超过1/4（25.55%）的劳动力平时喝酒；超过三成（30.94%）的劳动力有过吸烟史，其中，目前已戒烟的比例仅为12.23%，即绝大部分（87.77%）

有吸烟史的劳动力未戒烟。在未戒烟的劳动力中，有咳嗽、咳痰症状的比例较高，分别占36.41%、26.17%，发热、气促、鼻塞、流涕症状也占了相当的比例，分别为12.10%、12.60%、17.24%、13.64%。

从地区差异来看（见表5-66），各地区劳动力喝酒、吸烟的习惯相差不多，相对而言，东部地区劳动力平时喝酒的比例略高，占26.26%；中部地区劳动力有吸烟史的比例略高，占31.19%，已戒烟的比例也略高（13.01%）。在未戒烟者的各种症状中，西部地区劳动力有发热、咳嗽、咳痰、气促、鼻塞、流涕症状的比例皆最高，分别为19.51%、42.53%、33.25%、18.90%、23.05%、19.00%。

表5-66　全国及不同地区劳动力的健康习惯

单位：%

		东部	中部	西部	合计
平时是否喝酒	是	26.26	25.30	24.71	25.55
	否	73.74	74.70	75.29	74.45
	合计	100	100	100	100
是否有吸烟史	是	30.58	31.19	30.98	30.94
	否	69.42	68.81	69.02	69.06
	合计	100	100	100	100
目前是否戒烟	未戒烟	88.27	86.99	89.06	87.77
	已戒烟	11.73	13.01	10.94	12.23
	合计	100	100	100	100
未戒烟者的症状	发热	7.24	12.93	19.51	12.10
	咳嗽	32.64	36.96	42.53	36.41
	咳痰	22.48	26.40	33.25	26.17
	气促	8.68	13.24	18.90	12.60
	鼻塞	15.88	16.21	23.05	17.24
	流涕	11.86	13.07	19.00	13.64

注：未戒烟者的症状为多项选择题，本表汇总了每个选项的出现情况，各选项之间不具有可加性。

（三）职业危害及防护

1. 职业危害

在工作环境中，超过1/3（35.55%）的劳动力要接触诸如粉尘，放射性物质类，化学类有毒或有腐蚀性的金属、气体、液体，及物理类、生物类或其他职业危害，只有64.45%的劳动力不接触上述职业危害。具体来说，接触到粉尘危害的劳动力最多，占22.32%，接触到物理类危害的也占一定比例（16.06%），接触到放射性物质类，化学类有毒或有腐蚀性金属、气体、液体，及生物类、其他类职业危害的劳动力分别占3.26%、9.82%、1.45%、0.15%。

从地区差异来看（见表5-67），东部地区劳动力工作环境中接触职业危害的比例最高，为40.43%，比中、西部地区劳动力的这一比例分别高9.07、4.06个百分点。同时，东部地区劳动力工作环境中接触粉尘、物理类危害的比例相对较高，分别为27.02%、20.29%，西部地区劳动力工作环境中接触放射性物质类、化学类有毒或有腐蚀性金属、气体、液体、生物类职业危害的比例相对较高，分别为4.69%、11.53%、2.41%。

表5-67 全国及不同地区劳动力工作环境接触的职业有害因素

单位：%

	东部	中部	西部	合计
粉尘：如煤尘、石墨尘、石棉尘、水泥尘、陶瓷尘、电焊烟尘、铸造粉尘等	27.02	18.77	21.63	22.32
放射性物质类（电离辐射）：如X射线、放射性同位素、放射性矿物质、中子发生器等	3.47	2.63	4.69	3.26
化学类有毒或有腐蚀性的金属、气体、液体	10.42	8.78	11.53	9.82
物理类职业危害：如高温、高气压、低气压、局部振动、紫外线、噪声、激光、电磁辐射等	20.29	13.94	12.13	16.06
生物类职业危害：如炭疽病毒、森林脑炎、布氏杆菌等	1.33	1.23	2.41	1.45
其他职业危害	0.02	0.20	0.33	0.15
以上都没有	59.57	68.64	63.63	64.45

注：该问题为多项选择题，本表汇总了每个选项的出现情况，各选项之间不具有可加性。

2. 劳动防护

此次调查从防护用品的使用、职业健康培训、体检等方面来反映劳动力的劳动防护情况。

在工作环境有职业危害的劳动力中，工作单位及个人的劳动防护并不完善。调查结果显示（见表5-68），只有31.30%劳动力的工作单位免费提供防护用品（如防尘口罩、防噪音耳塞、防毒口罩等个人防护品），而工作单位不能免费提供防护用品的劳动力高达48.78%；31.15%的劳动力自费购买个人防护用品，63.13%的劳动力没有自费购买防护用品。在防护用品的佩戴时间方面，只有20.04%的工作环境有职业危害的劳动力全部时间佩戴防护用品，大部分时间佩戴的占16.91%，二者合计仅略高于1/3（36.95%），一半时间佩戴的比例较低（5.02%），少部分时间佩戴的比例（占20.74%）高于全部时间佩戴的比例，尤其值得关注的是，37.29%工作环境有职业危害的劳动力从不佩戴防护用品。在工作环境有职业危害却不佩戴防护用品的劳动力中，32.61%的人是因为佩戴时不舒服、不习惯，分别有11.22%、12.94%的人是

表5-68 全国及不同地区劳动力的职业危害防护情况

单位：%

		东部	中部	西部	合计
工作单位是否免费提供防护用品	是	35.91	29.73	22.71	31.30
	否	50.09	45.59	53.75	48.78
	不适用	14.00	24.68	23.54	19.92
	合计	100	100	100	100
是否自费购买防护用品	是	30.28	29.62	37.67	31.15
	否	66.43	61.31	58.81	63.13
	不适用	3.29	9.07	3.52	5.72
	合计	100	100	100	100
工作中多长时间佩戴防护用品	全部时间	22.32	20.02	14.13	20.04
	大部分时间	16.81	16.83	17.37	16.91
	一半时间	4.91	4.45	6.73	5.02
	少部分时间	21.22	19.45	22.67	20.74
	从来没有	34.74	39.25	39.10	37.29
	合计	100	100	100	100
不能按照规定佩戴防护用品的原因	需要自费购买，价钱较贵	5.50	6.64	5.31	5.94
	佩戴时不舒服、不习惯	33.49	31.40	33.41	32.61
	别人也没有佩戴	12.01	12.21	7.00	11.22
	影响工作效率	11.06	14.38	13.99	12.94
	不知道需要佩戴	8.38	10.44	9.11	9.36
	其他原因	29.56	24.93	31.18	27.93
	合计	100	100	100	100

因为别人也没有佩戴或影响工作效率,还有 5.94%、9.36% 的人是因为需要自费购买价钱较贵或不知道需要佩戴,还有 27.93% 的人是因为其他原因没有佩戴。

从地区差异来看(见表 5-68),东部地区工作环境有职业危害的劳动力的工作单位免费提供防护用品的比例最高,为 35.91%,但是,他们的工作单位没有免费提供防护用品的比例也不低(50.09%);西部地区劳动力自费购买防护用品的比例最高(37.67%)。在防护用品的佩戴时间方面,东部地区劳动力全部时间佩戴防护用品的比例相对较高(22.32%),而西部地区劳动力的这一比例相对较低(14.13%)。在工作环境有职业危害却不佩戴防护用品的劳动力中,中部地区劳动力因为需要自费购买价钱较贵、不知道需要佩戴的比例相对较高(分别为 6.64%、10.44%),而他们因为佩戴时不舒服、不习惯的比例(31.40%)相对较低;东部地区劳动力因为影响工作效率而不佩戴的比例(11.06%)相对较低;西部地区劳动力因为别人也没有佩戴而不佩戴的比例(7.00%)相对较低。

劳动力的体检及健康培训情况仍然不甚乐观。调查结果显示,从事该工作或工种进行岗前体检的劳动力仅占 27.90%,而未进行这一体检的比例高达 51.83%;从事该工作或工种进行岗前职业健康培训的比例更低,仅为 15.05%,超过六成(63.09%)的劳动力未接受过这一培训;同时,从事该工作或工种进行定期体检的比例也不高,仅为 22.14%,还是有超过六成(61.11%)的劳动力未接受定期体检。在排除对上述问题不适用的个体后,从事该工作或工种进行岗前体检、职业健康培训、定期体检的比例仅分别为 34.99%、19.04%、26.59%,换言之,分别有 65.01%、80.96%、73.41% 的劳动力没有上述体检或健康培训。

从地区差异来看(见表 5-69),在工作环境有职业危害的劳动力群体中,东部地区劳动力从事该工作或工种进行岗前体检、职业健康培训、定期体检的比例最高,同时,他们未进行上述体检及职业健康培训的比例也最高;在排除对上述问题不适用的个体后,从事该工作或工种进行岗前体检、职业健康培训、定期体检的比例最高的为西部地区劳动力,分别为 38.71%、20.02%、29.24%,而东、中部地区劳动力的相应比例仅分别为 34.50%、18.39%、27.56% 和 34.26%、19.34%、24.78%。

表 5 – 69　全国及不同地区劳动力的体检及健康培训情况

单位：%

		东部	中部	西部	合计
从事该工作或工种是否进行了岗前体检	是	30.57	25.48	28.74	27.90
	否	58.03	48.89	45.50	51.83
	不适用	11.40	25.63	25.76	20.27
	合计	100	100	100	100
从事该工作或工种是否进行了岗前职业健康培训	是	16.14	14.27	14.75	15.05
	否	71.61	59.50	58.93	63.99
	不适用	12.25	26.23	26.32	20.96
	合计	100	100	100	100
从事该工作或工种是否进行了定期体检	是	25.26	19.15	23.63	22.14
	否	66.39	58.13	57.19	61.11
	不适用	8.35	22.72	19.18	16.75
	合计	100	100	100	100

（四）工伤和职业病

调查结果显示，劳动力工伤及职业病的比例并不高。因此，本报告对此做简要描述。

在全部劳动力中，曾有过工伤的比例为 7.27%。从受伤的严重程度来看，超过一半（56.93%）的工伤劳动力就诊或休息一天，未残疾但住院 10 天以上的比例为 23.00%，未残疾但住院 1~9 天的比例为 15.35%，而导致残疾的比例仅为 4.72%。在工伤劳动力中，经过工伤保险部门认定的比例仅为 20.28%，换言之，接近八成（79.72%）的工伤劳动力未经工伤保险部门认定。同时，进行劳动能力鉴定的工伤劳动力比例更低，仅为 7.78%，绝大部分（92.22%）工伤劳动力未进行劳动能力鉴定。

从地区差异来看（见表 5 – 70），东部地区劳动力曾有过工伤的比例较高，为 8.87%。在工伤劳动力中，西部地区劳动力的受伤程度比较严重，他们中导致残疾的比例为 5.03%，未残疾但住院 10 天以上的比例更是高达 26.24%，而东部地区工伤劳动力就诊或休息 1 天的比例最高，为 59.92%。各地区工伤劳动力经过工伤保险部门认定的比例大体相当，但是，西部地区工伤劳动力进行劳动能力鉴定的比例（10.97%）明显高于东、中部地区工伤劳动力的这一比例（分别为 7.26%、7.23%）。

表5-70　全国及不同地区劳动力的工伤情况

单位：%

		东部	中部	西部	合计
是否曾有过工伤	是	8.87	6.10	6.93	7.27
	否	91.13	93.90	93.07	92.73
	合计	100	100	100	100
受伤的严重程度	导致残疾	4.50	4.87	5.03	4.72
	未残疾，住院10天以上	20.97	24.19	26.24	23.00
	未残疾，住院1~9天	14.61	16.54	14.44	15.35
	就诊或休息1天	59.92	54.40	54.29	56.93
	合计	100	100	100	100
是否经工伤保险部门认定为工伤	是	20.49	19.96	20.50	20.28
	否	79.51	80.04	79.50	79.72
	合计	100	100	100	100
是否进行了劳动能力鉴定	是	7.26	7.23	10.97	7.78
	否	92.74	92.77	89.03	92.22
	合计	100	100	100	100

从职业病的情况来看（见表5-71），全国近1/10（9.91%）的劳动力有因职业而导致的疾病，其中，申请过职业病鉴定的比例极低，仅为2.10%。从地区差异来看，中部地区劳动力因职业导致疾病的比例略高，为11.26%，东部地区劳动力的这一比例为10.50%，而中部地区劳动力的这一比例最低，

表5-71　全国及不同地区劳动力的职业病情况

单位：%

		东部	中部	西部	合计
是否有因职业导致的疾病	有	10.50	8.99	11.26	9.91
	没有	89.50	91.01	88.74	90.09
	合计	100	100	100	100
是否申请过职业病鉴定	是	2.50	1.66	2.27	2.10
	否	97.50	98.34	97.73	97.90
	合计	100	100	100	100

仅为 8.99%；在有职业病的劳动力中，中部地区劳动力申请职业病鉴定的比例明显较低，仅为 1.66%，而东、西部地区劳动力的这一比例略高一些，分别为 2.50%、2.27%。

小　　结

本部分要点总结如下。

1. 此次调查从谋生、让自己心安、认识更多的人、获得尊重、满足兴趣、充分发挥自己的能力等六方面来考察劳动力对目前工作价值的评价。调查结果显示，认为目前工作的谋生价值非常重要的比例最高，为 34.08%，而认为目前工作让自己心安、认识更多的人、获得尊重、满足兴趣、充分发挥自己能力的价值非常重要的比例仅分别为 10.24%、8.15%、9.72%、6.38%、8.52%。从目前工作价值重要性的排序来看，劳动力认为目前工作的谋生价值重要的比例（76.54%）最高；让自己心安、获得尊重价值的重要性次之，认为二者重要的比例分别为 56.99%、55.27%；充分发挥自己的能力、认识更多的人的重要性再次，认为二者重要的比例分别为 47.65%、47.28%；认为目前工作的兴趣价值重要的比例最低，仅为 39.03%。同时，他们认为目前工作的谋生价值、获得尊重的价值、让自己心安不重要的比例相对较低，仅分别为 5.20%、5.59%、5.69%，认为目前工作认识更多人、满足兴趣、充分发挥自己能力的价值不重要的比例分别为 12.38%、11.64%、8.03%。不同特征劳动力对目前工作价值的评价有所不同。

2. 认为理想工作价值中谋生非常重要的比例接近四成（39.83%），仍然为各种价值中重要性最高的；认为让自己心安、认识更多的人、获得尊重、满足兴趣、充分发挥自己能力的价值非常重要的比例分别为 19.18%、16.46%、20.43%、18.17%、20.47%，皆高于他们对目前工作在上述几方面的重要性判断（分别为 10.24%、8.15%、9.72%、6.38%、8.52%）。从理想工作价值重要性的排序来看，劳动力认为理想工作的谋生价值重要的比例（84.73%）最高；让自己心安、获得尊重的价值重要性次之，认为二者重要的比例分别为 73.02%、73.36%；充分发挥自己的能力、满足兴趣、认识更多的人的重要性再次，认为三者重要的比例分别为 68.58%、63.35%、61.96%；同时，他们认为理想工作的谋生、让自己心安、认识更多人、获得尊重、满足兴趣、充分发挥自己能力的价值不重要的比例皆很低，仅分别为 4.08%、3.24%、6.32%、2.71%、4.55%、3.36%，皆低于他们对目前工作在上述几方面的不重要性判断，分别为 5.20%、5.69%、12.38%、5.59%、11.64%、8.03%。不同特征劳动力对理想工作价值的评价有所不同。

3. 劳动力对工作的整体满意度较高，对工作持满意态度的比例为 42.25%；同时，劳动力对工作安全性、他人给予工作的尊重、工作合作者、工作环境满意的比例也相对较高，分别占 48.92%、47.28%、43.00%、40.68%，对工作中能力和技能的使用、工作时间、工作中表达意见的机会、工作趣味性、收入、晋升机会满意的比例分别为 39.16%、38.70%、30.38%、27.39%、26.85%、9.52%；劳动力对收入不满意的比例相对最高（29.46%），同时，对工作时间、工作趣味性、工作环境、晋升机会不满意的比例也分别高达 18.68%、17.65%、14.33%、12.27%。

4. 劳动力的自我生活总体幸福感较高，认为自我生活幸福的比例接近一半，而认为自己生活不幸福的比例仅占 7.16%。但是，与同龄人相比，劳动力的生活幸福感则有所下降，只有 12.94% 的劳动力认为自己与同龄人相比较幸福，而认为自己生活不幸福的比例为 12.46%。

5. 劳动力的心态尚好。他们经常及总是"觉得自己不能控制生活中的重要事情"的比例仅为 8.64%，没有及很少有这一信念的高达 67.58%；他们经常及总是"觉得有信心处理好自己的问题"的比例接近六成（59.74%），没有及很少有这一信念的占 15.53%。他们同意乃至非常同意"就算身体有点不舒服，或者有其他理由可以休息，我也会努力完成每日应该做的事（包括所有工作、学业及日常生活事务等）"的比例高达 82.93%，不同意及非常不同意这一观念的比例仅为 17.07%；他们同意及非常同意"就算是我不喜欢的事，我也会尽全力去做（包括所有工作、学业及日常生活事务等）"的比例高达 72.38%，不同意及非常不同意这一观念的比例仅为 27.62%；他们同意及非常同意"就算一件事需要花好长时间才能有结果，我仍然会不断地尽力去做"的比例高达 85.02%，不同意乃至非常不同意这一观念的比例仅为14.98%。

6. 在公平感上，超过一半（52.07%）的劳动力认为公平，但是仍然有超过两成（20.41%）的劳动力认为不公平。同时，不同特征劳动力的这种公平感存在一定差异。在对他人的信任感方面，超过七成（73.18%）的劳动力比较同意或非常同意这一说法，但是，仍然有近1/4（24.77%）的劳动力不同意这一说法，甚至还有2.05%的劳动力非常不同意这一说法。同时，不同特征劳动力对他人的信任感存在一定差异。

7. 在阶层认同方面，近六成（59.20%）的劳动力认为自己属于中间阶层，自评属于底部阶层的比例超过三成（33.61%），而自评属于顶部阶层的比例仅为7.19%；就个体五年前的社会阶层而言，近一半（45.44%）的劳动力认为自己属于中间阶层，而自评属于底部阶层的比例接近一半（49.57%），自评属于顶部阶层的比例仅为4.99%；对于个体五年后社会阶层的预期，超过一半（53.04%）的劳动力认为自己属于中间阶层，自评属于底部阶层的比例低于二成（18.06%），而自评属于顶部阶层的比例明显提高，达到28.90%；就14岁时家庭的社会阶层而言，接近六成（58.50%）的劳动力认为自己的家庭属于底部阶层，自评属于中间阶层的比例仅为36.23%，而自评属于顶部阶层的比例仅为5.27%。同时，不同特征劳动力的社会阶层自评还存在一定差异。

8. 当问及未来两年内的打算，劳动力以没有考虑或维持原状为主（占41.63%），继续目前工作或学业的比例也相当高（36.48%），只有23.32%的劳动力打算找一份新工作或创业，而参加在职培训、退休、离职脱产参加培训、离职生育子女、离职或半职回家照顾家人、暂时离职一段时间后再继续工作的比例非常低，仅分别为2.07%、1.63%、0.27%、0.88%、1.60%、0.95%。在未来两年打算找一份新工作或创业的劳动力中，想成为个体户主的比例最高，为29.42%，想成为技术工人的位居其次，占17.97%，想成为商业、服务业人员，不便分类的其他劳动者，私营企业主的再次，分别占14.42%、11.80%、11.05%，想成为各类专业技术人员，机关、企事业单位负责人，办事人员，非技术工人，农民，家务劳动或其他劳动者的比例相对较低，分别占8.14%、4.09%、3.88%、6.86%、2.00%、2.22%。

9. 在健康自评方面，超过六成（62.08%）的劳动力认为自己目前是健康的，有接近三成（28.83%）的劳动力认为健康状况一般，9.09%的劳动力认为自己目前不健康。同时，大部分劳动力的身体或情绪健康问题没有影响到工作及日常生活，其中，身体健康问题没有影响到工作或日常生活的比例高达60.37%，很少影响的也占到19.91%，二者合计高达80.28%，而经常及总是有影响的占6.30%；情绪健康问题没有影响到工作或日常生活的比例为55.43%，很少影响的也占到25.04%，二者合计高达80.47%，而经常及总是有影响的仅占3.71%。

10. 从就医情况来看，过去两周生病的劳动力不到两成（17.98%），而生病的劳动力去医院就医的比例仅为71.84%。过去一年住过院的劳动力比例更低，仅为8.96%，他们住院的主要原因是疾病（62.89%），分娩位居其次，占20.38%，因损伤或中毒、康复、计划生育、其他原因住院的比例仅分别为13.48%、1.15%、1.19%、0.91%。从健康习惯及影响来看，超过1/4（25.55%）的劳动力平时喝酒；超过三成（30.94%）的劳动力有过吸烟史，其中，目前已戒烟的比例仅为12.23%，即绝大部分（87.77%）有吸烟史的劳动力未戒烟。在未戒烟的劳动力中，有咳嗽、咳痰症状的比例较高，分别占36.41%、26.17%，发热、气促、鼻塞、流涕症状也占了相当的比例，分别为12.10%、12.60%、17.24%、13.64%。

11. 在工作环境中，超过1/3（35.55%）的劳动力要接触诸如粉尘，放射性物质类，化学类有毒或有腐蚀性的金属、气体、液体，及物理类、生物类或其他的职业危害，只有64.45%的劳动力不接触上述职业危害。具体来说，接触到粉尘危害的劳动力最多，占22.32%，接触到物理类危害的也占一定比例（16.06%），接触到放射性物质类，化学类有毒或有腐蚀性金属、气体、液体，及生物类、其他类职业危害的劳动力分别占3.26%、9.82%、1.45%、0.15%。

12. 在工作环境有职业危害的劳动力中，工作单位及个人的劳动防护并不完善。只有31.30%劳动力的工作单位免费提供防护用品（如防尘口罩、防噪音耳塞、防毒口罩等个人防护品），而工作单位不能免费提供防护用品的劳动力高达48.78%；31.15%的劳动力自费购买个人防护用品，63.13%的劳动力没有自费购买防护用品。在防护用品的佩戴时间方面，只有20.04%的工作环境有职业危害的劳动力全部时间佩戴防护用品，大部分时间佩戴的占16.91%，一半时间佩戴的比例较低（5.02%），少部分时间佩戴的比例（占20.74%）高于全部时间佩戴的比例，尤其值得关注的是，37.29%工作环境有职业危害的劳动力从不佩戴防护用品。在工作环境有职业危害却不佩戴防护用品的劳动力中，32.61%的人是因为佩戴时不舒服、不习惯，分别有11.22%、12.94%的人是因为别人也没有佩戴或影响工作效率，还有5.94%、9.36%的人是因为需要自费购买价钱较贵或不知道需要佩戴，还有27.93%的人是因为其他原因没有佩戴。劳动力的体检及健康培训情况也不甚乐观，从事该工作或工种进行岗前体检的劳动力仅占27.90%，而未进行这一体检的比例高达51.83%；从事该工作或工种进行岗前职业健康培训的比例更低，仅为15.05%，超过六成（63.09%）的劳动力未接受过这一培训；同时，从事该工作或工种进行定期体检的比例也不高，仅为22.14%，还是有超过六成（61.11%）的劳动力未接受定期体检。在排除对上述问题不适用的个体后，从事该工作或工种进行岗前体检、职业健康培训、定期体检的比例仅分别为34.99%、19.04%、26.59%，换言之，分别有65.01%、80.96%、73.41%的劳动力没有上述体检或健康培训。

13. 在全部劳动力中，曾有过工伤的比例为7.27%。从受伤的严重程度来看，超过一半（56.93%）的工伤劳动力就诊或休息一天，未残疾但住院10天以上的比例为23.00%，未残疾但住院1~9天的比例为15.35%，而导致残疾的比例仅为4.72%。在工伤劳动力中，经过工伤保险部门认定的比例仅为20.28%，换言之，接近八成（79.72%）的工伤劳动力未经工伤保险部门认定。同时，进行劳动能力鉴定的工伤劳动力比例更低，仅为7.78%，绝大部分（92.22%）工伤劳动力未进行劳动能力鉴定。从职业病的情况来看，全国近1/10（9.91%）的劳动力有因职业而导致的疾病，其中，申请过职业病鉴定的比例极低，仅为2.10%。

致 谢

2012年"中国劳动力动态调查"(CLDS)从计划到实施得到了各方的支持和帮助,在此,中山大学社会科学调查中心向为CLDS做出卓越贡献的所有机构和个人致以最诚挚的敬意和谢意!

他们包括:全体海(境)外学术顾问和校内学术顾问、项目执行团队全体成员、参与调查的28个院系及参与调查的全体师生、样本村(居)的村委会和居委会、接受调查的家庭及其成员。虽然我们难以在此一一列出他们的名字,但我们深知没有他们的辛勤工作和付出,第一期CLDS项目将无法如此顺利地完成。

"中国劳动力动态调查"在广东的开展得到了广东省社会工作委员会及其样本市县社会工作委员会的大力支持,在此表示感谢!

《中国劳动力动态调查:2013年报告》的如期出版得到社会科学文献出版社的大力支持,赵慧英编辑为此付出了大量的心血,在此也致以最诚挚的谢意!

"中国劳动力动态调查"才刚刚起步,难免会存在这样或那样的错误,其改进和发展有赖学界和社会各界众多志同道合者的关注和支持,我们希望有越来越多的人加入到我们的队伍中,为CLDS、为社会科学的发展共同努力!

中山大学社会科学调查中心
2013.10.15

图书在版编目(CIP)数据

中国劳动力动态调查. 2013年报告/中山大学社会科学调查中心编. —北京：社会科学文献出版社，2013.12
ISBN 978 - 7 - 5097 - 5275 - 3

Ⅰ.①中… Ⅱ.①中… Ⅲ.①劳动力 - 调查报告 - 中国 - 2013 Ⅳ.①F249.21

中国版本图书馆 CIP 数据核字（2013）第 265134 号

中国劳动力动态调查：2013 年报告

编　　者/中山大学社会科学调查中心

出 版 人/谢寿光
出 版 者/社会科学文献出版社
地　　址/北京市西城区北三环中路甲 29 号院 3 号楼华龙大厦
邮政编码/100029

责任部门/社会政法分社 (010) 59367156　　责任编辑/赵慧英　关晶焱
电子信箱/shekebu@ ssap.cn　　　　　　　　责任校对/张俊杰
项目统筹/王　绯　　　　　　　　　　　　　责任印制/岳　阳
经　　销/社会科学文献出版社市场营销中心 (010) 59367081　59367089
读者服务/读者服务中心 (010) 59367028

印　　装/三河市尚艺印装有限公司
开　　本/787mm×1092mm　1/16　　印　张/15.25
版　　次/2013 年 12 月第 1 版　　　　字　数/247 千字
印　　次/2013 年 12 月第 1 次印刷
书　　号/ISBN 978 - 7 - 5097 - 5275 - 3
定　　价/58.00 元

本书如有破损、缺页、装订错误，请与本社读者服务中心联系更换
▲ 版权所有　翻印必究